외부,
사유의
정치학

클리나멘총서 006
외부, 사유의 정치학

초판 1쇄 발행 __ 2009년 11월 30일
초판 4쇄 발행 __ 2017년 9월 5일

지은이 __ 이진경

펴낸이 __ 유재건
펴낸곳 __ (주)그린비출판사 · 등록번호 제2017-000094호
주　소 __ 서울시 마포구 와우산로 180, 4층
전　화 __ 702-2717 · 702-4791 | 팩　스 __ 703-0272 | 전자우편　editor@greenbee.co.kr

ISBN 978-89-7682-339-7
이 도서의 국립중앙도서관 출판시도서목록(CIP)은 e-CIP홈페이지(http://www.nl.go.kr/ecip)
에서 이용하실 수 있습니다. (CIP제어번호 : CIP2009003655)

클리나멘총서
clinamen

006

외부,
사유의
정치학

이진경

지음

B
그린비

서 문

현대 사상에서 '외부'의 개념을 다루는 이 책은, 그 주제에 걸맞게 정말 '외부'에 의해 쓰여졌다. 나는 애초에 이 책을 쓸 계획이 전혀 없었다. 이미 약속한 지 오래된 책, 혹은 초고는 있지만 정리할 시간이 없어서 미뤄둔 책 등, 이미 과거 속으로 끌려 들어가고 있는 책들이 밀려 있었기에, 사실 누가 청탁을 해도 엔간해선 쓸 생각을 못했을 책이었다. 그러나 어느날 갑자기 철학이나 사회과학 등에서 다루어지는 중요한 개념들을 쉽고 간결하게 소개하는 총서('개념어총서')를 내고 싶다는 그린비출판사 사장님의 제안에 휘말려 들었고, 덕분에 그 총서의 첫째 권으로 '외부'라는 개념에 대해 쓰기로 약속을 해버렸다. 정말 뜻밖의 일이었다. 뭐 원고지 400매 정도의 작은 책이니까, 또 그간 공부한 것을 쉽게 풀어 쓰는 거니까 하는 생각이 이 뜻밖의 제안에 쉽게 말려든 또 하나의 이유였을 것이다.

그러나 막상 쓰면서 보니 다뤄야 할 사상가들이 많았고, 새로 공부하지 않으면 안 되는 게 많았다. 어, 이러면 안 되는데 했지만 이미 일은 시작되어 버렸고, 그 일의 리듬이 내 신체를 끌고 가기 시작했다. 시작이야 그렇게 했다고 해도, 공부도 그렇지만 글을 쓰는 것도 자신의 리듬과 강도를 갖고 있게 마련이다. 공부하고 쓰고 하며 어느새 그 주제에 빠져들어 갔고, 그러다 보니 하고 싶은 말이 많아졌다. 글이 길어지는 것도, 또 어려워지는 것도 이런 경우 자연스런 일이다. 나는, 예전에 『노동계급』이라는 노동자를 대상으로 하는 비합법 잡지를 만드는 일에 '인생을 걸었던' 적이 있었기에, 글은 가능한 한 쉽게 쓰는 게 좋다는 확고한 입장을 갖고 있다. 잘 아는 것은 쉽게 쓸 수 있지만, 잘 모르는 것은 어렵게 쓰여진다는 것도 경험상 잘 알고 있었다. 그러나 각각의 개설서조차 쉽게 쓰여지기 어려운 사상가들의 사유를 하나의 개념을 통해 관통하면서 어떤 논점까지 제기하는 것을, 개설서로 쓰기 위해서는 많은 것을 버려야 했다. 정말 욕심을 버려야 했다. 그러나 그건 무언가에 몰두해 있을 때, 더구나 새로 공부하며 무언가에 빠져드는 경우에는 결코 쉬운 일이 아니다. 이렇게 되는 데 특히 결정적인 역할을 했던 것은 들뢰즈에 대한 부분이었다.

아이러니하게도 이 책을 쓰면서 가장 고생했던 것은, 가장 잘 안다고 생각했던 들뢰즈에 대해 쓰면서였다. 들뢰즈는 자신이 쓴 『푸코』에서 푸코의 이론에서 외부의 개념에 대해 명시적으로 말한 적이 있다. 그것은 잠재성의 개념과 이어져 있었기에, 『차이와 반복』에서의 잠재성 개념과 외부를 연결하여 정리하려고 했다. 그러나 하려고 하면 할수록 사고는 꼬여 갔고 정리할 수 없게 되어 버렸다. 한참을 헤매다가, 내가 알고 있는 들뢰즈의 외부 개념이 무엇인가부터 다시 따져 보았다. 그것은 무엇보다 『천의 고원』에서 읽고 이해한 것이었다. 그런데 그 외부 개념은 『차이와 반복』에서의 잠재성 개념과 잘 맞지 않았다(『차이와 반복』에는 외부 개념이 나오지 않는다). 또 한참을 지난 후에야, 외부의 개념을 잠재성 개념에 그대로 대응시킬 수 없다는 것을 알았다. 그것은 차라리 '잠재화'와 결부된 것이라고 해야 했다. 이는 잠재성 개념에 대해서도 다시 생각할 것을 요구했다. 이럼으로써 역으로 『차이와 반복』과 『천의 고원』의 중요한 차이를 이해하게 되었고, 일단 『차이와 반복』에 대해 어느 정도 거리를 둘 수 있게 되었다.

 이러한 논의는 사실 개설서가 되길 바라는 책에서 다룰 수 있는 것은 아니었다. 그러나 애쓰고 고생한 것을 버려두고 갈 순 없었다. 더구나 들뢰즈의 잠재성 개념에 대해서는 많은 사람들이 중요하게 다루고 있기에, 이러한 논점을 정리해 두는 것은 나름의 의미가 있으리라고 생각했다. 아니, 사실 그런 생각을 하기 이전에 글과 생각의 리듬은 이미 그 주제로 나를 깊숙이 끌고 들어갔고, 그 결과 그걸 포기하고 개설서로 돌아간다는 것은 이미 불가능하게 되어 버렸다. 하여, 대략 원고를 마친 뒤에 출판사에 보냈더니, 출판사의 생각도 비슷했다. 분량도, 난이도도, '개념어총서'에 넣는 걸 포기하고, 그냥 단행본으로 가는 게 좋을 것 같다는 의견이었다.

 그래서 이번엔 역으로 그 동안 분량의 제약으로 인해 충분히 못 쓴 것을 좀더 채워넣었다. 그리고 애초에는 쉬운 개설서로 시작했기에, 이젠 뒤의 내용과 어울리지 않게 쓰여진 부분을 삭제하거나 변경해야 했다. 다른 한편 애초에 예정된 분량의 제한이 있었기에 단행본으로 내기엔 분량이 부족한 느낌이 있었다. 그래서 다시 예정에 없던 걸 추가하기로 했다. 그때 유물론적인 의미에서 정치라는 건 무엇일까 하는 질문을 갖고 정치철학 서적을 읽고 있었기에, 그 사이 읽은 정치철학에 대해 외부라는 개념을 통해 나름대로 정리를 해두면 좋으리라는 생각이, 다시 뜻하지 않은 방향으로 책을 끌고 간 것이다.

결국 이 책은 외부에 의해, 계획에 없던 것으로 내게 끼어들어, 몇 가지 뜻밖의 사건을 통해 방향을 틀어 지금의 모습으로 만들어지게 되었다. 처음부터 끝까지 외부성에 의해 쓰여지고 만들어진 것이니, 지금 여기서 다루려고 하는 주제에 정확히 부합하는 방식으로 쓰여진 셈이다. 덕분에 애초에 계획하고 있던 책 가운데 하나는 포기하고, 다른 것들은 많이 늦어지게 되었다. 이 책 자체가 또 하나의 외부성으로 내 삶에 끼어든 것이다.

무엇보다 이 책을 뜻하지 않은 방식으로 시작하게 해준 '첫번째 시동자' 유재건 사장님께, 예정에 없던 이 모든 고생과 미끄러짐의 일차적 책임을 돌리고 싶다.^^ 그에 비하면 "덕분에 뜻하지 않은 책을 하나 얻었다"는 식의 의례적 감사는 사소하다 해도 좋을 것이다. 또 하나 뜻하지 않게도 지금 머물고 있는 도쿄에서 일본 대학원생들, 한국 유학생들과 함께 이 책의 원고(1부)로 8회 정도의 세미나를 하면서 토론할 수 있었다. 아마도 토론은 일본에서의 시선이 어느 정도 이 책 원고에 소급적으로 스며들게 해주었을 것이다. 그 시선을 따라 이 책에 끼어든 분들 역시 이 책의 내용에 일정 정도 책임이 있음이 분명하다.^^; 그리고 그 세미나를 위해 일본어로 번역하는 데 참여한 분들, 특히 대부분의 일차번역을 맡아 준 신지영 군과 돌아가며 교열을 해준 여러 분들에게는 별도로 감사의 인사를 하고 싶다. 그리고 생각이 꼬이거나 막힐 때마다 그것을 풀어 주고 출구를 찾도록 도와준 다마가와 조스이玉川上

水의 산책로에게도, 또 정지한 신체의 답답한 리듬을 풀어 준, 브레이크를 잡을 때마다 큰 소리로 나의 존재를 알려 준 자전거에게도, 그걸 만들어 준 중국 노동자들에게도 감사의 인사를 하고 싶다.

2009년 10월
도쿄에서 이진경

서설 _ 두 개의 '파라다이스'

1

토니 모리슨의 소설 『파라다이스』는 인접한, 그러나 근본적으로 상이한 두 가지 공동체를 다루고 있다. 하나는 '루비' 라는 이름의 흑인공동체고, 다른 하나는 이름도 없고 '공동체' 라는 정체성도 없는, 다만 수녀 없는 낡은 수녀원에 모여 사는 여자들의 무리다.

먼저 흑인들의 명시적인 공동체 루비. 하지만 그보다 먼저 헤이븐의 공동체가 있었다. '빅 파파' 라고 불리는 흑인 제커라이어가, 해방된 동료 노예들과 함께 만들어 낸 공동의 '세계' 가 바로 헤이븐이다. 살던 곳에서 쫓겨난 아홉 가구의 대가족, 하지만 이르는 곳마다 하룻밤 머무는 것조차 '불허' 되는 고통을 겪으며 여행하여 도달한 곳이 헤이븐이었다. "헤이븐의 세대들은 모든 것을 공유했으며, 아무도 부족한 사람이 없도록 배려했다." 면화농사를 망쳤다면 "사탕수수 농가들이 면화농가들에게 자기네 이윤을 나누어 주었다." 돼지들이 이웃의 밭을 망쳐 놓았다면 몰려가 보상해 주었고 돼지 잡을 때 잊지 않겠다는 약속을 했고, 헛간이 불탔다면 누군가 그에게 다른 도움을 주었다. 그래서 "1890년 오클라호마를 향한 여정에서 온 세상의 괄시를 받았던 헤이븐 주민들은 서로를 위해서라면 못할 일이 없었고, 누구 하나 궁핍하거나 부족하지 않도록 부지런히 살펴주었다."[1] 그렇게 하나의 공동세계가 만들어졌다.

하지만 자식들이 결혼할 때마다 분할되는 토지는 유일한 자급적 능력을 시간이 감에 따라 취약하게 만들었고, 면화산업의 붕괴 또한 생활을 더욱 어렵게 만들었다. 그 결과 오클라호마 지역에서도 꿈의 도시였던 헤이븐은 급속히 몰락해, 많은 땐 5백 명에 이르던 주민이 2백 명으로, 80명으로 줄게 된다. 제커라이어의 손자인 두 쌍둥이 형제를 위시하여, "헌신적인 향토애를 소중히 간직하고" 있던 마을의 몇몇 젊은 사람들은 "다시 한번 고향을 일으키겠다"는 결심으로 새로운 땅을 찾아 공동체를 건설한다. '루비'라는 이름의 공동체.

자신들만의 세계를 찾아 떠났던 그 여행은 흑인이라는 사실의 고통을 더없이 겪는 과정이었다. '해방된' 이후에도 지속되는 노예적 모욕. 그러나 새까만 피부색의 '원단' 흑인인 그들을 핍박하고 그들의 정착은 물론 머묾조차 '불허'했던 것은 단지 백인만이 아니었다. 연한 피부색의 흑인들로부터도 그들은 차별과 '불허'를 받아야 했다. 이는 그들에겐 또 다른 충격이었다. "그들은 스스로 자유민 대 노예, 부자 대 빈민의 대치구도에 대항해 투쟁한다고 믿어 왔다. 예외도 있지만 대부분은 흑인 대 백인 구도라고 생각했다. 그러나 이제 그들은 새로운 차

---

1) 모리슨, 『파라다이스』, 김선형 옮김, 들녘, 177~178쪽. 이하에서 이 책의 인용은 본문에 쪽수만 표시한다.

별의 장벽에 부딪힌 것이다. 연한 피부색 대 흑인이라는. 아, 백인들이
내심 차별하고 있다는 건 진작에 알고 있었지만, 깜둥이들 스스로까지
영향을, 그것도 엄청난 영향을 받았다는 사실은 꿈에도 생각지 못한 일
이었다."(311~312쪽) 그래서 그들은 그 모든 것을 하나도 잊지 않고
기억에 저장하며 여행했다. "잇따른 불행을 겪으면서 점점 더 단단해
지고 더욱더 오만해졌다. 그리고 이 불행한 사건들은 하나도 빠짐없이
쌍둥이의 기억 속에 낱낱이 각인되었다."(33~34쪽)

　　탄광의 깊디깊은 암층을 뜻하는 제8암층eight-rock, 그것은 이 쓰라
린 기억 속에서 자신들의 새카만 피부를 새로운 자존심의 징표로 삼았
던 이들에 대해, 처음에 떠났던 아홉 가족에게 패트리시아가 붙인 기호
다. 그것은 백인들에 대한, 아니 인종차별에 대한 증오와 원한 속에서
자신들의 순수한 혈통을 새로운 차별의 준거로 삼는 사람들의 징표이
기도 하다. 이제 이들이 만든 '세계'에서도 혈통의 법칙이 기정 사실이
되어 지배한다. 그래서 그들은 메누스가 데려온 백인 아가씨를 쫓아 버
렸고, 메누스를 술에 절어 살게 했으며, 혼혈아를 아내로 맞은 로저 부
부나 그 딸 패트리시아를 따돌렸다. 패트리시아의 딸 빌리 델리아가 아
기 시절의 '실수'로 평생 '헤픈 년' 취급을 당하는 것도 이와 무관하지
않다. 강렬한 인상을 남기는 이 소설의 첫 문장은 이렇다 : "그들은 제
일 먼저 백인 소녀를 쏜다."

　　결국 그들은 자신들을 핍박하는 인종차별을 피하기 위해 자신들
의 공동체를 세웠지만, 자신들만의 순수성을 또 다른 차별의 축으로 만
들어 버렸던 것이다. 패트리시아가 아버지에게 말한다. "피부색이었
죠? 그렇죠?" "뭐가?" "이 마을에서 사람들을 선택하고 계급을 정하는
기준 말이에요."(348쪽) 고통의 행로에 대한 그들의 기억은 이렇듯 원

한과 미움의 감정이 가슴속에 응어리지게 해 새로운 차별을 만들어 낸다. 백인들의 차별과 정확히 대칭적인 차별. "그들은 자기네들이 머리싸움에서 백인들을 능가했다고 생각하지만, 사실은 백인들을 모방할 뿐이다."(483쪽)

이는 외부자에 대한 적대와 불신의 다른 양상이다. 이들에게 모든 이방인은 적이며, 모든 외부자는 경계와 배제의 대상이다. 그래서인지 루비는 "1마일도 채 안 되는 간격을 두고 교회가 세 개나 있으면서도 여행자들을 위한 편의시설이 하나도 없는"(30쪽) 마을이다. "루비 사람들은 하나같이 외지인에 대해 얼음처럼 냉랭한 불신을 품고 있었다."(259쪽) 이는 앞세대인 헤이븐의 창건자들도 마찬가지였다. 제커라이어는 손자인 쌍둥이 형제에게 "헤이븐의 창건자들과 그 후손들이 어째서 끼리끼리 모여 살며 외부인을 그토록 못 견디게 싫어하는지, 그 이유를 밝혀 주는 이야기를" 거듭하여 해준다.(32쪽) 자신들만의 공동체를 만들고 지키려는 백인들의 분리주의와 정확히 대칭적인 분리주의가 이방인에 대한, 이질적 성분에 대한 저 강한 적대감 속에 자리 잡고 있다. "내가 이방인이라는 건 알지만 그렇다고 적은 아니란 말이오"라고 말하는 미즈너 목사에게 패트리시아는 대답한다. "물론 그렇겠지요. 하지만 이 마을에서는 그 두 단어가 같은 뜻이랍니다."(341쪽) 그래서 쌍둥이 중 형인 디컨의 아내 소앤은 심지어 루비 바깥의 그 어떤 곳보다 차라리 "군대가 더 안전할 거라고"(164쪽) 생각해서 두 아들을 군대에 보냈고, 둘 다를 잃는다.

여기에 사적 소유와 가족적 족보라는, 공동체와 반反하는 요소들이 끼어들면서 사태는 더욱더 악화된다. 심지어 어려움을 공유하고 나누었던 헤이븐의 가장 중요한 장점마저 사라진다. 루비의 사람들은 이제 타인들의 어려움을 나누기보다는 자기 이익을 추구하기에 급급하며, 그것은 공동체 내부에 새로운 분열과 대립을 야기한다. 이전에는 서로의 불화를 평범한 것으로 생각했고, 이웃의 성취를 기뻐했고, 게으름을 비웃는 것도 너털웃음으로 넘겼었다. "지금은 어쩐지 한때 외지인에게만 국한되었던 얼음 같은 경계심을 점점 더 서로를 향해 돌리는 느낌이다."(260쪽) 그것은 어쩌면 헤이븐이 이사의 형식으로 붕괴되고 해체되었듯이, 루비를 내부로부터 해체하고 붕괴시킬 수 있는 결정적인 위협이었을 것이다. 하지만 그것을 정확하게 본다는 것은 얼마나 어려운 일인가! 그 대신 그들은 그 모든 해체와 붕괴, 불안의 요인을 또다시 외부 탓으로 돌린다. "저 개망나니들이 오기 전엔 이 마을이 평화로운 천국이었단 말일세. 최소한 그 전에 있던 여자들은 종교 비슷한 거라도 있었잖아. 이 걸레들은 자기네끼리 똘똘 뭉쳐 살면서 교회에는 발도 들여놓지 않을걸."(438쪽)

다른 한편 공동체의 '정체성'을 위협하거나 공동체를 시작한 선조들—그들을 상징하는 신성화된 장소로서 화덕과 거기 새겨진 글—을 흔들려는 시도로 사람들의 차이가 드러날 때, 그것은 공동체 자체의 근간을 뒤흔들려는 것으로 간주하여 비난하고 억압한다. 미즈너 목사는 화덕을 둘러싼 토론장에서 "자기 말만 하자는 게 아니라 남의 말도 들어보자"면서 젊은이들의 편을 들지만, 그것은 "만약 네 놈들 중에 한 놈이라도 화덕 입구에 새겨진 말씀을 무시하거나 바꾸거나 없애거나 덧붙이려는 수작을 하면 방울뱀 쏴 죽이듯 머리를 날려 버릴 테다, 알겠냐?"는 협박으로 끝난다. 변경도, 제거도, 추가도, 그런 방식으로 이루어지는 모든 차이도 허용되지 않는다.

요컨대 백인들의 국가, "단 한 명의 학생—깜둥이 소녀—을 위해 아예 법대 하나를 새로 지어가면서까지 분리정책을 고수하려는 이 나라"(95쪽)에서, 혹은 흑인이나 다른 이질적 요소의 침투로부터 자신들만의 '공동체'를 '보호'하고 지키려는 백인들의 차별과 억압이 지배하는 나라에서 자신들의 공동체를 만들려고 하던 시도는, 자신들이 받은 모든 상처와 모멸을 고스란히 기억하며 원한과 미움, 혹은 두려움 속에서 모든 외부자, 외부성 자체를 적대시하는 것으로 나아갔고, 그 결과 모든 혼혈과 잡종, 이질성을 적대시하고 차별하게 되었다. 그리하여 그들 역시 자신들만의 공동의 세계를 만들고자 했고, 외부자들이 끼어들 수 없는 순수하고 동질적인 '세계'를 만들려는 순수주의를 꿈꾸었다. 그리고 모든 외부적이고 이질적인 요소들을 배제하려고 했던 백인들의 인종주의적 차별과 정확하게 대칭적인 차별을 스스로의 내부에 만들어 냈고, 내부에 존재하는 어떤 상이한 목소리, 상이한 생각도 허용하지 않는 억압을 스스로 만들어 냈으며, 그럼에도 불구하고 만들어지는 모든 동요와 해체, 붕괴의 요소들을 다른 소수적인 외부자 탓으로 돌렸다.

외부성, 그것은 고향의 편안함과 친숙함을 사랑하기에 순수성을 고수하고 보호하려는 공동체주의의 적이다. 공동체주의는 친숙함과 편안함을 뜻하는 '안에-있음' In-Sein[2]을 본질로 하는 만큼 그에 반하는 모든 외부성에 대해 적대적이다. 이런 점에서 하나의 공동체가 내부성을 본질로 한다는 생각은, 그것이 역사적이든 이론적이든, 혹은 사실적이든 문학적이든 모든 종류의 공동체가 외부에 대해 적대하고 폐쇄적이 되며, 내부에서 자신들만의 동질적인 세계를 건설하려는 꿈과 직접

---

2) 하이데거, 『존재와 시간』, 이기상 옮김, 까치, 1998, 82쪽.

결부되어 있다. 공동체의 정체성/동일성에 대한 집착, 공동체의 전통과 그것의 기원, 그것에 결부된 모든 고통의 기억, 이 모든 것이 외부에 대해 스스로의 문을 닫게 만들고, 자신들만의 내부적인-친숙한 세계에 정주하려는 그런 태도를 표현한다. 내부 내지 내부성은 이러한 폐쇄적 공동체주의를 특징짓는 귀착점이다. 이런 의미에서 하이데거 식으로 말하면, 내부성이란 그런 순수하고 폐쇄적인 '공동체주의'의 공간성을 표현하는 개념이라고 말해도 좋을 것이다.

2

또 하나의 '파라다이스'는 수녀원에 있다. 그들은 공동체를 만들려고 하지 않았다. 다만 "갈 곳 없는 사람들을 받아주었을"(28쪽) 뿐이다. 그래서 갈 곳 없는 사람들, 아니 상처받은 사람들이 모여들었다. 하지만 누구도 자신들이 공동체를 만들고 있다고 생각하지 않았고, 자신들이 어떤 '세계'에서 살고 있는지 의식하지 않았다. 따라서 그들은 유지하고 보호할 어떤 동일성/정체성도 없었다. 그들은 사람들이 새로 옴에 따라 끊임없이 변하는 '세계'에서 살아갈 뿐이며, 이전의 친숙한 '세계'를 유지하려는 관심도, 혹은 꿈꾸는 어떤 미래 세계에 현재를 맞추려는 관심도 없다.

거기는 수녀들도 모두 떠난 뒤, 수녀원장이던 메리 마그나와 더불어 콘솔레이타(코니)가 살던 곳이다. 하지만 지나던 길에 스친 인연만으로도, 힘겨운 삶을 놓아 버리고 평화롭게 살고 싶은 소망이 있는 저 '갈 곳 없는 사람들'이 머물고 정박하게 되는 곳이다. 그러나 이 '세계'는 친숙한 사람들 안에 닫혀 있지 않았으며, 반대로 낯설고 거친 외부인 모두에게 열려 있었다. 아니, 이곳은 태생부터 그랬다. 주역인 코니는 수녀들이 주워다 기른 여자고, 이후에 모여든 여자들 또한 대개는 가까이에 있는 사람들과 불화를 빚던 이들이다. 코니, "이 다정하고 푸근한 할머니는" '객'으로 들어와 있게 된 저 개성이 강한 다른 이들에게 "무엇이든 아낌없이 나눠 주면서도 당신은 별로 돌봐줄 필요가 없었으며, 정서적인 투자도 요구하지 않았고, 이야기를 들어주었고, **절대 문을 걸어 잠그지 않고 누구나 있는 그대로 받아들여 주었다.**"(418쪽)

수녀원의 이 공동체는 그에 대해 강한 적대감을 갖고 있는 루비 사람들에 대해서도 마찬가지로 열려 있다. '도덕적인' 루비의 사람들이 불편해하며 내치고 있던 애너의 '애비 없는' 출산을 도와주고, 그녀를 돌보아 주었던 것도, 기형아 아들들의 간호에 지쳐 혼이 빠진 채 방황하던 스위티를 보호하고 간호해 준 것도, 수녀원에 모여 있는 저 "부도덕한 암말들"이었다. 그럼에도 마음을 열지 않았던 애너와 달리 그녀의 친구인 빌리 델리아는 수녀원에 머문 이후에 거꾸로 루비보다 거기를 더 편하게 여긴다. 디컨의 아내 소앤은, 코니로 인해 자신의 아들이 사고에서 살아났음을 알고, 자신의 남편을 '공유'했던 코니에게 호감을 느끼며, 빈번하게 들러서 약을 얻고 신세를 진다. 사람들의 마음을 읽는 론 또한 코니와 수녀원 여자들에게 호감을 갖고 있다. 이는 모두 코니의 '세계'가 심지어 자신들을 적대하는 루비 사람들에게까지 열려 있었기 때문이다.[3]

---

3) 그러나 루비 사람들은 이러한 호의에 대해 또 다른 적대감을 느낄 뿐이다. 그들이 보기에 그것은 "꼭 똥더미가 파리를 후리듯 사람들을 꾀어가는" 것으로 보일 뿐이다. "거기 한 번 갔다 오기만 하면 사람들을 망치니, 원. 그 더러운 배설물이 '우리' 집으로, '우리' 가족들에게로 도로 묻어 들어오는 거 아닌가. 두고 볼 수 없는 일이야."(438쪽)

다시 하이데거 식으로 말하자면, 처음부터 외부자들, 외부적 요소들의 결합으로 시작되고 만들어져 간 '공동체', 따라서 외부를 향해 항상 열려 있는, 들어오길 원하는 누구든 있는 그대로 받아들여 주는 '공동세계', 이런 종류의 '공동세계'는 내부성이 아니라 외부성을 자신의 고유한 공간성으로 갖고 있다고 말해야 하지 않을까? 바로 이런 점에서 친숙함을 뜻하는 내부성을 갖는 '공동세계'로서 공동체와 구별되는 다른 종류의 '공동체'가 있을 수 있음을 보여 주고 있는 게 아닐까?

내부성이 순수성과 동질성을 향한 경향을 갖는 것과 반대로 외부성은 이질성과 혼혈성을 특징으로 한다. 외부에서 다가오는 것이란 언제나 뜻밖의 것이고, 우연적인 것이며, 내부에 있는 사람들의 의사와 무관하게 오는 것이기 때문에, 외부를 향해 열려 있다는 것은 그런 이질적이고 우연적인 뜻밖의 것들이 결합하여 하나의 '공동의 세계'를 만들기 때문이다. 가령 코니가 사는 수녀원은 모두 다 나름의 상처와 사연이 있는 여자들이 지나가다 머물면서 만들어진 곳이고, 그런 만큼 모인 사람 각자가 상이하고 이질적이다. 그러니 지킬 어떠한 순수성도 없었고, 보호할 어떠한 세계도 없었다. 다만 사람들이 오면 오는 대로, 가면 가는 대로 변하면서 존재하는 어떤 '세계'가 있을 뿐이다. 따라서 어떤 계획이나 프로그램, 목적을 대보라고 이들에게 묻는 것은 아무 소용없는 일이다. "그들은 절대적으로 필요한 일이 아니면 결코 하지 않았고, 뭘 하겠다는 계획조차 없었다. 계획 대신 소망을 가졌을 뿐이었다."(354쪽)

사는 사람들 각자의 특이성이 강하지만, 새로 오는 사람의 특이성이 추가되면, 수녀원 안에 만들어진 이 세계는 달라진다. 외부자를 있는 그대로 받아들인다는 것은 단지 어떤 외부에서 온 어떤 개인의 개성이나 특이성을 인정하는 것이라기보다는 차라리 바로 이렇게 새로운 외부자와 접속하고 결합함으로써 만들어지는 차이와 변화 그 자체를 긍정하는 것이다. 예컨대 코니와 마더, 메이비스가 살던 때와, 마더가 죽고 그레이스가 새로 온 이후의 삶은 아주 다르다. 거기에 세네카가 새로 왔을 땐, 이들의 삶이 또 다시 그로 인해 많이 변화된다. 아마 나름의 특이성을 갖고 있는 누가 와도 사태는 또 다시 달라지고 그때마다 그들은 다른 '세계'에서 살게 될 것이다.

그럼에도 불구하고 어떤 경우든 공통된 것이 있다면, 그곳은 갈 곳 없는 사람들이 모여들 수 있고, 상처받은 사람들이 모여 함께 살 수 있는 곳이라는 사실이다. 그래서 싸움과 충돌이 끊이지 않지만, 이들 각자는 어디서보다 이곳에서 더 편안하고 평화로운 삶을 산다고 느낀다. 그래서 가령 메이비스와 그레이스(지지)는 걸핏하면 피 터지게 싸우고 욕을 하고, 싸움을 할 때마다 떠나 버리겠다고 외치지만, 정작 떠난 사람은 없었다. 심지어 엄마에게 애인을 빼앗긴 상처로 흘러든 디바인조차 부자인 아버지에게 돌아가지만, 다시 이 수녀원으로 돌아온다. "자유로운 개인들의 자발적 연합."

코니의 수녀원에 모인 사람들, 이들 역시 루비의 흑인들 못지않게 상처 입은 사람들이고, 그들보다 더한 소수자minority들이다. 가령 열네 살에 자신을 출산하고 언니 행세를 하던 엄마에게서 버려졌고, 입양되어선 의붓오빠에게 겁탈 당하고, 그로 인해 다시 버려졌던 세네카는 그때 이후 상처 같은 삶의 고통이 떠오를 때면 자신의 살갗에 칼집을 낸다. 칼의 움직임을 따라 피가 솟는 것을 보며 고통을 잊는다. 디바인은 누군가의 아이를 임신하고 있다. 그런데 루비의 흑인들이 자신들의 상처를 하나도 빠짐없이 기억하고 그 기억을 내면으로 투사하여 원한과 미움, 적대의 감정을 만들었음에 반해, 이들은 그렇게 하지 않는다. 과거를 군이 묻지도 않지만, 마음이 열리면 스스로 말하고, 하는 말을 마음을 열고 들어주며 진심으로 위로한다. 메이비스와 그레이스처럼 싫은 일이 있으면 서로 물고 뜯고 싸우며 감정을 투척projection하면 했지, 결코 그것을 원한과 복수의 감정으로 투입injection하지 않는다.

코니는 마지막으로 이들이 스스로 자신의 상처를 치유케 한다. 각각의 몸을 그리고, 그 위에 그 안에 내키는 모든 것을 그리게 한다. 그들의 내면에 숨어 있는 상처를 드러내게 하고 그 상처에 대해, 상처를 만들 것들에 대해 마음껏 말하고 행동하게 한다. 상처와 결부된 것들이 그려진다. 혹은 소중한 것들이 그려진다. 세네카는 이제 자신의 피부가 아니라 지하실의 그 그림 위에 칼질을 한다. 그레이스는 아직 죽진 않은 사형수인 아버지의 유품을 그린다. 그리고 그들은 모든 것을 털어낸 듯 벌거벗은 채 밤새 춤을 춘다. "루비에 사는 사람들과 달리, 수녀원의 여인들은 그들을 쫓아다니는 악몽을 벗어 버렸던 것이다."(425쪽)

3

이처럼 이 소설은 전혀 다른 종류의 두 개의 '파라다이스'를 그리고 있다. 하나가 억압과 고통을 뜻할 뿐인 저 백인들의 나라에서 자신들만의 공동세계를 꿈꾸는 강한 염원에 따라 만들어진 공동체 헤이븐과 루비였다면, 다른 하나는 공동체도 공동세계도 따로 꿈꾸지 않았지만, 다가오는 모든 외부자들에게 열린 채 들어온 모든 사람들을 있는 그대로 받아들이며 만들어진 수녀원의 '공동체'다. 전자가 자신들이 받은 상처와 악몽을 하나도 잊지 못한 채 내면의 기억 속에 남겨 두었다면, 후자는 그것을 차라리 밖으로 표출할 기회를 찾아 지우고 벗어 버렸다. 그래서 전자가 자신들 외부의 모든 것들을 적대자로 간주하고 그에 대한 원한과 미움으로 높고 견고한 벽을 쌓았다면, 후자는 심지어 싸우고 충돌하는 경우에도 원한을 남기지 않았고, 있던 것은 풀어 버릴 수 있게 했으며, 모든 외부에 대해 자신을 열면서 자기만의 벽을 낮추고 없애려 했다.

두 개의 공동세계에서 보이는 내부성과 외부성의 이러한 차이는 동질성과 이질성의 차이로, 순수성과 혼혈성의 차이로 이어진다. 전자에게는 자신들만의 친숙함이 중요했고, 그랬기에 공동체를 창건했던 가족들 간의 친숙함은 더더욱 중요했으며, 그들이 갖고 있는 흑색의 순수한 혈통은 그 모든 외부에 대해 스스로 결속하게 하는 내부적 동인이었다. 따라서 그것을 흐리거나 그것에 끼어드는 모든 이질성과 혼혈을 거부하면서 새로운 차별을 만들어 냈다. 반면 후자로서는 어차피 모여드는 사람이 한결같이 낯선 외부자들이기에, 친숙함을 뜻하는 내부성은 전혀 중요하지 않았고, 필요한 친숙함이란 그때마다 새로 만들어 내면 될 것이었으며, 아무리 가까워져도 새로운 외부자가 언제든지 끼어들 여백-거리를 남겨 두고 있었다. 따라서 먼저 온 사람과 나중에 온 사람, 코니와 가까운 사람과 덜 가까운 사람이 구별되지 않았다. 그렇다고 새로운 어떤 순수한 내부를 만들어 내지도 않았다. 따라서 여기선 차별을 할 어떤 척도도 있지 않았다.

또한 내부성과 외부성의 차이는 정체와 변이, 존재와 생성의 차이로 이어진다. 전자는 자신들의 흑인 '임'에 머물며 그것을 지키고 고수하려 한다. 따라서 자신들이 어떤 공동체인가 하는 '정체성'의 문제는 이들에게 매우 결정적인 의미를 가졌다. 그것을 유지하고 지키기 위해 외부로부터든 내부로부터든 어떠한 변화의 요인도 받아들이지 않으려 했고, 불가피하게 나타나는 변화에 대해서는 가리고 봉합하려 했으며, 그래도 터져나오게 되었을 땐 외부의 탓으로 돌렸다. 멈추어 있는 것, 순수한 어떤 상태에 영원히 멈추어 있는 것, 그것이 이들의 암묵적 이상이었던 것이다. 반면 후자는 지켜야 할 어떤 정체성도 없으며, 반대로 새로운 외부자들이 들어올 때마다 끊임없이 자신들의 세계 자체를 변화시켰다. 그것은 여성들로 이루어진 세계였지만, 굳이 여성들만으로 제한하려는 뜻도 없었고, 그러려고도 하지 않았다. 심지어 "이 여자들은 그들이 아는 대부분의 여자들이 믿고 따르는 가치체계에 감히 반기를 들었던"(23쪽) '암말'들이다. 다시 말해 기존의 여성적인 어떤 상태나 여성성이라고 불리는 어떤 지녀야 할 또 다른 순수성 내지 정체성을 갖고 있지 않다. 무언가 추가될 때마다 다른 것이 '되는' 끊임없는 변이와 생성만이 이들의 세계를 특징짓는 것이다.

따라서 전자에게는 인근에 후자와 같은 세계가 존재한다는 것만으로도 불편하고 불안하다. 그것은 자신들이 이해할 수 없는 곳이고, 용납할 수 없는 사람들이며, 수긍할 수 없는 삶의 방식인 것이다. 더구나 자신들 내부에, 강하게 뭉쳐 있는 그 순수성의 내부에 사고가 발생하고 금이 가고 균열이 가시화됨에 따라, 그 모든 것은 내부에서 발생할 수 없어야 하기에, 외부에서, 저 더러운 암말들의 지저분한 배설물들이 묻어 들어와서 생겨난 것이 분명하다고 보았고, 그래서 "한때 진정한 이웃이었던" 수녀원의 이상한 여자들을 처단하기 위해 총을 들고 나선다. "안팎으로 그 무엇도, 단 하나 남은 흑인들만의 마을을 부패시키도록 내버려 둘 수는 없었다. 마을을 지키기 위해서라면 이 정도의 고통은 감수할 가치가 있다."(19쪽) 그리하여 자신들의 공동의 세계를 만들려던 시도는, 그리고 그것을 지키고 보호하려는 시도는 이제 외부의 또 다른 소수자를 향한 억압과 단죄, 파괴의 선을 그리게 된다.

이상에서 본 것처럼 『파라다이스』에 등장하는 두 가지 공동체는 전혀 다른 원리를 갖고 전혀 다른 방식으로 만들어지고 살아간다는 점에서, 베르그손 식으로 "본성을 달리한다"고 말하기에 충분하다. 이처럼 상이한 두 공동체의 본성은 각각 '내부성'과 '외부성'이라는 두 '공간성'의 개념을 통해서 대비될 수 있을 것이다. 그런 점에서 모리슨은 친숙성과 거주함을 존재의 본성에 귀속시키고 그것을 내부성이라는 개념으로 요약했던 하이데거의 '공동세계' 개념에 대해 근본적인 비판을 던지고 있는 셈이며, 그것과 전혀 다른 '공동세계'의 공간성을 제시하고 있는 셈이다.

그렇다면 루비의 흑인 공동체가 자신의 '고향'을 보호하기 위해, 그것에 이질적인 요소, 해체의 요소들을 침투시키고 있는 외부 세계를 향해 총과 무기를 들고 나섰던 것은, 하이데거가 자신이 사랑했던 공동세계인 "조국 독일"을 위해, 그 '세계'의 공동성과 내부성을 복원하기 위해 무기를 들었던 강력한 민족주의 운동(나치)에 대해 적극적 지지를 보냈던 것과 근본적으로 다르지 않은 태도의 표현은 아니었을까? 어쩌면 그것은 힘 있는 자, 억압하는 자들의 내부적 결속과 달리, 힘 없는 자, 억압받는 자들의 내부적 결속이기에 오히려 눈에 잘 보이지 않는 위험을 정확하게 지적하여 보여 주는 것은 아니었을까? 억압받는 자들이 자신만의 내부성과 순수성을 원칙으로 삼았을 때, 그리고 그것을 지키고자 했을 때, 그들조차 억압하는 자의 삶과 행동을 그대로 모방하여 반복할 수 있다는 사실을, 가슴 저미게 지적하고 있는 것은 아닐까?

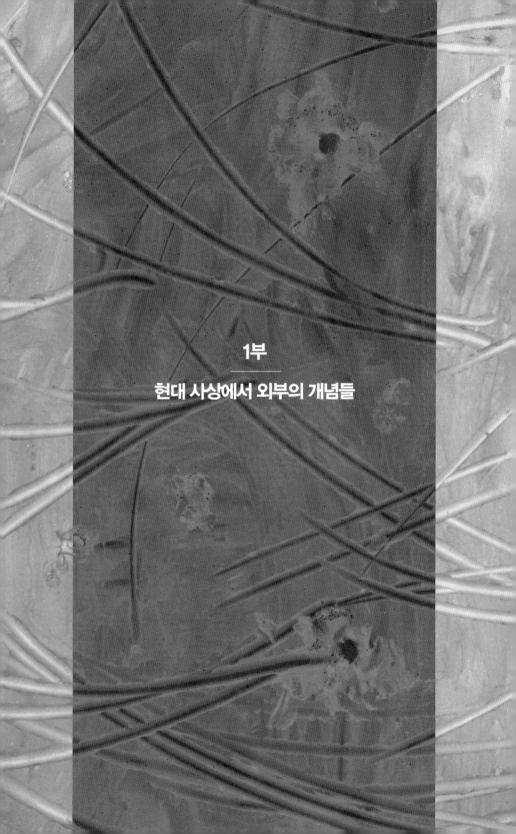

1부

현대 사상에서 외부의 개념들

제1부 _ 현대 사상에서 외부의 개념들

1. 외부는 어떻게 철학에 다가왔는가?

논란의 여지가 있지만, 외부라는 말에 사유의 무게를 부여하며 중요한 개념으로 떠오르게 했던 것은, 철학자라기보다는 문학자였지만 철학자 이상으로 철학적이었던 블랑쇼Maurice Blanchot였던 것 같다. 특히 1955년 출판된 『문학의 공간』L'espace littéraire은 문학을, 작품을 외부의 경험이란 관점에서 외부에 연결했을 뿐 아니라, 외부 자체를 철학적 사유의 주제로 명시적으로 부각시킨 바 있다. 푸코는 블랑쇼가 말하는 '외부'라는 개념을 직접적으로 언급하며 철학적 개념으로 한 걸음 더 밀고 나간다. 푸코는 1966년 블랑쇼에 대한 글을 쓰면서 그 글의 제목을 「외부의 사유」"La pensée du dehors"라고 붙인다. 블랑쇼의 사유를 '외부의 경험'과 연결하면서, 그의 이름을 사드와 니체, 아르토와 바타유의 이름과 나란히 쓴다. 이로써 '외부의 사유'는 블랑쇼 이전의 시간으로 거슬러 올라가고, 외부의 사유를 시도한 사람들의 계열이 만들어진다. 아니, 이보다 먼저 푸코는 자신의 박사학위논문인 『광기의 역사』 Histoire de la folie à l'âge classique, 1961에서 이성의 외부라고 할 수 있는 광기에 대해, 그것의 역사에 대해 연구한 바 있다. 그리고 「타자의 공간」 "Des espaces autres", 1966이라는 강연을 통해서 타자의 공간이라는 형태로 외부의 개념을 좀더 명확하게 개념화하고자 했으며, 같은 해에 출판된 『말과 사물』Les mots et les choses에서 보르헤스를 빌려 전혀 다른 방식의 사고방식이 펼쳐지는 인식의 무의식적 지반을, 그리고 그 위에서 펼쳐지는 상이한 사고방식들의 역사를 연구하고자 했다.

데리다Jacques Derrida 역시 외부 개념이 중요한 철학적 주제임을 주목한다. 『그라마톨로지에 대하여』De la grammatologie, 1967에서 그는 '이다'(est)라는 동사에 ×표를 치면서 "외부는 내부이다"라고 쓴다. 거기서 그는 '제도화된 흔적'으로서 문자언어는 음성언어보다 더 외부에 있는 동시에, 그 자체로 문자언어의 일종인 음성언어보다 더 내부에 있다고 하면서 내부와 외부의 구별이 흔히 생각하듯이 뚜렷한 게 아님을 보여 준다. 이는 사실 『목소리와 현상』La voix et le phénomène, 1967에서의 중요한 주제이기도 한데, 거기서 그는 '말하고자 하는 바'vouloir-dire, 의미에 직접적으로 결부된 음성적 언어에 비해 문자적인 언어를 이차적이라고 간주했던 후설Edmund Husserl을 비판하면서, 문자적인 것 없이 어떻게 '말하고자 하는 바'를 떠올릴 수 있는지 묻는다. 이후 그는 다양한 주제를 가로지르면서 내부와 외부의 경계를 묻는다. 내부와 외부를 가르려는 생각, 내부에 안주하려는 태도를 '해체'한다. 또 바깥에 섬ex-position을 통해 '공동으로-존재함'être-en-commun을 사유하고자 했던 낭시Jean-Luc Nancy에게도 외부란 매우 중요한 사유의 축이다.

이들만은 아니다. 라캉Jacques Lacan에게도 들뢰즈Gilles Deleuze에게도 외부는 중요한 주제였다. 라캉에게 외부란 두 가지 다른 방향에서 '타자'라는 개념과 결부되어 있는데, 주체로서의 '나'를 규정하는 '외부'로서의 대문자 타자Autre가 그 하나라면, 큰 타자와 동일한 위상을 갖는 상징계의 구멍, 혹은 그 구멍을 메우는 대상으로서 작은 타자'objet petit a', '대상 a'가 다른 하나다. 하지만 전자는 '나'라는 개체의 외부라는 의미에서 타자라고는 해도, 사실은 그것이 나에게 나의 자리를 할당하고 그것을 내가 받아들여 동일시하여 자신의 것으로 '내면화'하게 된다는 점에서 단지 '공간적인' 의미에서가 아니라면 외부라고 하기 어렵다. 그것은 동일자, 질서의 다른 이름이다. 내가 그것의 내부에 있다는 의미에서, 그렇게 그것은 내게 가까이 있다는 의미에서, 그것은 나의 내부에 있다. 하이데거Martin Heidegger의 '세인'이 내게 그렇게 거리를 없애며 가까이 있듯이. 반면 실재계로서, 그 상징계에 난 구멍으로서, 하나의 얼룩처럼 존재하는 '대상 a'의 경우에는 질서와 동일자, 아버지와 법을 뜻하는 큰 타자의 외부라는 점에서 아주 다른 의미를 갖는다. 이는 특히 68년 이후 중요하게 부상하여 그의 사유의 새로운 중심이 된다. 지젝Slavoj Žižek은 라캉을 이러한 방향으로 더 멀리 밀고 간다. 이런 점에서 라캉은 타자나 외부라는 말이 얼마나 다른 의미로 사용될 수 있는지 보여 준다고 할 것이다.

들뢰즈에게 외부란 현실의 일부이기도 한 '초험적 장'을 뒤집어 버리는 블랑쇼 식의 '비인칭적 죽음'이기도 하고(『차이와 반복』), 사건적 계열화의 방향을 뒤집는 역설이기도 하며(『의미의 논리』), 벽을 흘러넘치는 흐름으로서의 욕망의 탈주선이기도 하고(『안티-오이디푸스』), 배치의 변환을 야기하는 탈영토화의 선이기도 하며 그 탈영토화의 절대적 극한으로서 '기관 없는 신체'나 '일관성의 평면'이기도 하다(『천의 고원』). 그것은 잠재적인 것을 초과하여 강도＝0의 절대적 탈영토화로 밀고 가는 잠재화의 벡터다.

또 다른 사례를 덧붙이는 방식으로 하나의 '계보/족보'를 늘려 가는 것은 쓸데없는 일일 것이다. 이런 몇 사람의 예를 들어 말하고 싶었던 것은, 적어도 블랑쇼 이래 '외부'라는 개념이 현대 철학에서 매우 중심적인 개념임이 점차 뚜렷하게 명시화되고 있다는 점이다. 그렇지만 블랑쇼 이후의 '계보'나 그 이전의 계보를 거명하는 것과 다른 차원에서, 사실은 이런 사유가 가동되는 데 결정적인 역할을 했던 사람을 언급하지 않는 것은, 불충분함 이전에 부당하다고 해야 할 것이다. 여기서 우리는 두 사람의 철학자를 언급해야 한다. 하이데거와 레비나스가 그들이다.

먼저 블랑쇼의 친구였던 레비나스Emmanuel Lévinas. 그는 1961년 '외부성에 관한 에세이'라는 부제가 붙은 책『전체성과 무한』Totalité et infini을 출판한 바 있다. 레비나스에게 외부성이란 무엇보다 절대자의 지위에까지 고양된 타자성을 통해 사유된다. 이러한 사유는 그가 포로수용소에서 썼다가 1947년 출간한『존재에서 존재자로』De L'existence à l'existant나, 47년 장 발Jean Wahl의 철학학교에서 강의했던 것을 출판한『시간과 타자』Le temps et l'autre에서 이미 명확하게 드러난 바 있다. 블랑쇼와 레비나스에게서 외부의 개념이 동일하다고는 결코 할 수 없지만, 두 사람은 철학적이라고 해 마땅할 교우관계를 통해서 외부와 타자의 개념이 맞물리며 발전해 갔을 것이라고 보는 것은 자연스런 가정일 것이다.

레비나스는 후설의 제자였고 하이데거의 강의를 들었으며 스스로 말하듯이 하이데거의 강력한 영향 아래 자신의 사유를 펼친다. 또한 레비나스 자신 또한 언급한 바 있듯이, 블랑쇼가 펼친 사유는 후기 하이데거와 매우 근접한 양상을 보인다(『블랑쇼에 대하여』Sur Maurice Blanchot). 물론 그것은 하이데거의 후기 저작들과 독립적으로, 혹은 그것에 선행해서 이루어진 것이었고, 사실은 매우 상반되는 방향을 향하고 있었다는 점에서 다르다고 해야 하지만, 블랑쇼 자신 또한 레비나스를 경유해서겠지만, 하이데거의 영향 아래 있었음은 분명하다. 데리다나 낭시가 하이데거에게 명시적으로 기대고 있다는 점에서도, 하이데거는 철학에서 외부라는 개념이 부상하게 되는 데 결정적인 분기점이 되었음은 분명하다. 그러나 하이데거의 사유는 모든 존재자가 등을 돌리는 불안이라는 사태를 통해 외부성의 문제를 사유하고자 했고, 외부와 내부가 모든 지점에서 복잡하게 공속하며 얽혀 있음을 보여 주지만 그의 사유의 방향은 외부 아닌 내부를 향하고 있었다. 그것은 내부성의 사유나 외부성의 사유가 함축하는 실질적인 의미를 아주 잘 보여 주기에 특히 중요하다.

그러나 이런 개념의 역사를 뒤지고 올바른 개념적 '계보'를 구성하는 것이 이 글의 목적은 아니다. 이러한 사유의 영향을 받았지만, 내가 '외부'라는 개념에 주목했던 것은 사회주의 붕괴 이후 맑스주의를 다시 사유하는 과정에서였다. 철학적 존재론부터 혁명론에 이르는 맑스주의 전체를, 당혹을 수반하는 근본적 의문 속에 던져 넣었던 그 사건을 통해서, 나는 사회주의 붕괴 이후 맑스주의가, 혹은 맑스적 의미에서 혁명이 과연 가능한가를 다시 물어야 했다. 그것은 혁명은 물론 맑스주의적 입론의 가정이나 명제 하나하나를 근본적 질문 속에서 다시 사유할 것을 요구했다. 거기서 나는 맑스에게서 '유물론'이란, 혹은 '역사유물론'이란 대체 무엇인가를 다시 물었고, 유물론이란 '외부에 의한 사유'라는 생각에 도달했다. 그 외부는 종종 정신 외부의 '물질'이나 사회적 의식 이전의 '사회적 존재'라는 말로 쉽게 등치되었지만, 그리하여 물질의 일차성을 인정하는 철학적 입장으로 간주되었지만, 정작 중요한 것은 '물질'이나 '사회적 존재'가 아니라 '외부'라는 것을 깨달았다. 이를 무엇보다 잘 보여 주는 것은 역사유물론을 요약하는 다음의 테제였다: "흑인은 흑인이다. 특정한 관계 속에서만 그는 노예가 된다."(「임노동과 자본」)

이미 들뢰즈나 푸코 등의 저작에 익숙해 있었지만 이전에는 특별히 주목하지 않았던 '외부'의 개념에 눈을 돌리게 되었던 것은 유물론에 대한 나름의 새로운 정의 덕분이었다. 눈을 돌리고 나니 외부라는 개념이 많은 현대 사상가들에 의해 중요하게 사용되고 있음을 알게 되었다. 그렇지만 내가 유물론을 정의하면서 사용한 외부의 개념과 그들이 사용하는 외부의 개념은 어떤 공통된 것이 있었으면서도 때론 크게, 때론 작게 어긋나 있었고, 또 그들 사이에서도 상이한 방식으로 사용되고 있음을 알게 되었다. 그렇다면 그 상이한 양상의 외부 개념이 모두 '유물론'과 결부될 수 있는 것인지, 결합될 수 있다면 대체 어떤 방식으로인지, 아니면 유물론을 외부 개념을 통해 정의하는 게 과연 적절한 것인지 등의 질문을 던져야 했다.

이런 이유에서 여기에서는 먼저 다양한 외부의 개념들의 차이를 추적하면서, 그것들 사이에 상이한 두께의 선들을 긋는 작업을 하게 될 것이다. 동시에 그러한 차이에도 불구하고 '외부'라는 하나의 말로 그 사유를 포괄할 수 있을 것인지, 그게 아니라면 그 상이한 외부의 개념들은 어떤 관계에 있는 것인지를 다시 질문해 볼 것이다. 이를 통해 '유물론'이 어떤 양상으로 변용될 것인지를 생각해 보고자 한다.

이는 역으로 외부 아닌 내부성을 사유하려던 시도들, 그런 사유의 역사에 대해서도 다시 보게 만든다. 그들 역시, 언제나 개념적인 것은 아니었지만, 외부를 의식하고 그것과 만나는 사건을 통해 사고하고 있었기 때문이다. 외부의 개념이 이토록 중요하다면, 외부성의 사유라는 관점에서 철학 내지 사상의 역사를 본다는 것은 아마도 서구 형이상학의 역사 전체로 거슬러 올라가는 작업을 필요로 할 것 같다. 그러나 철학의 역사를 다시 쓰겠다는 야심 없이 이런 작업을 시도할 수는 없는 일일 것이다. 그래도 일단 이전의 철학에서 외부가 문제가 되는 양상에 대해서 간단하게라도 보지 않으면 안 될 것이다. 이를 위해 이 글에서는 근대 철학의 몇몇 사람들을 통해 그들이 '외부'와 대면하는 방식을 간단하게 추적하고, 곧바로 현대 철학에서 외부성의 사유를 살펴보는 것으로 넘어갈 것이다.

2. 내부성의 사유

사실 서양 철학의 역사에서 주류를 이루었던 것은 내부성의 사유였다. 외부적인 것이란 불확실하고 불안정하며 가변적인 반면, 전통적으로 철학은 확실한 것, 항상적인 것, 불변적인 것, 그리하여 본질적인 것, 초월적인 것을 찾고자 했기 때문이다. 이는 알다시피 플라톤으로까지 거슬러 올라가지만, 여기서는 근대 철학에서 몇 사람만을 한정해서 최대한 간단하게 언급할 것이다.

1) 데카르트

데카르트에게 중요한 것은 '확실한 것'이었다. 의심할 여지가 없는 것, 그것이 바로 참된 지식이고 진리였다. 의심할 여지가 있다는 것은 여전히 지성에 의해 충분히 포착되지 못했다는 것, 즉 지성에 의해 충분히 내부화되지 못했다는 것을 의미한다. 물론 그것은 좀더 진전된 인식을 통해 좀더 진리에 가깝게 될 수 있을 것이고, 좀더 내부화될 수 있을 것이다. 그렇지만 그러기 위해서는 어떤 확고한 기초가 필요했다. 시멘트를 아무리 바른다고 해도 기초가 흔들리는 건물에 확고부동한 안정성을 줄 수 없는 것처럼, 불확실한 것, 믿을 수 없는 것, 의심스러운 것을 아무리 덧붙인다고 해도 불확실한 지식이 확실해질 수는 없는 일이기 때문이다.

그런데 데카르트가 보기에 자의적인 상상이나 습관적인 판단, 통념적인 지식은 물론 내가 직접 감관을 통해 포착한 것 역시 확실하지 않았다. 고추장을 토마토케첩으로 착각하는 일이 빈번하고, 영어 단어 hot이 보여 주듯이 매운 것과 뜨거운 것을 뚜렷이 구별하기도 쉽지 않다. 심지어 거울에 비친 얼굴이 내 얼굴인지조차 확인할 길이 없지 않은가? 장자로 인해 우리가 잘 알고 있는 것처럼, 데카르트 역시 자신이 산책로를 걷고 있다는 사실 또한 꿈인지 아닌지 확인할 길이 없다고 생각한다. 외부적인 것, 그것은 내가 포착했다고 생각했을 때조차도 정말 확실한지 알 수 없는 것이다.

확실한 것에 대한 강박증적 확인을 위해서 데카르트는 차라리 자신을 속이기 위해 모든 노력을 기울이는 악마가 있다고 가정한다.[1] 그러고 보면 감각적 인식만큼 악마의 손에 쉽게 놀아나는 것은 없는 셈이다. 내 눈으로 보았다고 확신하는 만큼, 나는 쉽게 속기 때문이다. 대부분의 철학자들처럼 그 역시 감각을 믿지 못한다. 물론 감각만은 아니다. 내가 갖고 있는 많은 생각들이, 듣거나 배우면서 확인없이 옳다고 믿은 것들이기에 역시 악마의 손 안에 있다. 이 악마의 장난에 대처하기 위해서 그는 모든 것을 의심하는 방법을 채택한다. 거기서 잘 알다시피 그의 유명한 명제가 출현한다. "나는 생각한다, 고로 존재한다." 왜냐하면 모든 것을 의심하는 그 순간에도, 혹은 어떤 생각을 하고 있든 생각을 하는 그 순간에는 의심하는 나, 생각하는 나가 있다는 사실 자체는 확고하기 때문이다.

그는 확고한 진리를 위해 외부적 대상에 대한 모든 경험적 인식을 포기한다. 이유는 외부적인 대상에 의해 얻어진 지식은 진리의 필연성을 갖지 못하기 때문이다. "관념들이 외부의 대상에 의해 이루어진 것이라고 할지라도, 그렇다고 해서 그러한 관념들이 외부의 대상과 닮게 된다는 필연적인 결론이 나오는 것은 아니다."[2] 가령 태양의 현상에서 직접 나오는 관념이 태양과 가장 닮은 것은 아니라는 사실이 "내가 나와는 다른 것들이 **나의 외부에** 있고, 또 그것들이 나의 감각기관을 통하여, 또는 다른 어떤 수단을 통하여 그러한 관념이나 영상들을 **내 속에** 보낸다고 믿는 것은, 확실한 판단에 의해서가 아니라 맹목적이고 경솔한 충동에 의해서 이루어졌다는 것을 나로 하여금 인식하게 하도록 한다."[3] 여기서 외부적인 것은 모두 악마의 손 안에 있다는 생각이 무심결에 드러난다.

외부적인 것 대신 그는 '생각하는 나' 혹은 '생각으로서의 나'를

---

1) 데카르트, 「성찰」, 『방법서설/성찰 외』, 김형효 옮김, 삼성출판사, 1990, 147쪽.
2) 같은 책, 161쪽.
3) 같은 책, 161쪽.

부여잡는다. 확고한 진리를 위해서 그는 불확실한 것, 외부적 기원을 포함하는 모든 것을 포기하고, 오직 하나 '나'를, 생각·의식으로서의 나를 붙잡는다. 나의 '존재'는 그런 '나' 안에서만, 생각하는 나 안에서만 확신할 수 있는 게 된다. 그것은 사유의 시선이 사유 자신을 향하여 고정됨을 뜻한다. 그리고 그것이 출발점이 되어, 그 안에, 나의 사유 안에 있는 확고한 것들을 찾아 나서게 된다. 사유 안에서 내부적 기원을 갖는 것과 외부적 기원을 갖는 것을 구별하고 선별한다. 즉 그는 그 확고한 '나'의 탄생과 더불어 주어진 것, 생득적으로, 다시 말해 나의 내부로부터 주어진 것과 그렇지 않은 것을 대비한다.

〔나의〕 관념들 가운데 어떤 것들은 나와 함께 탄생한 생득적인 것이고, 또 다른 관념들은 외부로부터 나에게 들어온 것이요, 또 다른 것들은 나 자신에 의해서 만들어진 것일 수도 있다. 그런데 내가 일반적으로 사물이 무엇이며 진리가 무엇이며 생각이 무엇인가를 깨닫는 능력을 갖고 있는 한에서 그 같은 모든 능력이 나 자신의 타고난 본성 이외의 다른 곳으로부터 오는 것은 아닌 것 같다.[4]

기원에 따라 관념은 세 가지로 구별되지만, 데카르트에게 진리를 인식할 수 있는 능력은 자기 자신의 타고난 본성으로부터만 온다. '생각하는 나'의 확고함에서, 그 나 안에 있는 본성적인 관념, 생득적인

---

4) 앞의 책, 160쪽. 그렇다면 오류는 어디서 오는가? "그것은 오직 한 가지 사실로부터 온다. 즉 의지는 지성보다도 훨씬 넓은 범위에 미치기 때문에 내 의지를 지성의 한계 안에 붙들어 두지 못하고 나의 의지를 나의 지성이 이해하지 못하는 사물의 세계에까지 확장시키는 데서 오류가 발생한다."(「성찰」, 같은 책, 177쪽)

관념으로 나아가는 것이다. 그런 관념에는 어떤 것이 있는가? 여기서 데카르트가 주목하는 것은 수학적인 지식이다. 삼각형의 내각의 합이 180°라는 사실, 혹은 300+298=598은 의심의 여지없이 확고하다. 그러나 그것은 직접 자로 재거나 수를 세서 얻은 지식이 아니다. 가령 현실 속의 삼각형은 불완전하기 그지없으며, 완전한 삼각형은 그릴 수도 없다(삼각형의 변은 선분인데, 정의상 선분은 길이를 가질 뿐 폭을 갖지 않는다. 그러나 우리 눈에 보이는 모든 선분은 아무리 얇게 그려도 폭을 갖는다. 즉 불완전하다. 따라서 완전한 삼각형은 그릴 수 없다). 따라서 삼각형에 대한 완전한 관념은 외부로부터 들어온 게 아니라 나에게 본성적으로 주어진 관념이다. 나의 본성에 내적인 관념.

수학적 정합성으로 귀착되는 이러한 '진리'의 개념이 앞서 말한 '일치'의 관념, 논리적 합치의 관념에 기대고 있음을 길게 설명할 필요는 없을 것이다. 내적인 정합성, 논리적인 정합성이 내부적인 것과 결부된 것임을 아는 것 역시 그리 어려운 일은 아닐 것이다. 이는 내부적인 것이 단지 어떤 공간적 경계의 특정 영역만으로 국한되는 게 아니라, 그것과 다른 차원에서 '일치'라고 불리는 특정한 양상으로 직조되고 조직되는 것임을 의미한다. 뒤집어 말하면 논리적 정합성이 와해되는 지점이 출현한다면, 그것은 그 논리적 구성물의 외부가 출현하는 지점임을 뜻한다.

데카르트는 본성적으로 주어진 것, 완전한 관념의 기원을 신에게서 찾는다. 내 안에 존재하는 완전성, 그것은 내가 신의 완전성을 나누어 갖는 한에서만 존재하는 것이기 때문이다. 그것은 어떤 외부적 요인에 의해서도 흔들리지 않고 어떤 조건에도 변하지 않는 나의 실체적 본성이다. 여기서 완전성의 관념이 신이라는 초월자를, 혹은 신적인 초월성을 나의 내부로 불러들이고 있음을 주목할 필요가 있다. 신이라는 초월자는 본래 나의 '기원'이고 창조자이기에 나의 외부에 있어 마땅한 것이지만, 내가 갖는 완전한 관념의 '근거'라는 점에서, 이미 나의 내부에 있는 완전성의 근거라는 점에서 나에게 내부적인 것이다. 그것이 나의 내부에 없다면, 나는 다시 외부에서 확고한 것, 완전한 것의 근거를 찾아야 하는 불합리한 결론에 이르게 되리라는 것이다. 이런 점에서 데카르트는 초월성이 완전성 개념을 통해 내부성의 사유와 결합되는 양상을 아주 잘 보여 준다.

그러나 스피노자가 간명하게, 그리고 한참 뒤에 포이어바흐가 자세하게 보여 준 것처럼, 신이란 인간이 자신이 갖고 있는 '미덕'의 일부를 외적인 대상으로 소외(외화)한 것이란 점에서, 사실은 신이란 초월자는 인간의 외부에 있기 이전에 그 내부에 있었던 것이라고 해야 한다. 완전성, 이데아 같은 것은 사실 이런 식으로 현실적인 사물의 내부에서 인간이 찾아낸 어떤 형상에 불변성과 완전성을 부여하곤, 그것을 외적인 어떤 것으로 '외화'하여 만들어 낸 것이고, 그런 점에서 사실은 초월성과 외재성의 형태를 취할 때조차 항상-이미 내부적인 것이다.

요컨대 데카르트는 확고한 진리를 위해 외부적인 것을 악마의 손에 넘겨 주고, 그 대가로 '생각하는 나의 존재'라는 확고한 기초를 얻었다. 진리를 위해 외부를 사유하기를 포기한 것이다. 물론 여기서 순진하게 데카르트가 외부에 대해 사유하길 포기했다고 말해선 안 될 것이다. 광학은 물론 멀리 별들의 운행법칙에 대해서까지 관심을 갖고 글을 썼던 데카르트의 작업을 안다면, 결코 그렇게 말할 수 없을 것이다. 그러나 그것이 외부로부터 온 것인 한, 외부적 기원을 갖는 관념에 의거하거나 그것과 혼합된 관념이라면 오류를 피하기 어려울 것이다. 그것을 피하기 위해선 외부에 대한 인식은 내부에 의해서, 내부의 완전한 관념들을 통해서 해야 한다는 사실이었다. 다시 말해 외부 대상에 대한 인식은 완전한 관념인 수학을 통해서, 수학적으로 포착될 때에만 참된 지식이 될 수 있다는 것이다. 따라서 외부는 외부로서 배제되고 내부는 내부로 머물러 있는 그런 단순한 사태를 상정한다면, 우스운 일이 될 것이다. 다만 데카르트의 천문이론이 확고한 진리라고 인정받지 못한 것을 보면, 이렇게 해도 외부로부터 오는 관념이 혼합되는 사태를 피하는 게 정말 어려운 일이라는 걸 알 수 있다. 그게 아니라면 별들이 왜 데카르트의 본성적인 확고한 관념을 따라 움직여 주지 않았는가를 추궁해야 할 테니 말이다.

2) 칸트

데카르트가 수학적 지식의 완전성을 믿고 그것을 외부세계로 밀고 나간 것은 갈릴레오에 의해 명시화된 근대 과학의 '이념'과 결부되어 있었다. '자연의 수학화.'[5] 이후 수학화의 이념은 물리학에 머물지 않고 모든 영역으로 확장되어 간다. 이미 수학적 이념 안에 들어갔던 음악, 미술은 물론 아직 수학과는 너무도 거리가 멀었던 자연사나 의학 같은 것도 수학화되리라고 믿어졌다. 모든 것을 수학화하려는 이런 종류의 이념은 '보편수학'mathesis universalis이라는 이름을 갖고 있었다.[6]

피사의 사탑으로 상징되는 실험적 지식의 관념이 근대 과학에 관한 가장 순진한 신화라는 것을 인정한다고 해도, 과학에 기초하려 하고

---

5) 후설, 『유럽학문의 위기와 선험적 현상학』, 이종훈 옮김, 이론과 실천, 1993, 66쪽.
6) 푸코, 『말과 사물』, 이광래 옮김, 민음사, 1986, 105쪽.

과학을 정당화하려는 철학이 데카르트처럼 경험적 사실을 전적으로 포기할 수 있을까? 비록 목표에 도달할 수 있을지는 모른다고 해도 시작부터 그것을 포기할 수는 없었을 것이다. 가령 로크는 이런 입장을 분명히 갖고 있었다. 그가 보기에 과학이 대상성을 포기한 지식일 수 없었다. 따라서 그는 경험적 대상에 대한 지식을 진리의 형식으로 포괄하고자 했다. 이를 위해 일단 데카르트가 가정했던 본성적/생득적 관념이란 없다고 선언한다. 인간의 지성이란 일종의 백지 같은 것이며, 이후의 경험이 지식으로 새겨지는 것이라는 것이다. 그런데 경험적 대상은 경험하는 사람에 따라, 경험의 양상에 따라 다르게 인식되지 않는가? 그렇다면 모두가 인정하는 객관적 지식이란, 즉 과학이란 어떻게 가능한가? 이를 위해 그는 경험마다 다르게 포착되는 제2성질과 다른, 모두에게 공통되게 인식되는 제1성질이 있다고 주장한다.

사실 대상과 지성의 일치를 추구하려는 이러한 입장은 근본적인 딜레마에 처해 있다. 먼저 외적 대상이 경험되고 인식되는 과정이 단일하지 않다는 점, 그리고 그렇게 인식된 지식이 대상과 일치하는가 여부를 확인하고 증명하는 것이, 있는 그대로의 진실을 말해 주는 제3자를 끌어들이지 않은 한 근본적으로 불가능하다는 점 때문이다. 이러한 난점이 로크로 하여금 '제1성질' 같은 또 다른 본성적 실체성을 가정하게 했던 것이지만, 이는 증명되어야 할 것(객관적 지식의 가능성)을 가정하는 것에 지나지 않았다. 따라서 버클리는 그런 실체란 없다면서, "존재하는 것은 오직 지각된 것뿐"이라고 주장한다. 흄은 여기에서 좀더 나아간다. 지각하는 주체의 동일성 내지 단일성 역시 암묵적으로 가정된 실체의 관념은 아닌가 하는 것이다. 지각이나 인상과 같은 그때그때의 경험이 다르다면, 그것과 상관없이 경험하고 지각하는 주체가 동일한 채 그대로 있을 수 있는가 하는 것이다. 데카르트가 인식의 외부성을 포기하고 확보한 '나'라는 주체의 확고한 실체성이 여기에서 와해된다.

칸트가 사유해야 했던 건 이러한 조건 속에서였다. 그 역시 과학적 지식의 객관성, 진리성을 확신하고 있었다. 그러나 그것을 근거 짓거나 정당화하는 데서 철학은 근본적인 난점을 드러내고 있었고, 심지어 모든 진리의 가능성이 사라져 버릴 것 같은 사태가 확연하게 되었다. 알다시피 여기서 그가 선택한 것은 진리를 대상이 아니라 주체 자체에서 찾는 방법이었다. "지금까지 우리는 우리의 인식이 모두 대상에 따라서 규정되어야 한다고 생각해 왔다. 그러나 우리가 이러한 대상에 대해서 무엇인가를 선험적으로 개념에 의해서 규정하고 그리하여 우리의 인식을 확대하려는 시도는 이러한 전제 밑에서 모두 실패로 돌아갔다. 따라서 이번에는 **대상이 우리의 인식에 따라서 규정되어야 할 것이라고 상정한다면** 형이상학의 여러 과제가 좀더 잘 해결되리라는 것이다."[7]

까마귀 울음소리가 불길한 것은 까마귀가 불길한 새여서가 아니라, 우리가 그렇게 이미 인식하고 있기 때문인 것이고, 맹수가 두려운 것은 먹고 먹히는 관계 속에서 우리가 그것을 인식하기 때문이다. 딸기가 빨갛게 보이는 것은 우리의 눈이 그렇게 포착하기 때문이다. 색맹에게는 다르게 보일 것이다. 겹눈을 가진 잠자리에겐 어떻게 보일까? 알 수 없지만 우리와 똑같이 보일 리는 없다. 어떤 것이 진짜 딸기의 색깔인지는 알 수 없고 확인할 수 없다. 우리가 '확인'하는 것조차 이미 우리 눈에 보이는 대로만 가능하기 때문이다. 그렇다면 속는 것인가? 사

---

7) 칸트, 『순수이성비판』, 「제2판 서문」, 정명오 옮김, 동서문화사, 36쪽.

람마다 다 다르게 보인다면 속는 것이고, 참이 아니라고 해야 한다. 그러나 동일한 눈을 가진 사람에게 모두 동일하게 보인다면, 그걸 속는 거라고 할 순 없지 않을까? 오히려 그런 눈에 의해 대상이 그렇게 규정되는 것이라고, 즉 인식의 형식에 따라 그렇게 보이는 것이라고 해야 하지 않을까? 그렇다면 진짜 딸기 색깔이 무언지는 어차피 알 수 없으니 묻지 말고, 그것이 우리에게 보이는 양상(이를 그는 '현상'이라고 명명한다)을 두고 진리의 가능성을 타진해 보는 게 낫지 않을까? 모든 경험적 현상은 그에 앞서는(선험적인) 우리의 인식형식 안에서 규정된다는 것, 그것을 두고 참/거짓의 가능성을 따지는 게 낫지 않을까?

그래서 그는 경험의 전제가 되는 우리의 인식능력, 무언가를 '현상'으로 만드는 주관의 인식방식(선험적 형식)으로 눈을 돌린다. 거기서 진리는 어떻게 가능한가를 묻는다. 주관의 외부에 있는 대상이 아니라 주관의 내부, 주관이 작동하는 방식 자체에서 진리의 가능성을 찾아내고 증명하는 것. 이를 그는 '코페르니쿠스적 전환'이라고 명명했다. 대상이 돈다고 생각하는 게 아니라, 내가 도는 거라고 보는 것이란 점에서.

우리가 인식할 수 있는 것은 '현상'의 영역에 한정된다. 그 현상은 물론 우리가 인식하는가 여부와 무관한 무언가에 의해 야기된 것일 터이다. 딸기가 실제로 빨갛든 아니든, 무언가가 우리의 시각을 자극했기에 빨갛게 보이는 딸기가 우리 시아에 '현상'으로 나타난 것이다. 이처럼 현상을 야기한, 그러나 우리로선 그게 무엇인지, 그게 있는 것인지 없는 것인지도 알 수 없는 그 무엇을 그는 '사물 자체' Ding an sich라고 명명한다. 이미 본 것처럼 그는 이성의 인식영역을 현상으로 한정하고, 그 현상을 야기한다고 간주되는 사물 자체에 대해서는 묻지 말자고 하면서 연구대상에서 제외한다. "우리의 선험적인 이성의 인식은 현상에만 관계하는 것이며 사물 자체는 사실 그 자체로서 실재하는지 알 수 없다. 그러나 우리에게는 인식되지 않는 것이기에 이를 도외시한다."[8]

여기에서 사물 자체는 이성이 그 내용은 물론 존재 여부에 대해서도 알 수 없는 것이란 점에서 인식능력의 절대적 외부를 표시한다. 데카르트와 달리 칸트는 이를 의심의 형태로 지워 버리기보다는 인식능력의 외부임을 명시한다. 사물 자체, 그것은 이성의 **인식능력 바깥**이고, 따라서 인식능력을 벗어난 것이다. 그러면서도 현상이 그러한 사물 자체와 어떤 식의 관계를 가질 것임을 인정하는 방식으로 그는 외부의 존재를 수용한다. 우리는 그것을 **내부화된 형태로만**, 즉 현상의 형태로만 다룰 수 있을 뿐이라는 한정 속에서.

칸트는 선험적 주관의 인식능력을 감성·지성·이성의 세 개의 심급으로 나누고, 이 각각의 심급의 선험적 형식을 연구한다. 감성은 대상을 수용하는 능력이며, 시간과 공간이라는 선험적 형식을 통해 작동한다. 어떤 경험도 시간, 공간이란 형식 없이는 불가능하다는 점에서, 그리고 그 형식에 의해 규정된다는 점에서 그렇다. 공간이 휘어져 있으면 빛이 휘어져 진행되는 것으로 보이는 것이 그 예이다. 지성은 수용된 것을 분류하는 능력으로, 하나인지 다수인지, 아니면 다수가 하나의 전체를 이루는지(양), 긍정으로 연결될 수 있는 것인지 부정으로 연결될 수 있는 것인지 등(질), 원인인지 결과인지, 상호관계인지 등(관계), 가능한 것인지 불가능한 것인지, 필연적인 것인지 우연적인 것인지 등(양상)을 가리고 구별한다. 이처럼 양, 질, 관계, 양상 등을 구별하고 분

---

8) 칸트, 『순수이성비판』, 39쪽.

류하는 형식을 선험적 범주라고 한다. 감성, 지성과 구별되는 좁은 의미의 이성은 추리하는 능력인데, 지성이 파악한 것을 추리의 방법을 통해 일반화하는 능력이다. 즉 이성이란 주어진 사실들을 하나의 원리 아래 포착하는 능력으로, 이념이라는 선험적 형식으로 작동한다.

그런데 이성이 지성에 원리적 통일성을 부여하는 일반화 능력인 한, 그것은 주어진 것들을 경험의 영역 너머로 밀고 나가게 마련이다. 일반화란 정의상 하나의 원리 아래 모든 것을 포섭하는 활동이기 때문이다. 뿐만 아니라 그것은 경험가능한 것의 영역을 넘어서까지 일반화를 밀고 간다. 이처럼 경험가능한 영역을 넘어서 이성이 작동한 결과 '자아'나 '세계', '신' 같은 가상이 만들어진다. 가령 우리는 이런저런 사물이나 사태를 경험하지만 전체로서의 세계를 경험하지는 못한다. 그럼에도 그 모든 것을 통합하는 '세계'라는 관념을 갖는다. 경험을 넘어서 만들어지는 가상이란 점에서 이를 '초험적 가상'이라고 부른다. 이는 이성이 현상의 영역을 넘어 사물 자체로까지 진입하려는 성향을 보여 준다. "인간의 이성은 자신이 하는 어떤 종류의 인식에 대해서는 특수한 운명을 지니고 있다. 즉 인간의 이성은 자신이 거부할 수도 없고 그렇다고 해서 대답할 수도 없는 문제로 괴로워할 운명이다. 거부할 수 없음은 문제가 이성 자체의 본성에 의해서 이성에 부여되어 있기 때문이요, 대답할 수 없음은 그 문제가 인간 **이성의 모든 능력 바깥에** 있기 때문이다."[9]

이로 인해 이성은 궤변에 빠지게 된다. 가령 물질은 무한히 분할될 수 있다는 명제와 무한히 분할될 수 없다는 명제가 동시에 성립된다. 시간은 시작을, 공간은 끝을 가진다는 명제와 그렇지 않다는 명제, 모든 것은 인과법칙에 따른다는 명제와 거기서 벗어난 자유로운 존재

(신!)가 있다는 명제, 세계의 원인인 필연적 존재가 있다는 명제와 그런 존재는 없다는 명제 역시 그렇다. 이처럼 상반되는 명제가 동시에 성립되는 것을 '이율배반'이라고 부른다.

'순수이성의 이율배반', 이는 인식능력이 자신의 외부에 적용된 결과이고, 그런 점에서 인식능력의 한계를 보여 주는 것이다. 그것은 이성의 논리적 정합성이 붕괴되는 지점이고, 이성이 그 참과 거짓을 판단할 수 없는 영역이다. 즉 이성의 능력을 벗어난 지점, 이성의 능력의 외부다.[10] 칸트가 보기에 진리란 이 이성의 한계를 넘어가지 않는 한에서, 즉 이성의 능력 내부로 인식능력의 활동을 제한하는 한에서만 가능하다. 오류는 데카르트 생각처럼 감각 내지 감성에서 발생하는 것이 아니라 바로 여기 이성에서, 이성이 경험의 영역을 넘어서 '오버'하는 지점에서 발생하는 것이다. 문제는 이성의 본성이 그러한 '오버'를 내포하고 있기에 결코 막을 수 없다는, 칸트 역시 잘 알고 있는 사실이다. 그런데 그러한 실패의 가능성을 알고 있다는 점에서, 이성이 필경 나아가게 되는 어떤 외부가, 이성 내부의 '현상'들이 기대고 있는 어떤 외부가 있었다는 것을 인정하고 있었던 것과 다른 차원에서, 칸트는 외부에 대해 인정하고 있었던 거라고 해야 할지도 모른다.

인식능력의 한계에 대한 사유를 통해 칸트는 인식능력의 내부를

---

9) 칸트, 『순수이성비판』, 「1판 서문」.

10) 이는 사물 자체와 다시 연결된다. "이성은 모든 피제약자에 대립시켜 이러한 무제약자를 사물 자체에서 구하고 이것에 의해서 여러 제약의 계열을 완결하려고 요구한다. 우리가 우리의 경험적 인식을 사물 자체로서의 대상에 따라서 규정되는 것으로 상정하는 한 무제약자는 '모순 없이는 전혀' 생각할 수 없는 것이다. 이와 달리 사물이 우리에게 주어지기 전에 우리는 그러한 사물을 표상하고, 이 표상이 물자체로서의 사물에 따르지 않고 오히려 대상이 현상으로서 우리의 방식에 따르는 것으로 상정한다면 이런 '모순은 해소되는' 것이다."(『순수이성비판』, 「2판 서문」, 39쪽)

뚜렷하게 구획하려는 것이었지만, 이는 역으로 그 능력의 외부가 존재함을 드러낸 것이기도 했다. 더구나 그는 현상으로 인식이 한정되기에, 현상을 야기하는 사물 자체는 존재하는지 아닌지조차 알 수 없어서 문제설정에서 제외한다고 하지만, 이 또한 역으로 우리가 인식하는 현상이 어떤 외부에 기대고 있음을, 외부에 열려 있음을 보여 주는 것이기도 했다. 순수이성의 이율배반 역시, 애초의 목적은 이성의 작동을 규제할 수 있는 한계를 구획하려는 것이었지만, 이성의 본성이 이율배반의 출현에도 불구하고 그 외부를 향해 치달리게 되어 있음을 보여 주는 것이기도 했다. 따라서 그의 입론은 인식능력이 그 외부와의 만남을 피할 수 없으며 그 만남을 그때마다 내부화하지만 근본적으로 내부화할 수 없음을 역설적인 방식으로 보여 주는 것이었는지도 모른다. 내부화의 필연성을, 그리고 내부화의 불가능성을.

간단히 덧붙이면, 이러한 외부와의 만남을 좀더 긍정적인 방식으로 받아들였던 것은 만년의 『판단력 비판』에서였다. '숭고'sublimity라는 개념이 그것이다. 통상적인 미적 대상과 달리 숭고한 대상은, 두려움의 감정마저 일으키는 웅대한 자연이나 우리의 인식능력을 훌쩍 뛰어넘어 있는 신, 혹은 죽을 걸 알면서도 대의를 향해 달려가는 비극적 영웅처럼 어떠한 표상으로도 제대로 도달할 수 없는, 그런 점에서 인식이나 표상이 실패하게 되는 대상이다. 어떠한 인식능력으로도 표상불가능한 것으로 닥쳐오는, 그렇기에 쾌감 아닌 당혹스런 불쾌감을 수반하는 대상, 그렇지만 그 불쾌감을 통해 역으로 어떤 감동이나 쾌감을 느끼게 하는 대상. 이는 인식능력이 닿지 못하는 것이란 점에서 인식능력의 외부에 있다. 즉 '현상계'의 저편에 있다. 그러나 그것은 인식하는 우리에게 덮쳐오고, 우리는 그 당혹스런 외부와 만나게 된다. 인식불가능성 내지 표상불가능성이란, 만남을 통해서도 인식이 도달할 수 없는 그 대상의 외부성을 표현하는 말일 것이다. 그럼에도 그것은 표상할 수 없는 어떤 것, 주체의 능력을 넘어서 있는 어떤 거대하고 무한한 것으로 표상된다. 그리고 감동이든 공포든 열광이든 전율이든 어떤 감정을 야기한다. 그것은 외부로서, 외부적인 것인 채 주체 안으로 밀고 들어오는 것이다. 그것은 필경 그 주체로 하여금 무언가 다른 생각을, 혹은 다른 삶을 살게 할 것이다. 이러한 사태에 대해 칸트는 또 하나의 미학적 범주로서 받아들인다. 외부와의 만남을 긍정적으로 받아들이는 것이다. 이런 점에서 『판단력비판』은 『순수이성비판』의 엄격한 규제주의를 넘어서 있다. 외부와의 만남은 '이성'과는 다른 차원의 사건임을 뜻하는 것일까?

이렇게 칸트가 '숭고한 것'으로 받아들이는 외부는 주체로 하여금 자신이 작고 초라하며 무력하다고 느끼게 만드는 거대/위대하고 특별한 대상이다. 불편함을 느낄 정도로 나를 압도하며 한계와 무력함을 느끼게 하지만, 그런 만큼 그것을 통해 내가 감지하고 인식할 수 있는 세계 저편에 존재하는 무한하고 거대한 힘을 느끼게 하는 그런 특별한 대상이다. 불쾌감을 통해 느끼게 되는 쾌감은 이 무한하고 거대한 힘과의 만남에서 기인하는 것일 게다. 그래서 칸트는 신의 율법, 복종하지 않을 수 없는 힘을 갖는 유대적 신의 명령처럼 숭고한 것은 없다고 한다. 칸트는 유대민족이 신에게 열광했던 이유를 여기에서 찾는다.[11]

여기서 법이란 선하기에 복종하는 게 아니라, 법이기에 복종해야

---

11) 칸트, 『판단력비판』, 백종현 옮김, 아카넷, 2009.(지젝, 『이데올로기라는 숭고한 대상』, 이수련 옮김, 인간사랑, 2002, 341~342쪽.)

한다는 것, 거꾸로 선이란 법에 복종하는 것이라는 칸트의 유대교적 도덕철학을 다시 상기하는 것은 충분히 이유가 있다고 할 것이다. 법에 복종하는 데는 그것이 법이라는 것 말고는 이유가 없다는, 다시 말해 이해할 수 없고 인식할 수 없지만, 법이란 이유만으로 무조건 복종해야 한다는 칸트의 도덕철학과의 접점을 발견하게 된다. 이로써 숭고는 미적 영역에서 도덕의 영역으로, 이렇게 말해도 좋다면 '대상적 영역'에서 '공리적 영역'으로 이전되는 것 같다. 이러한 이전은 칸트가 아니라, 한참 뒤의 라캉과 지젝에 의해 행해진다. 법의 외설성, 초자아의 외설성을 통해 법은 향유jouissance와 이어지고, 이를 증명하기 위해 사드 Marquis de Sade의 얼굴을 붙인 칸트의 사진이 유포된다.[12] 그렇지만 이는 숭고한 대상을 초월적 율법으로 대체하는 암묵적 조치라고 해야 하지 않을까? 법의 명령, 무조건적인 명령이 향유고 향유의 대상이라는 기이한 치환을 통해, "해야 하기에 할 수 있다"는 칸트의 요청을 인간의 욕망조차 넘어선 '충동'으로, 쾌락원칙을 넘어선 어떤 실재의 힘으로 슬며시 바꿔 치고 있는 것은 아닐까? 이로써 외부와의 만남은 초월적인 것과의 만남으로, 외부와의 만남에서 느꼈던 (이유를) '말할 수 없는' 감동은 초월적인 명령에 대한 '말 없는' 복종으로 대체되고 마는 것이라고 해야 하지 않을까?

3) 헤겔

이성의 '본성'에 반하여 이성의 사용을 경험가능한 대상으로 제한하려는 칸트의 생각은 헤겔이 보기엔 소심하고 소극적인 것이었던 것 같다. 그는 칸트와 반대로 자신의 영역 밖으로 넘어가려는 이성의 태도를 적극적으로 확장하고 그러한 이성의 작용을 개념화한다. 대상이란 언제나 이성이 작용하여 대상화한 결과물이며(이를 '외화'라고 한다), 이성의 바깥에 그 자체로an sich, 즉자적으로 있는 경우에조차, 그것은 사실 이미 이성의 작용을 매개로 하고 있는 것이다. 이러한 외화야말로 오히려 이성, 혹은 정신의 본질에 속하는 것이다. "정신이란 곧 스스로를 타자화하는 운동, 다시 말해 오직 그 자신을 바로 자기 자신의 대상으로 화하게 함으로써 결국은 이와 같이 자기와 대상 사이에 가로 놓인 타자성 Anderssein을 지양하는 운동"이다.[13]

그리고 이렇게 외화된 것을 통해, 혹은 외화의 과정을 통해 이성은 대상에 대한 좀더 발전된 인식을 갖게 되고, 인식 안에 포함된 오류를 검사하고 정정해 간다. 그리하여 아직 경험하지 못했던 것, 저기에 직접적으로 있다고 생각되는 것, 혹은 아직은 이성에 '외부적인 것'으로 남아 있던 것을 자기 안에 포괄해 가며 자기화한다. 또한 그런 것을 자기화하며 획득한 새로운 추상적 관념을 가지고 자기에게 되돌아온다('자기 내 복귀'). "이 같은 운동 속에서는 …… 일체의 추상적인 것이 스스로 외화되고 나서 다시 이 외화로부터 자신에게로 귀환하는 가운데 마침내 직접적, 비경험적 또는 추상적인 것이 의식의 소유로 화하는, 즉 스스로를 현실화된 진리의 모습으로 드러내는 상태에 이르는 것이다."[14]

물론 외화와 자기 내 복귀를 통해 발전된 이성은 다시 자기를 부정하여 외화하고 자기에게 되돌아오는 과정을 반복한다. 이성이란 외화

---

12) 지젝, 『그들은 자기가 하는 일을 알지 못하나이다』, 박정수 옮김, 인간사랑, 2004, 455쪽 이하.
13) 헤겔, 「서설」, 『정신현상학』, 임석진 옮김, 분도출판사, 1980, 92쪽.
14) 같은 책, 92쪽.(『정신현상학』 1권, 임석진 옮김, 한길사, 2005, 74~75쪽.)

와 자기 내 복귀를 반복하는 이러한 무한한 과정에 다름 아니다. 이런 점에서 '외화'와 '자기 내 복귀'란 그 명칭에서 보이듯이 자신의 목적성에 따라, 자신이 아는 바에 따라 대상을 파악/장악하는begreifen 과정이고, '그 자체로 있는 외부'를 내부화하는 과정이다.

따라서 헤겔이 보기에 이성의 절대적 외부인 사물 자체 같은 것은 없다. 이성 밖에는 아무것도 없다.[15] 아니, 사물 자체 또한 이미 이성의

---

15) 유럽의 언어에서 이런 식의 문장은 아주 다른 방식으로 해석될 수 있는 것이 된다. 가령 "There is nothing outside reason"은 "이성 바깥에는 **아무것도 없다**"는 말로 해석될 수도 있지만, "이성 밖에는 **무(無)가 있다**"는 말로 해석될 수도 있다. 『이상한 나라의 앨리스』에서 루이스 캐럴은 'nobody'라는 말을 '아무도 없다'가 아니라 'nobody'라는 사람에 대한 서술로 해석해 말장난을 함으로써 이런 언어의 환상을 풍자한 바 있다. 그런데 지젝은 이를 정색을 하고 진지하게 다루며 헤겔을 해석하는 주춧돌 중 하나로 삼는다 (지젝, 『이데올로기라는 숭고한 대상』, 이수련 옮김, 인간사랑, 344쪽 이하). 이는 사물 자체에 적용할 경우, 이성 밖에 있는 것은 '무'고, 그 '무'에 의해, '공백'에 의해, '결핍'에 의해 현상들의 운동이 만들어진다는 점에서 무란 절대적 부정성이라는 식으로 해석된다. 무의 실체화. 그러나 단지 지젝만은 아니다. 사르트르의 『존재와 무』처럼 '무'를 독자적으로 다루는 철학들 역시 그렇다. 하이데거는 존재와 무의 근본적 동일성, 혹은 공속성을 주장함으로써 이런 사유가 본격화되는 계기를 제공한 바 있다(「형이상학이란 무엇인가」, 『이정표 1』, 신상희 옮김, 한길사, 2005).

이는 수학에서도 그런 것 같다(다만 수학에서는 이런 역설이 '모순'으로 나타난다는 점에서 아마도 다른 '가치'를 가질 것이다). 집합론에서 '무'와 '유'는 공집합과 전체집합의 관계로 표현된다. 먼저 '무가 있다'는 말은, 공집합(ϕ)은 모든 집합에 대해서 전체집합(U)의 일부(부분집합)임을 뜻한다. 즉

$$\phi \subset U \text{ ——— ①}$$

그러나 무는 유가 아니듯이, 공집합은 전체집합의 여집합이다. 즉

$$U^c = \phi$$

다시 말해 공집합은 전체집합의 일부(부분집합)가 아니다. 즉

$$\phi \not\subset U$$

이는 ①과 모순된다. 수학적으로는 용납되기 힘든 이 모순의 의미는 공집합('무')은 존재의 일부이기도 하고, 존재가 아니기도 하다는 것을 뜻한다. 전자가 "무가 있음"을 뜻한다면, 후자는 "아무것도 없음"을 의미한다는 점에서 언어의 환상의 수학적 표현이라고 할 것이다.

직접 이와 관련된 것은 아니지만, 수학에서 '존재한다'라는 말은 여러 가지 방식으로 문제가 된 바 있다. 가령 n차 방정식의 해를 구하는 일반적 방법은 없지만, 모든 방정식

사유 안에 있다. 왜냐하면 사물 자체란 감성이나 지성이 포착한 모든 내용을 부정함으로써 남은 추상물이란 점에서 그 역시 하나의 개념이고, 그 자체로 사유의 산물이기 때문이다. 그것은 "순수추상에 도달한 사유, 즉 자기 자신의 이러한 무내용한 동일성을 대상으로 삼는 공허한 자아의 산물에 불과한 것이다."[16] 이를 비꼬아 이렇게 말한다. "사물 자체가 무엇인지 알 수 없다는 말을 자주 읽는데, 그럴 때마다 이상한 감이 들지 않을 수 없다. 사물 자체가 무엇인지를 아는 것보다 더 쉬운 것은 없다."[17] 헤겔이 '있는 그대로의 것', '직접적인 것'을 표현하기 위해 사용하는 an sich(즉자)라는 개념은 사물 자체를 표현하는 칸트의 개념 Ding an sich에서 연원한 것인데, 이런 이유에서 그는 거기에 칸트의 그것과 상반되는 의미를 부여하여 사용한다.[18]

논리학에서 서술되는 최초의 출발점인 '순수존재'조차, 즉 '있음 그 자체'조차 사실은 항상-이미 그것을 파악하여 말하고자 하는 이성을 전제한다. 즉 이미 특정 지식을 갖고 있는 정신의 산물이다. 논리학이 진리인 한, 그것은 이미 진리에 도달한 이성을 전제한다. 최초의 직접적인 존재, 아마도 칸트라면 사물 자체라고 썼을 자리에 있는 존재인

이 n개의 해를 갖는다고, 즉 n개의 해가 '존재한다'고 할 때 이 경우 '존재하다'란 무슨 의미가 있는가를 묻는 것이 그렇다(보르헤스는 「바벨의 도서관」에서 이런 질문을 다시 던진 바 있다). '존재하다'라는 말의 이런 '모호함' 때문에 나중에 '존재한다'란 수학적으로 모순이 없음을 뜻하는 것으로 정의한다. 가령 무한급수에서 흔히 보이듯이 복수의 답이 있는 경우, 그것은 '존재하다'에 해당되지 않는다는 것이다(무한급수에서는 '발산한다'는 말로 처리된다). 요컨대 '있다'를 '이다'로, '이다'의 무모순성으로 환원함으로써, 존재를 등호로 대체하는 것이다.

16) 헤겔, 『철학강요』, §44, 서동익 옮김, 을유문화사, 1983, 94쪽.
17) 같은 책, 94쪽.
18) 토이니센, 「개념과 실재: 형이상학적 진리 개념에 대한 헤겔의 지양」, 호르스트만 편, 『헤겔 변증법 연구』, 김창호·장춘익 옮김, 풀빛, 1983, 206쪽.

순수존재조차 사실 이미 순수지의 내부, 정신의 내부에 있는 것이다. 순수존재란 절대적 진리인 "순수지가 복귀하는, [그로] 귀착되는 통일성을 뜻할 뿐"이다.[19] 따라서 직접적인 것은 없다. 순수하게 직접적인 것을 포함하여 모든 것은 "절대적으로 매개된 것"이다.[20] 반대로 "정신이 도달한 궁극적이며 절대적인 진리"인[21] 순수지는 **"대상을 내부화시킴으로써 이것을 자기 자신으로 파악하는 확신, 확실성"**이다. 그런데 절대적 이념이기도 한 이 순수지는 "모든 규정성을 자기 안에 포함"한다.[22] 즉 모든 것을 자기 안에 포함하기 때문에 어떤 외부도 갖지 않는다. 모든 것은 절대적 이념 안에, 순수지로서의 정신 안에 있다. "최초의 것이 곧 최후의 것이며 최후의 것이 최초의 것이 되는" 이 거대한 원환운동에는[23] 외부가 없다. 오직 정신의 외화와 자기 내 복귀를 통해 포섭된 것만이 있을 뿐이다.[24]

이성의 이율배반이란 칸트 말처럼 이성을 사물 자체에까지 과잉 사용하여 발생한 것이 아니라, 사물을, 대상을 파악하는 이성의 능력 자체에 내재한 것이다. 가령 시간에 시작이 있는지 없는지, 공간에 끝이 있는지 없는지에 대한 이율배반은 이성의 '오버' 때문이 아니라, 양量의 두 계기인 연속성과 불연속성을 구별하여 포착하는 이성의 본성

---

19) 헤겔, 『대논리학』 I, 임석진 옮김, 지학사, 1983, 62쪽.
20) 같은 책, 62쪽.
21) 같은 책, 57쪽.
22) 헤겔, 『대논리학』 III, 410쪽.
23) 같은 책, 60쪽.
24) 그 원환운동이 무한히 진행된다고 해도, 그것은 내부화하는 운동의 무한성을 보여 주는 것이지 외부성을 긍정하는 것은 아니다. 외부성이 정말 외부적인 것은 그 원환운동을 중단시키거나 뒤집어 버리는 것일 때이기 때문이다. '지양'이란 관념, '발전'이란 관념, '계기적 전개'라는 관념 등을 버리지 않는 한, 그런 일이 일어날 것 같지 않다. 헤겔의 변증법이 그걸 포기할 수 있을까?

에 내재하는 것이다.[25] 시간의 시작이나 공간의 끝에 관한 모순적인 명제는 그것이 연속성과 불연속성의 통일체이기에, 혹은 그런 것으로 파악되기에 발생하는 것이다. 따라서 모순 내지 이율배반은 이성의 능력의 외부를 보여 주는 게 아니라, 변화하는 현실을 파악하는 이성의 능력을 보여 주는 것이다.

'실재와 개념의 일치'로 정의되는 진리는 이성의 개념, 관념이 실재에 접근하여 일치하여 얻어지는 게 아니라 실재가 개념화됨으로써 얻어지는 것, 즉 개념의 실재화다. 실재가 개념화된다는 것은 방금 말한 이성의 작용을 통해 이루어진다. 이성은 그 자체로 이미 현실 속에 외화된 채 존재하고, 그런 점에서 이성적인 것만이 진정 현실적이다. 현실이란 그러한 이성의 '발전'에 따라 변화되고 '개념화'되는 것이다. "이성적인 것은 현실적이고, 현실적인 것은 이성적이다." 이미 엥겔스의 주석으로[26] 유명해진 위 문장에 대해, 그 문장에 대한 종교적 반감을 반박하면서 이렇게 쓰고 있다.

이 명제의 철학적 의미를 이해하기 위해서는 신이 현실적이라는 것, 그리고 신만이 가장 현실적이요 오직 신만이 참으로 현실적이라는 것, 나아가…… 일반적으로 현존재의 일부분이 [신의] 현상이라는 것, 따

---

25) 게루, 「'순수이성의 이율배반'에 대한 헤겔의 평가」, 호르스트만 편, 『헤겔 변증법 연구』, 191쪽. 이 글에서 게루는 헤겔의 칸트 독해를 비판하면서, 칸트에게 순수이성의 이율배반이란 이성을 세계에 적용한 결과인데 헤겔은 이를 이성의 내적 대립으로 간주한다고 지적하면서, 그것은 칸트에 대한 오해에 기인한 결정적인 오류라고 비판한다 (194~195쪽).

26) 엥겔스, 「루드비히 포이에르바하와 독일 고전철학의 종말」, 『칼 맑스·프리드리히 엥겔스 저작선집』 6권, 박종철출판사, 1997, 244쪽.

라서 현실도 그 일부분에 지나지 않는다는 것을 알 만한 교양이 있어야 한다.[27]

여기서 헤겔이 말하는 이성, '절대정신'인 이성이 그 자체로 주체인 절대자를, 즉 '신'을 모델로 하고 있음을 이해할 수 있을 것이다. 신과 현실의 관계가 이성과 현실의 관계로 치환된 것이다. 그렇다면 그가 말하는 이성이 데카르트나 칸트가 말하는 개인의 인식능력으로 제한되지 않음을, 이성의 활동, 이성의 외화란 신의 활동을 모델로 하고 있음을 이해할 수 있을 것이다. 그렇다면 **이성에 외부는 없다**는 말 또한 쉬운 유비임을 이해할 수 있다. 신은 도처에 있는 것이고, 그런 신에게 **외부는 없다**는 것이다.[28]

이처럼 이성의 발전에 따라 변화되는 현실을 알다시피 그는 '역사'라고 부른다. 뒤집어 말하면, 역사란 그 자체로 이미 목적/종말인 이성이 자기를 외화하여 전개해 가는 과정이다. 신이 세계를 만들고 바꾸어 가는 주체인 것처럼, 이성이 자기 외부에 있는 모든 것을 점차 포괄해 가면서 역사를 만들어 가는 주체인 것이다. 주체는 이제 데카르트나 칸트처럼 개인이나 개인의 능력이 아니라, 그 자체로 존재하고 발전하며 개인들의 인식이나 지성을 규정하고 포괄하는 독자적인 실체다. 데카르트 말처럼 주체가 실체인 것이 아니라, 실체가 주체인 것이다. "결국 실체의 **바깥**에서 진행되는 듯이 보이는 것, 그리고 바로 그 실체**에 반하는** 행위인 듯이 보이는 것들은 모두가 실체 자체의 활동에 지나

---

27) 헤겔, 『철학강요』, 「서론」, 66쪽.
28) 이 말이 초월성의 사유와 반대되는 내재성의 사유에서 비슷하지만 정반대되는 의미로 반복되는 것을 나중에 보게 될 것이다.

지 않을뿐더러 이제 실체는 본질적으로 주체일 수밖에 없다는 사실이 드러나기에 이른다."[29]

이처럼 헤겔에게는 외부적인 것에 대한, 자신이 잘 모르는 것, 불확실하다고 의심되는 것에 대한 일말의 주저함이 없다. 강력한 자신감으로 충만한 그의 사유는 외부란 정신이 외화된 것에 불과하다고 함으로써 모든 외부를 제거한다. 이제 사유의 외부, 이성의 외부는 없다. 다만 외부적인 대상, 이성이 파악하기 힘든 어떤 지대가 있을 수 있지만, 그것은 시간이 지나면 외화와 복귀를 반복하는 이성에 의해 언젠가 파악/장악될 것이고, 이성이 자신의 발전단계에 따라 배열한 역사 속의 한 자리를 할당받게 될 것이다. 외부란, 결국은 소멸하게 될 이성과 대상 사이의 거리를 표시할 뿐이며, 그 거리를 주파하는 데 걸리는 시간을 뜻할 뿐이다. 모든 것을 내부화하는 이 강력한 이성에게서, 자신과 이질적인 것을 '문명화' 내지 '계몽'이란 이름으로 제거하거나 '미개'나 '야만' 같은 이름으로 역사상의 초보적 단계를 할당하며 세계를 '장악'한 서구의 '이성'을 떠올리는 것은, 그 이성의 제국주의적 확장 방식을 떠올리는 것은, 아주 자연스런 일이다. 헤겔의 관점에서 본다면, 보편성의 자리를 장악한 서구 이성의 사고를 서구의 제국적 확장에 연결하는 이 '편협한 태도'는 조만간 사라질 무지의 소산일 것이다. 왜냐하면 전체가 이미 이성의 제국 안에 있기에, 제국의 외부는 없기 때문에, 제국과 대립되는 식민지 또한 따로 없기 때문이다. 그러나 모든 것을 내부화하는 이 거대한 이성만큼 '외부'라는 개념의 실질적인 의미를 잘 보여 주는 것이 또 있을 수 있을까? 비록 그게 다는 아니라고 해도.

---

29) 헤겔, 『정신현상학』, 「서설」, 92~93쪽.

3. 내부적 사유의 경계

1) 내부화의 실패가능성

데카르트는 인식의 안정성, 확실성을 흔드는 외부를 인식에서 제거하고자 했지만, 칸트는 내부에 안주하고자 하는 경우에조차도 인식은 필연적으로 외부를 향해 나아가고자 한다는 사실, 그로써 외부를 자신이 갖고 있는 '이념'이나 '원리'에 포섭하는 방식으로 내부화하려 하고 있다는 사실을, 그러나 필연적으로 이율배반에 빠짐으로써 실패한다는 사실을 알려 준 셈이다. 그러나 헤겔은 이러한 이율배반을 이성의 과잉적용의 산물이 아니라 이성 자체에 내적인 것으로, 이성을 추동하고 사유를 밀고 가는 동력으로 받아들였다. 그리고 외부의 대상을 향한 그런 이성의 활동을 '합목적성'의 개념으로 일반화할 뿐 아니라, 대상이란 그런 합목적성 속에서 이성이 자신을 외화한 결과로 파악한다. 이러한 외화의 개념을 통해 헤겔은 대상세계를 이성의 산물로, 정신활동의 산물로 포획한다. 이런 점에서 '외화'란 이성의 바깥에 있는 것을 이성의 활동 안으로 포획하는 활동이고, 따라서 모든 것을 이성 안으로 내부화하는 활동의 다른 이름이다. 루카치는 이러한 '외화'의 개념이 『정신현상학』의 중심개념임을 밝힌 바 있다.[30]

그러나 이와 반대로 내부화의 한계를 드러내는 방식으로 외부성을 개념화하려는 시도가 있었다. 19세기 이후 이런저런 '유물론'이 그렇다. 가령 포이어바흐가 헤겔의 '외화'라는 개념을 '소외'라는 개념

---

30) 루카치, 『청년 헤겔』 2권, 이춘길 옮김, 동녘, 1987, 423쪽 이하.

으로 대체하고자 했을 때, 우리는 이러한 시도를 발견할 수 있다. 그는 기독교에 대해 비판하면서, 신이란 인간이 자신의 몇몇 성질을 '외화' 하여 만들어 낸 것인데, 외화되어 독립되자마자 그것이 인간을 지배하게 된다고 말한다. 이처럼 외화된 것이 거꾸로 지배하게 된 경우를 그는 '소외'Entfremdung라고 명명한다. 사실 이성의 합목적성에 따라 만들어진 것이 거꾸로 이성의 목적성에 따르는 게 아니라 그에 반하여 작동하는 경우가 어디 이것뿐인가!

포이어바흐에 깊이 영향을 받은 청년 맑스에게서 '소외'의 개념은 이러한 사태를 신학적 세계를 넘어 자본주의 전체로 확장한다. 노동자의 노동이란 헤겔 말대로 이성적인 목적성에 따라 대상을 변형시키고 가공하여 '자기화'Aneignung하는 활동이다. 노동을 통해 낯선 대상들은 나에게 필요한 대상으로, 나의 목적에 부합하는 대상으로 변형된다. 이런 점에서 합목적적 활동으로서 노동이란 나에게 낯선 외부적 세계를 나의 목적에 부합하는 대상으로 내부화하는 과정이다. 그러나 생산수단이 사적으로 소유되어 있기에 노동의 산물이 노동자가 아니라 소유자에게 귀속되는 자본주의적 관계 속에서, 노동자의 활동(외화!)의 산물인 생산물은 나의 것이 아니라 자본가의 것이 된다. 이로써 노동자에게 적대적인 자, 노동자의 의지에 반하여 노동자의 신체를 움직이려고 하는 자의 부富는 증가하고 노동자 자신을 지배하는 힘/권력은 확장된다. 이런 점에서 합목적적 활동(외화)의 생산물이 그것을 생산한 노동자 자신에게는 낯선fremd 것, 혹은 적대적인 것이 되고, 노동자의 의지에서 벗어난 것이 되어 버린 사태를 청년 맑스는 '소외'Entfremdung라고 명명한다.

자신의 생산물을 통한 노동자의 외화는 그의 노동이 대상, 곧 외부존 재로 되었다는 것을 의미할 뿐 아니라, 노동이 노동자 바깥에, 노동자 와는 무관하게, 노동자에게 낯설게 존재하고 노동자에게 대항하는 독 자적인 권력으로 되었다는 것, 곧 노동자가 대상에 공여한 생명이 노 동자에게 적대적으로, 낯설게 대립하게 되었다는 것을 의미하기도 한 다.[31]

따라서 소외란 대상을 자기화(자기 것으로 내부화)하는 활동인 노 동의 생산물이, 자기에게 낯선 것, 자신의 뜻대로 되지 않는 것, 요컨대 자신에 대해 외부적인 것이 되는 사태를 뜻한다. 이런 점에서 이는 합 목적적인 내부화의 한계지점을 표시하는 징표인 셈이다.

뿐만 아니라 이러한 사태는 노동과정 자체로부터 노동자 자신이 소외되는 사태로 이어진다. 노동이 합목적적 활동인 한, 노동과정은 노 동하는 자 자신의 목적성에 따라 진행되어야 한다. 그러나 자본주의에 서 노동자는 자신의 의지에 따라 노동하지 않는다. 생산수단의 소유자 이고 자신의 고용주인 자본가의 의지에 따라 노동한다. 이 경우 노동이 란 자신의 의지를 외부의 대상으로 확장하는 것이 아니라, 자신의 의지 에 적대적인 의지, 자신의 의지에 낯선 의지에 따라 진행된다. "소외는 생산의 결과물에만 나타나는 것이 아니라, 오히려 생산행위 즉 생산하 는 활동 내부에서 나타나기도 한다…… 노동자에 대한 노동의 외적 성격은 노동이 자기 자신의 노동이 아니라 타자의 노동이라는 것, 노동 이 그에게 속하지 않는다는 것, 노동하는 노동자가 자기 자신에게 속하

---

31) 맑스, 『경제학 철학 초고』, 김태경 옮김, 이론과 실천, 1987, 56~57쪽.

지 않고 타자에게 속한다는 것에서 드러난다."[32] 청년 맑스가 '노동과 정으로부터의 소외'라고 명명했던 이러한 사태는 노동의 결과물뿐만 아니라 노동이라는 과정 자체가 대상세계를 자기화하는 게 아니라 자기로부터 멀어지게 됨을 의미한다. 즉 노동과정 자체가 내부화로부터 멀어지게 되었음을 뜻한다. 그런 점에서 이 역시 '외화'라는 개념으로 작동하는 내부화의 한계지점을 표시한다고 할 수 있을 것이다.

이는 대상세계의 가공을 통해 '인간'이라는 유(類)의 본질을 실현해 오던 인간의 본질 자체(맑스는 이를 포이어바흐의 용어를 빌려 '유적 본질'이라고 명명한다)로부터의 소외를 야기한다. 노동이라는 능력 자체가 인간에게 낯설고 적대적인 게 되고 마는 것이다. 동일하게 '인간'이란 범주로 분류되는 사람들이 이러한 관계 속에서 서로의 의지에서 벗어나 서로에게 낯설고 적대적인 관계가 되는 사태, 맑스가 '인간에 의한 인간의 소외'라고 명명한 사태 역시 이런 관점에서 이해할 수 있을 것이다. "인간의 소외, 곧 인간이 자기 자신에 대해 맞서 있는 상태는 인간이 다른 인간에 대해 맞서 있는 상태 속에서 비로소 현실화되고 분명히 표현된다."[33]

요컨대 소외란 외화의 결과나 외화의 과정 자체가 그런 활동을 야기한 합목적성에서, 이성에서 벗어나 **뜻하지 않은 사태로 귀결될 가능성**을 보여 준다는 점에서 **내부화 안에서 내부화가 실패하는 지점**을, 내부화의 한계지점을 표시하는 개념이라고 할 수 있을 것이다. 그러나 사실 이 개념이 표시하는 실패와 한계는 모호하다. 왜냐하면 노동자의 노동

---

32) 같은 책, 58~59쪽.
33) 같은 책, 63쪽.

이란 자본가의 합목적성 안에 있다고 본다면, 노동자의 소외란 자본가로서는 대상세계를 자신의 목적성에 따라 내부화하는 것을 뜻하고, 노동자 자신의 내부화의 실패란 자본가에 의한 내부화의 성공을 뜻한다고 할 수 있기 때문이다. 결국 복수의 주체가 있는 경우, 하나의 외화는 다른 하나의 소외가 되고, 하나의 소외는 다른 하나의 외화가 되고 만다. 주어를 바꾸어 쓰는 것만으로 '소외' 개념이 표시하는 한계지점은 쉽게 말소되고 마는 것이다.

사실 이런 이유로 인해 '소외'의 개념은 헤겔 철학을 반박하지 못한다. 헤겔의 변증법은 적대적인 주체를 포괄하는 무한자와 같은 보편적 주체를 처음부터 상정하고 있기 때문이다. 그래서 심지어 노동자들이 노동을 통해 세계를 지배하는 자란 바로 자신임을 알게 되고, 그것을 담보로 자본가로부터의 해방을 획득하게 되는 경우에도, 헤겔의 이성은 충분히 담아낼 수 있다. 그 과정의 주어를 노동자나 자본가가 아니라 그들을 움직이는 정신 내지 이성이라고 바꾸어 쓰는 순간, 그것은 정신의 변증법 안에 들어가기 때문이다. 그 경우 '소외'나 노동자들의 저항은 그들 자신도 모르는 새 작동하는 '이성의 간교한 지혜'에 불과한 것이 된다. 사실 이는 실제로『정신현상학』에서 '주인과 노예의 변증법'을 통해 이미 설명되고 있는 것이기도 하다. 세계를, 절대적인 정신을 주어로 쓸 수 있는 한, 그 주어에는 모든 것이 내부화되어 포함될 수 있기 때문에, 사실상 어떤 외부도 이미 있을 수 없게 되기에, 어떤 '소외'의 사태로 헤겔의 변증법을 반박하거나 벗어나기는 힘들 것이다. 목적론에는 외부가 없다!

그러나 주체의 한정을 분명히 하는 조건 위에서라면, '소외'라는 개념은 자본가의 '외화'가 자본가 자신에게 낯설고 적대적인 사태로 귀착되는 경우를 배제할 수 없음을 보여 준다는 점에서 역시 내부화의 한계지점을 표시한다고 말해도 좋을 것이다. 노동자의 소외란 노동자를 주체로 했을 때, 노동자가 세계를 내부화하는 활동의 실패가능성을, 내부화의 한계를 표시한다는 점은 분명하기 때문이다. 또 주체가 자본가임을 명확히 한정한 조건에서라면, 노동자의 노동을 통해 생산한 상품이 팔리지 않아서 자본가 자신이 파산하게 되는 경우, 그는 자신의 의지대로 대상을 가공하게 하여 영유하고 자신의 것으로 만들었지만, 그 결과가 자신의 의지에서 벗어나 자신과 적대하는 사태로 귀착되었음을 뜻하기 때문이다.

이와는 다른 차원에서 의식 내지 정신으로 환원되지 않은 물질적 존재를, 혹은 세계의 물질성을 강조하는 19세기적 유물론, 혹은 공식적 맑스주의에서 말하는 '유물론' 역시 내부화의 한계지대와 관련해서 이해할 수 있을 것이다. 이런 의미에서의 유물론은 정신이나 의식으로 환원불가능한 '외부'가 있음을 환기시키기 위해, 그 외부에 의거해 사유해야 함을 환기시키기 위해 '물질'이란 개념을 사용한다. 물론 이런 형태의 유물론에서 '물질'이란 의식과 독립적으로 존재하는 어떤 실재를 지칭하는 것으로 사용되기에, 의식과 무관한 물질적 세계의 실재성을 포함하기 때문에, 소박한 실재론의 혐의를 지울 수 없다. 그 경우 유물론이란 의식에서 독립적인 사물 자체의 질서가 존재함을 가정하는, 결코 입증될 수 없는 형이상학의 일종이 된다. 의식을 통하지 않고 그 세계를 알 수 있는 방법을 제시하지 못하는 한, 언어적인 이해를 통하지 않고 그 세계를 서술할 수 있는 방법을 제시하지 못하는 한, 이러한 유물론이란 말할 수 없는 것을 말하고 의식할 수 없는 것을 의식하는, 사실은 불가능한 이론이 된다. 또한 그것은 날것의 외부 그 자체를 서술가능한 것으로, 인식가능한 것으로 간주하는 것이란 점에서 사실 모든 외부를 서술가능성의 내부, 인식가능성의 내부로 간주하는 것이고 모든 외부를 부정하는 것이다.

그렇지만 『유물론과 경험비판론』에서 레닌이 **철학적 범주로서의** '**물질**'을 **과학적 개념으로서의** '**물질**'과 구별하고자 했을 때, 그리하여 어떤 개념적 내용도 갖지 않으며 오직 의식과 대비되는 범주라고 정의하려고 했을 때,[34] '물질'이란 말은 의식으로 환원불가능한 어떤 것을, 의식의 외부를 표시하는 어떤 것이 된다. 우리는 그것의 내용이 어떤지 알지 못한다. 왜냐하면 그것은 내용을 갖지 않기 때문이다. 그럼에도 불구하고 그런 범주가 필요한 것은 의식이 뜻하는 바대로 되지 않기에 의식이 끊임없이 의거해야 하고 참조해야 하는 무엇이 있기 때문이다. 이런 의미에서 유물론은 **의식으로 환원불가능한 외부를 환기시키는 철학적 입장**이라고 말해도 좋을 것이다. 관념론에 대한 반발로 19세기에 유물론이 출현했을 때, 그 일차적인 이유는 아마도 이와 유사한 것이 아니었을까?

이런 종류의 유물론이란 사실 관념론의 부정으로서만 말할 수 있을 뿐이다. 왜냐하면 아무런 내용을 갖지 않는 물질에 대해 말하거나 서술한다는 것은 불가능하기 때문이다. 뒤에 보겠지만, 이처럼 부정적

---

34) "물질구조에 대한 어떤 특수한 이론을 인식론적 범주와 혼동하는 것, 〔그것을〕 물질의 새로운 종류와 혼동하는 것……은 절대로 용납할 수 없는 일이다……. 물질이란 객관적 실재를 표현하기 위한 철학적 범주다."(레닌, 『유물론과 경험비판론』, 정광희 옮김, 아침, 1988, 135쪽.) 여기서 레닌은 철학과 과학에서 물질 개념을 대비하고 있는데, 알튀세르는 이 구별을 범주와 개념의 구별로 더 선명하게 밀고 나간다. "철학은 과학들과 구별된다. 철학의 범주들은 과학의 개념들과 구별된다."(알튀세르, 「레닌과 철학」, 진태원 옮김, 박노자 외, 『레닌과 미래의 혁명』, 그린비, 2008, 302쪽.)

방식으로만 작동하는 유물론이 그저 무의미하다고 할 순 없다. 그렇지만 유물론을 세계관으로 '승격'시켰던 공식적 맑스주의에서는 물론, 철학적 범주로서의 물질에 대해 말할 때의 레닌조차 그런 부정적 위치에 머물 생각은 없었던 것 같다. 이것이 과학적 개념으로서, 내용을 갖는 개념으로서 물질이란 개념을 철학적 범주 옆에 남겨 두었던 이유일 것이다. 과학을 통해 서술할 수 있는 것으로서의 물질. 물론 그것은 가능한 것이지만, 그 경우 과학을 통해 서술하는 물질은 과학이라고 명명되는 특정한 의식이나 관념, 과학이 사용하는 개념 안에 있는 대상인 것이고, 따라서 의식과 대립되는 범주로서의 물질과는 사실은 반대편에, 의식의 **내부에** 위치하고 있는 것이었다. 여기서 그가 제안한 철학적 물질 범주는 그러한 개념이나 관념들을 부정하고 되묻게 하는 방식으로 작동해야 하지만, 그는 그렇게 하지 않는다. 거기서 그는 쉽게 과학적 개념을 철학적 범주와 동일시한다. 그리고 물질과 의식의 관계를 '반영'이라는 개념으로 설명할 때, 그가 제안한 물질의 범주와 과학적 지식 간의 긴장은 반영의 '변증법적 과정' 내부로 포섭되고, 지식이란 물질세계에 대한 과학적 반영이라고 믿는 소박한 실재론이 유물론의 이름을 차지한다. 의식의 외부를 표시하는 물질의 '범주'는 반영이란 개념을 통해 서술가능한 물질 개념에 포획된다.

그렇다면 물질이란 개념을 순수 부정성으로 사용하지 않는 유물론, 긍정적인 서술, 긍정적인 분석이 가능한 그런 유물론은 불가능한가? 외부성을 가동시키는 적극적 유물론은 불가능한가? 이런 유물론의 가능성을 우리는 맑스의 '역사유물론'에서 발견할 수 있다. 이에 대해서는 좀더 뒤에 말할 것이다.

2) 무화되는 내부성

이와 전혀 다른 방향에서 외부와의 만남을 사유의 계기로 끌어들이고자 했던 시도가 있었다. 하이데거의 사상이 그것이다. 『존재와 시간』에서 하이데거는 인간을 현존재Dasein라고 다시 명명하면서, 그러한 현존재의 근본적인 구성틀을 '세계-내-존재'라고 정의한다. 현존재란 세계 안에 있는 존재라는 것이다. 세계 안에 있다는 것은 먼저 인간은 데카르트처럼 모든 관계로부터 고립되고 분리된 주체가 아니라 자신이 포함된 세계 속에 있는 존재라는 말이다. 따라서 세계성이라는 조건 속에서만, 그 세계의 특정한 조건 속에 처해 있는 존재자로서 다룰 때에만 현존재에 대해 올바로 이해할 수 있다는 것이다. 현존재를 뜻하는 독일어 Dasein에서 da는 본래 '거기'를 뜻하는 부사다. 현존재란 '거기에-있는' 존재자인 것이다. 거기에 있다는 것은 이처럼 특정한 세계성을 포함한다. 눈-앞의-것들이나 손-안의-것들(도구), 그리고 함께 사는 타인들이 그 세계 속에서 개개의 현존재와 함께 존재한다.

먼저 오해하지 말 것은 하이데거가 말하는 '세계'란 흔히 '자본주의 세계'라든지 '세계화'라고 말할 때 사용되는 그런 세계가 아니란 점이다. 하이데거가 말하는 세계란 내가 처해 있는 '거기'를 구성하는 것, 그래서 내가 항상 둘러보며 사는 것들, 내가 항상 손을 뻗어 사용하는 것들, 그리고 나와 함께 사는 이웃들이 함께 어울려 만들어진 통일체다. "조각으로 분리할 수 있는 구성요소들로 분해해 버릴 수 없는"[35]

---

35) 하이데거, 『존재와 시간』, 이기상 옮김, 까치, 1998, 80쪽. "'어디에서나 고향을 만든다' 함은 곧 어느 때나 그리고 동시에 전체 안에서 존재한다는 것을 일컫는다. 이러한 '전체 안에서'와 그것의 전체성을 우리는 세계라고 부르기로 한다." (하이데거, 『형이상학의 근본개념들』, 이기상 옮김, 까치, 2001, 26쪽.)

통일체. 쉽게 말하면, 그가 말하는 세계란 고향 같은 것이다. 내가 사는 곳, 아니 '거주하는 곳', 대지와 하늘, 숲이 있고, 숲자락에 연기 피어오르는 집들이 있고, 집들 사이에서 만나서 담소하고 함께 경작하며 사는 사람들이 있는 곳. 그러나 지금 와서는 거의 대부분 망가지고 파괴되어 사라져 버렸다. 하이데거는 '고향상실'이라고 부르는 이러한 '근본기분'으로부터 사유한다. 고향상실의 극복, 그것이 그가 철학을 통해 하고자 했던 것이다.[36]

따라서 세계를 이루는 요소들은 거주함을 통해, 혹은 친숙함을 통해 하나로 연결되고 결합된다. 세계라는 말에서 결정적으로 중요한 것은 그처럼 이런저런 요소들을 하나로 묶어 주는 현상이다. 세계를 구성하는 이 요소들을 결합하여 하나로 묶어 주는 것, 제각각이게 마련인 그 '조각'들에 하나의 방향, 하나의 통일성을 부여해 주는 것은 '세계-내-존재'In-der-Welt-Sein란 말에 포함되어 있는 **'안에-있음'**In-Sein이라는 현상이다. 안에-있음이란 단지 어떤 테두리의 이쪽 편에 있음을 뜻하는 말이 아니라, 친숙함·익숙함을 뜻하며, 그런 친숙함과 결부된 '거주함'을, '돌봐줌', '사랑함'을 뜻하는 말이다.[37] 무언가의 '곁에 있음' 또한 이런 점에서 안에-있음의 한 양상이다. 안에 있다는 것은 현존재가 사물들에 대해 배려Besorge하며 있는 것이고, 그것들과의 사이에 있는 거리를-없애며-있음Ent-fernung이다. 이런 점에서 "현존재에는 **가까움에 대한 본질적인 경향**이 놓여 있다"고 말한다.[38] 인식한다는 것도, 도

---

36) "철학, 즉 형이상학은 하나의 향수요, 어디에서나 고향을 만들려는 하나의 충동이요, 하나의 열망이다."(『형이상학의 근본개념들』, 27쪽.)
37) 『존재와 시간』, 82쪽.
38) 같은 책, 149쪽.

구를 사용한다는 것도 모두 이런 안에 있음과 결부되어 있다. 다른 한편 세계-내-존재로서의 현존재는 타인들과 함께 산다. 타인 역시 "나를 제외한, 내가 그것과 구별되는, 남은 여타의 사람들 전체를 말하는 것이 아니다. 오히려 타인은 사람들이 대개는 그와 자신을 구별하지 않고 **그 속에 같이 속해 있는** 그런 사람들이다." 따라서 현존재의 세계는 공동세계Mit-Welt고, 안에-있음은 타인과 더불어-있음Mit-Sein, 공동존재이다.[39] 그렇기에 우리는 타인인 '그들'das Man과 더불어 일상적인 삶을 산다. 그들이 바라는 것을 나도 바라고, 그들이 격분하는 것에 나도 격분한다. 이런 점에서 일상성이란 그들 즉 세상사람들世人, das Man이 흔히들 바라는 것, 하는 것을 동일하게 바라고 하는 것이란 점에서 평균적인 것을 축으로 하는 삶의 방식이고 존재방식이다. 일상성 속에 '빠져 있는'Verfall 한 우리는 모두가 타인이고 모두가 '그들/세인'이며 누구도 자기 자신이 아니다.[40]

그런데 어느 순간, 혹은 어떤 사건을 계기로 우리는 나를 둘러싼 그 친숙한 세계가, 혹은 그 세계 속에 빠져 사는 자신의 삶이 낯설게 느껴지는 경우가 있다. 흔히들 하는 말들이 낯설어지고, 흔히들 부여하는, 나 또한 동의하던 의미들이 모두 무의미해지는 이런 현상을 하이데거는 '불안'이라고 명명한다. 이는 특정한 대상에 대한 두려움(공포)과 달리 명확한 대상을 갖지 않는다. 그것은 세계 앞에서의 불안, 혹은 세계-내-존재 자체 앞에서의 불안이다. 그것은 빠져 있는 존재방식 자체로부터 돌아서게 하는 근거다.[41] 다시 말해 불안이란 익숙한 것들이 낯

---

39) 『존재와 시간』, 166쪽.
40) 같은 책, 176~178쪽.

설고 섬뜩해지는 현상이고, 안다고 믿었던 것들이 알 수 없는 어떤 것이 되는 현상이며, 안에-있던 것들이 갑자기 등을 돌리며 밖에-있는 것으로 체험되는 현상이다. 요컨대 불안이란 **외부와의 만남**이다. 내부에서 발생한 이 외부와의 만남은 현존재로 하여금 존재의 의미로, 존재의 진리로 향하게 만드는 결정적인 전환점이 된다.[42]

「형이상학이란 무엇인가」에서 하이데거는 이를 무無와 결부시킨다. 존재자 전체가 뒤로 물러나며 쑥 빠져나가기에 붙잡을 것이라곤 아무것도 없다고 느끼게 되는 현상, 그래서 인간으로 하여금 무와 직면하게 하는 그런 기분상태. 그리하여 불안은 무를 드러낸다.[43] 그런데 이 경우 무란 존재자 전체를 거부하는 것이지만, 그럼으로써 그 전체를 가리키는 것이다. 그것은 존재자 전체의 의미가 무화Nichtung되는 것이며,[44] 그렇기에 존재자 전체를, 혹은 세계를, 자신의 존재 자체를 경악과 경이 속에서 근본적으로 다시 보게 만드는 것이다. 이때 비로소 우리는 익숙함과 친숙함 속에서, 세인적인 존재방식 속에서 망각하고 있던 존재의 목소리에 귀를 기울이게 된다. 양심의 부름에 답하면서 현존재는 세인으로부터 벗어나 자기 자신에게 불려간다.[45] 역사적-운명Geschick을 말하는 존재의 목소리에 귀기울여, 죽음으로 미리 달려가 보

---

41) 같은 책, 253~255쪽.
42) 하이데거가 맑스의 '소외론'에 공감을 표한 것은 이와 무관하지 않을 것이다(「휴머니즘 서간」, 『이정표』 2권, 이선일 옮김, 한길사, 2005, 154쪽). 소외 역시 낯설게 되어 버린 세계와의 만남을 통해 소외를 야기한 세계에 대해 다른 태도를 갖는 전환점이 된다.
43) 하이데거, 「형이상학이란 무엇인가」(1929), 『이정표』 1권, 신상희 옮김, 한길사, 2005, 159~160쪽.
44) "무화는 이런 존재자를 여태까지는 숨겨져 있던 완전한 낯섦 속에서 무에 대한 단적인 타자로서 드러낸다." (『이정표』 1권, 163쪽).
45) 『존재와 시간』, 364~365쪽.

는 결단을 통해 자기의 본래적 실존Existenz을 획득한다.[46]

그러나 여기서 본래적 실존이란 자기만의 어떤 것을 주장하는 것이 아니라, 반대로 현존하는 자신의 바깥에서 내게 다가오는 것에게, 죽음으로 미리 달려가 보는 결단을 통해 도래하는 가능존재들(자신의 가능성들)에게 자신을 여는 것이란 점에서 탈자적Ek-stasen이다. 이런 의미에서 하이데거는 '실존Existenz에서 바깥을 표시하는 접두사를 분리해 '탈-존'Ek-sistenz이라고 쓴다.[47] 그것은 외부와의 만남이, 나를 현존하는 나의 '외부'를 향해, 역사적 운명의 부름에 의해 나에게 도래하는 다른 가능성을 향해 나를 여는 것이다.[48] 공동체, 민족, 혹은 고향으로서 세계로부터 도래하는 운명적 부름을 향해. 이를 「형이상학이란 무엇인가」에서는 "존재의 열려 있음을 끝까지 견디어 냄"이라고 말한다.[49]

이런 열림 속에서 "자신의 죽음에 대해서, **자유롭게 이 죽음에서 부서지면서** 자신의 현사실적인 '거기에'로 자신이 되던져지도록 할 수 있는 그런 존재자"가 된다. 그것은 다른 실존가능성의 반복을 위해 "**전투적 추종과 충성을 자유롭게 해주는 선택**"이다.[50] 여기에서 '존재의 열려 있음을 끝까지 견디는' 탈자적 상태로서 본래적 실존이 뜻하는 바의

---

46) "결단을 내리지 않은 자는 …… 운명을 가질 수 없다……. 운명적인 현존재가 세계-내-존재로서 본질적으로 타인들과 함께 더불어 있으면서 실존할 때, 그의 생기(Geschehen)는 공동생기이고, 역사적-운명(Geschick)으로 규정된다. 이로써 우리는 **공동체, 민족의 생기**를 지칭하고 있는 셈이다."(『존재와 시간』, 502~503쪽.)

47) 그것은 좀더 뒤(1946)의 말로 표현하면, "존재의 '밝음'(Lichtung) 안에 서 있음"을 뜻한다(「휴머니즘 서간」, 『이정표』 2권, 135쪽).

48) 이러한 도래(An-kunft)를 통해 나의 실존은, 내가 처해 있는 사태는 시간성을 획득한다. "실존의 일차적 의미는 도래."(『존재와 시간』, 434쪽.)

49) 『이정표』 1권, 137쪽.

50) 『존재와 시간』, 503~504쪽.

하나가 불쑥 솟아오른다. 자신을 부르는 존재의 목소리, 존재의 의미를 열어밝혀주는 역사적 운명의 부름을 듣고, 목숨을 걸고 고향을 위해, 조국을 위해 자기 바깥에서 자기에게 다가오는 가능존재에 자신을 여는 탈자태脫自態, 엑스터시Ekstasen, 그것이 가능하게 해주는 전투적 추종과 충성의 윤리학이. 적이 당혹스런 이 윤리학에서 나치나 가미카제를 떠올리는 것을, 그와 결부된 하이데거의 '과거'를 떠올리는 것을 그저 비철학적 통속성이라고 비난할 수 있을까? 블랑쇼라면 "조국을 위해 자유롭게 죽음으로 부서지자"는 이 비장한 윤리학이 가증스런 기만으로 귀결될 위험이 있다고 지적하며 이렇게 말할 것이다. "왜냐하면 조국이란 다름 아닌 죽음이기 때문에, 죽은 가치들을 영속화하는 가짜 삶이거나 고통스러운 비극적 죽음, 영웅들의 죽음, 끔찍한 영웅들의 죽음이기 때문이다."[51]

여기서 우리는 기묘한 역전을 확인하게 된다. 하이데거의 복잡한 사유를 안(내부)과 바깥(외부)이라는 개념으로 단순화하여 요약하자면, 세계-안에-있음으로 존재하며, 그런 세계 안에서 일상성 속에 빠져 있는 현존재가, 불안이라는 근본기분 속에서 모든 존재자가 등을 돌리며 떠나는 사태를 통해 외부와 만나고, 무無라고 불러 마땅한 그 낯설고 섬뜩한 소멸 속에서 존재 자체에 귀기울이게 된다. 그 부름에 답하여 죽음을 향해 미리 달려가 보는 결단을 통해 나의 바깥에서 나에게 다가오는 가능성들에 자신을 여는 실존/탈존의 탈자적 본질이, 요컨대 외부와의 만남을 통해 나의 외부에 자신을 여는 탈자적 본질의 존재론

---

51) 블랑쇼, 「상속 없는 공산주의」, 『정치평론 1953~1993』, 고재정 옮김, 그린비, 2009, 127쪽.

이, 내가 속한 세계를 위해, 나와 공동으로 존재하는 현존재를 위해 목숨을 바치는 윤리학으로 귀결되고 있는 것이다. 이 윤리학이 외부자들, 내가 속한 공동세계에 침투해 들어오는 이방인들과 싸우는 '내부성의 윤리학'이라는 것을 부정할 수 있을까? 외부와의 만남, 나의 외부로의 열림이 나를 포함한 세계의 내부성으로 귀착됨을 부정할 수 있을까?

실존의 탈자적 본질이란 "존재의 열려 있음에 내-존해-있음 Inständigkeit(안에-서-있음), 이 내-존해-있음을 견디어 냄(마음씀Sorge), 그리고 끝까지 견지함(죽음에 다가가고 있음)"을[52] 뜻한다고 하는 하이데거의 말은 이런 의미로 읽는다. 불안을 통해 무를 체험하고, 그 무와 포개져 있는 존재에 자신을 열어, 거기서 개현되는 존재의 의미 안에-서-있음In-ständigkeit을 받아들이고 견디어 냄. 그는 이러한 '내-존해-있음'을 희생에 결부시킨다. 희생이 "존재의 은총을 참답게 보존하려는 과정에서 존재자와 결별하는 것"이라면, 내-존해-있음이란 "모든 희생의 결별하는 본질을 차분히 준비하면서 이런 은닉된 준비를 흐트러뜨리지 않는 침착함이다. 희생은 존재가 인간에게 존재의 진리를 위해 힘쓰라고 요구하는 그런 생기Ereignis, 원래는 '사건'이란 의미다의 본질 속에 친밀하게 거주한다."[53]

희생의 의미가 다양할 순 있을 것이다. 그러나 은총을 보존하며 존재자와 결별하는(!) 희생이 가령 이주자나 이방인, 외부에서 오는 사람들을 위해서 행해질 거라고 생각하긴 힘들다. 희생이란 그게 어떤 것이든 자신이 아끼는 사람들, 자신이 사랑하는 사람들, 혹은 고향이나 '조

---

52) 「형이상학이란 무엇인가」의 들어가는 말(1949), 『이정표』 1권, 138쪽.
53) 「형이상학이란 무엇인가」의 나중말(1943), 『이정표』 1권, 185쪽.

국, 자신이 염려하고 심려하는 사람들을 위한 것일 게다. 이를 위해 '외부자'들, 통일성을 흔드는 자들, 낯설고 이질적인 자들, 고향을 망가뜨리는 것들과 대결하려는 것일 게다. 이런 점에서 희생은 내부성을 그 본질로 한다. 그렇다면 존재의 진리, 혹은 현존재가 귀기울여 들어야 할 존재의 목소리 또한, 그게 비록 낯설고 섬뜩한 기분을 통해 드러난다고 해도, 내부성을 그 본질로 한다는 것은 분명하다. 존재 자체가, 빠져 있는 현존재에게 은폐된 채 있는 것이라고 해도, 그래서 무로 인도하는 불안 속에서, 혹은 망각하고 있었다는 경악 속에서 탈은폐되는 것이라고 해도, 그리고 열어밝혀지는 경우에도 은닉된 채로만 드러나는 것이란 점에서 그저 내부적이라고는 말할 수 없음에도 불구하고, 외부성을 그 본질로 한다고 할 수 없다는 것 또한 분명하지 않을까?

하이데거에게 내부와 외부는 구별하기 힘들 정도로 근접해 있고 혼동될 정도로 뒤섞여 있다. 거기서 먼저 사태의 전환을 야기하는 것은 언제나 죽음이라는 외부와의 만남으로 소급될 수 있는 불안이다. 낯설게 다가오는 절대적 외부의 징후다. "죽음 앞에서의 불안은 가장 고유한, 무연관적인, 건너뛸 수 없는 존재가능 앞에서의 불안이다."[54] 그러나 그것은 내부성으로, '안에 있음'으로 귀착된다. 존재의 목소리, 그것은 내가 그 안에 있는 세계를, '민족'이나 '공동체'라고 그가 명시했던 그 공동세계를 환기시키는 목소리고, 그 안에서 결단한 자의 역사적-운명을 환기시키는 목소리인 것이다.

요컨대 하이데거는 존재자 전체가 내게서 등을 돌리는 불안이라

---

54) 『존재와 시간』, 336쪽. "이 불안은 개인의 자의적이고 우연한 '나약한' 기분이 아니라, 현존재의 근본적 처해 있음이며, 현존재가 내던져져 있는 존재로서 그의 종말을 향해 실존하고 있다는 사실의 열어밝혀져 있음이다."(같은 책, 336쪽)

는 근본기분을 통해, 그리고 죽음과 결부된 결단에 따라 탈자적으로 내게 도래하는 시간성을 통해, 그리고 그렇게 도래하는 나의 가능성들을 통해 내가 외부와 만나는 경험에 대해 말한다. 그러나 그러한 만남은 본질적으로 안에-있음, 혹은 안에-서-있음으로 귀착되는 존재의 목소리로 되돌아가기 위한 것이었다. 그 안에-있음을 지키기 위해, 고향을, 조국을 지키기 위해, 안에-서-있음을 견디어내는, 모든 존재자와의 결별하는 희생을 요구하는 그러한 되돌아감.

4. 외부와 타자성

'이성'의 이름으로 불리든, 체계라는 이름으로 설명되든 우리가 대면하는 일상적 세계는 대부분 명시적인 원리나 규칙들에 의해 배열되고 질서지워진 세계다. 가령 철학적 관점에서 이성의 '내부'에 있다는 것은 이성의 규칙이나 원리가 제대로 작동하고 있는 상태임을 뜻한다. 반대로 '정신이 나갔다'out of reason는 것, 다시 말해 이성의 바깥에 있다는 것은 정신이 '고장이 났다'out of order는 것을 뜻한다. 이성의 바깥에 있다는 것은 이성이 제대로 작동하지 않는 상태라는 것이다. 질서order 바깥으로 나간 것을 안으로 되돌리는 것을 교정 내지 수리라고 한다면, 정신 나간 것을 되돌리는 것을 '치료'라고 한다. 정상적인 상태, 그것은 이성의 규칙이나 법이 작동하는 세계 안에 있는 것을 뜻한다.

　　주체와 짝하는 대상이란 개념은 주체의 인식 안에 있는 것이고, 주체의 작용에 의해 이미 질서지워진 것이다. 그것은 어둠 속에 있어서 보이지 않던 것이 이성이란 이름의 빛으로 보이게 된 것을, 이성의 질서 안에 들어온 것을 뜻한다. '빛을 통해서 대상들은 하나의 세계로 존재한다. 즉 우리에 대해서 존재한다. 소유물이 세계를 구성한다. 즉 빛을 통해서 세계는 주어지고 파악된다.''[55] 이런 이유로 인해 "빛은 플라톤 이래 모든 존재의 조건이다……. 이 빛은 현상학적으로는 현상, 즉 의미의 조건이다.''[56]

레비나스는 이러한 이성의 독재 내지 빛의 지배라고 불릴 만한 상태에 대해 의문을 제기하고 그것으로 회수될 수 없는 어둠에 '존재'의 자리를 부여한다. 이는 '존재'에 끊임없이 '빛'이나 밝음, 밝힘의 자리를 부여했던 하이데거를 겨냥한 것이기도 하다. 또한 이성이나 로고스와 짝을 이루는 '주체'가 모든 것을 자기 안으로 내부화하고자 함에 반해, 그렇게 할 수 없는 근본적으로 수동적인 사태, 인식에 들어오지 않고 의지로 장악되지 않는 외부를 사유하고자 한다. 거기에 그는 '타자'라는 이름을 붙인다. 타자를 통해 외부성의 문제를 사유하려는 것이다. 결코 그 자체로는 드러나지 않고 파악될 수 없는 이 절대적 부정성을 사유하는 것, 그것은 주체의 사유 안에, 주체의 손 안에 나 아닌 것들을 장악하려는 시도를 무위로 돌리는 그런 힘을 가동시키려는 것이다.

1) 주체와 타자

내가 하나의 주체로 존재한다는 것이 나의 외부와 구별되는 '내부성/내면성'을 갖게 되는 것을 뜻한다면, 외부성이란 나로선 파악할 수 없

55) 레비나스, 『존재에서 존재자로』, 서동욱 옮김, 민음사, 2003, 77쪽.
56) 같은 책, 77쪽.

고 예측할 수 없는 것, 내 뜻대로 되지 않는 것, 그래서 나라는 주체로 환원될 수 없는 것을 뜻한다. 레비나스는 이 내부성과 외부성 모두를 사유의 주제로 삼는다. 익명의 존재로부터 고유한 이름을 갖는 주체의 성립을 해명하는 것이 전자에 관한 것이라면, 나로선 어찌할 수 없는 수동성의 경험을, 타자 내지 타인을 통해 해명하려는 것은 후자에 관한 것이다. 물론 여기서 그의 중심적 관심사는 알다시피 나로 하여금 나를 넘어서 타인으로 향하게 하는 '초월'의 경험, 그 초월을 가능하게 해주는 타인의 문제고, 타인과의 관계를 사유하는 윤리학이다.

잘 알려져 있듯이 레비나스는 후설의 제자였고, 일찍부터 하이데거의 강의를 들었으며『존재와 시간』에 지대한 영향을 받았다. 그러나 하이데거가 나치에 동조하는 사태를 겪으면서 그가 말하는 존재론이, 아니 서구의 사유 전체가 전체주의의 경향을 이미 함축하고 있다는 생각을 하게 되고,[57] 그것과 대결하는 것을 자신의 화두로 삼게 된다. 그가 하이데거의 존재론을 비판하면서 자신의 사상을 전개하는 것은 이 때문이다. 그 역시 하이데거처럼 존재에 눈을 돌리는 것을 "존재자 전체가 뒤로 물러서는" 경험을 통해 이해한다. "존재에 관한 물음은 존재의 낯섦 속에서의 존재에 대한 경험 자체이다. 그러므로 물음은 존재를 떠맡는 방식이다."[58] 존재의 낯섦을 어떻게 경험하는가? 하이데거처럼 무로 이어지는 불안이 아니라 존재자가 사라진 존재 자체의 경험을 통해서다. 그것은 인간으로 하여금 목숨을 건 결단을 통해 역사적 운명을 떠맡는, 자신의 새로운 가능성을 받아들이는 비장한 희생이 아니라 자

---

57) 레비나스,『윤리와 무한』, 양명수 옮김, 다산글방, 2000, 102쪽.
58) 레비나스,『존재에서 존재자로』, 30쪽.

려고 해도 잠들 수 없는 불면 같은 난감한 불가능성을 뜻한다. "있음의 사건 자체는 잠과 휴식, 졸음과 부재의 불가능성 속에, 가능성의 반대편에 있다." 즉 존재란 "침입해 들어오는, 피할 수 없는 존재의 익명적 소음" 같은 것으로 다가온다.[59]

이를 레비나스는 '있음' Il y a이라고 말한다. 하이데거가 사용하는, 문자 그대로는 "그것이 ~을 준다"를 뜻하는 독일어의 "~이 있다"Es gibt ~와 달리 그저 "~이 있다"를 뜻하는 프랑스어의 비인칭 구문을 사용한 것이다(둘 다 영어의 "There is"에 상응한다). 이런 존재는 존재자가 모두 사라지는 추상을 통해 이해할 수 있다. "상상 속에서 모든 사물을 파괴해 보자. 그러면 그 뒤에 무엇이 남는가? 남는 것은 어떤 것, 어떤 사물이 아니라 단순히 있다il y a라는 사실뿐이다……. 모든 것이 무너진 장소, 대기의 밀도, 텅 빔의 가득참, 침묵의 중얼거림으로 돌아가는 것이다. 모든 사물과 존재들이 파괴된 후에도 존재하는 것들의 비인칭적인 '힘의 장'이 있을 뿐이다."[60]

존재자의 추상으로 도달하게 되는 어둠과도 같은 극한을 그는 '존재자 없는 존재'라고 명명한다.[61] 그것은 밤, 어둠이다. '밤은 있음에 대한 경험 자체"이다.[62] 존재자가 없기에 존재자를 표시하는 어떤 이름도 없다. 그것은 익명성과 비인칭성을 특징으로 하는 심연이다. "존재의 익명적 흐름은 주체, 인격 또한 사물 등 모두를 침략하고 침몰시킨

---

59) 같은 책, 110쪽, 108쪽.
60) 레비나스, 『시간과 타자』, 강영안 옮김, 문예출판사, 1996, 40쪽.
61) 이 역시 "존재는 언제 어디서나 존재자의 존재를 의미한다, 존재자는 언제 어디서나 존재의 존재자를 의미한다"고 하는 하이데거의 생각(『동일성과 차이』, 신상희 옮김, 민음사, 2000, 53쪽)에 반하는 것이다.
62) 레비나스, 『존재에서 존재자로』, 93쪽.

다." 따라서 귀기울여 들어야 할 존재의 목소리 같은 것은 없다. "거기에서는 아무런 이야기도 들려오지 않는다. 아무것도 우리에게 응답하지 않으며, 침묵, 침묵의 목소리만이 우리를 전율하게 만든다."[63] 또한 거기에는 "더 이상 내부도 외부도 없다."[64] 왜냐하면 누구라고 할 주체가 없기에 내부가 없고, 내부가 없기에 외부도 없다. 존재자 없는 존재란 내부와 외부의 구별 이전의 상태다.

이 어둠 속에서 잠들 수 있는 자리가 만들어질 때, 불면으로부터 도피할 수 있는 곳이 마련될 때, '나'라는 주체가 설 자리가 만들어진다. 레비나스는 이 자리를 하이데거의 존재의 목소리가 들려오는 탈자적인 '거기'와 대비하여 '여기'ici라고 명명한다. 나의 행위가 시작되는 자리다. "주체의 '여기'는 주체에게 출발점을 제공한다."[65] 따라서 그곳은 주체가 자기를 주체로 세우는 자리다. 이는 사적 영역이, '나만의 영역'이 가능한 자리다. 주체의 정립이 '내면성'(내부성)의 발생과 이어지는 것은 이런 이유에서다.

이렇게 주체가 자기를 세우는 것을 그는 자기정립hypostase이라고 지칭한다. 명사적 존재자, 이름을 갖는 주체가 출현하는 것이다. "그것은 익명적 있음의 중지, 사적인 영역의 출현, 이름의 출현을 의미한다. 있음의 바닥으로부터 존재자가 솟아오르는 것이다."[66] 존재에서 존재자로 이행하는 사건인 것이다. 그것은 주체의 행위가 시작되는 순간instant이다. 따라서 각각의 순간은 하나의 시작이며 탄생이다. "순간은

---

63) 레비나스, 『존재에서 존재자로』, 93~94쪽.
64) 같은 책, 109쪽.
65) 같은 책, 118쪽.
66) 같은 책, 139쪽.

그것에 선행하거나 후행하는 다른 순간들과 관계를 맺기 이전에, 존재를 획득하기 위한 하나의 행위를 내포하고 있다."[67] 이런 의미에서 시작으로서의 순간은 이어진 연속체로서의 시간과 구별된다. "행위함, 그것은 하나의 현재를 떠맡는 일이다……. 이 말이 뜻하는 바는 현재란 존재의 익명적 잠음 속에서 주체의 출현이라는 것이다."[68]

자기정립한 주체는 하나의 존재자로서 존재를 유지해야 한다. 그것은 존재를 수용하는 것이고, 존재를 짐지는 것이다. 즉 존재와 존재자의 관계는 "순간 속에서 존재에 대한 존재자의 지배로 이루어지는 동시에 존재자에 부과되는 존재의 무게로 이루어진다."[69] 그러기 위해 주체는 자기의 존재를 지배하고자 한다. 존재를 유지해야 하기 때문이다. 먹고 자고 입는 것을 비롯한 일상적 욕구를 감당해야 하는 것이다. 이를 그는 '주체의 물질성'이라고 부른다. 이런 관점에서 볼 때, 주체가 사는 세계란 무엇보다 먼저 "먹거리들의 집합"이다. "세계 안에 있다는 것은 사물들에 집착하고 있다는 것이다……. 사물들을 즐기고자 하는 모든 욕심을 표현한다. 욕심이 세계 내 존재를 구성한다."[70] 이를 위해 우리는 인식하고, 노동하고 소유한다. 이 모두를 그는 '향유'라고 묶어 부른다. 세계의 향유, 그것은 존재자가 존재를 지배하기 위한 활동이다. 이러한 활동을 통해 주체는 자기에게 몰두하며, 자기를 더욱더 견

---

67) 같은 책, 127쪽.
68) 같은 책, 51쪽.
69) 같은 책, 129쪽.
70) 같은 책, 56~57쪽. 여기서 세계성 속에서 현존재나 '주체'를 사유했던 하이데거와 달리 세계란 주체 다음에 온다는 점을 기억해 두자. 고립된 주체와 그 대상으로서의 세계라는 데카르트적 관념으로 되돌아가려는 것일까? "대상은 나를 위해 있는 것이다. 세계와의 관계로서의 욕망은 나와 욕망의 대상 간의 간격을 내포하는 동시에, 그 결과로서나 이전의 시간 및 욕망에 앞서는 욕망대상의 소유를 포함한다."(같은 책, 62쪽)

고하게 구축한다. 세계를, 대상을 자기 '내부'에 담는 것이다.

서구의 모든 주체철학이 전체주의적 성격을 갖는 것은 이 때문이다. 모든 것을 자신의 존재를 유지하기 위해 파악하고 장악하고 이용한다. 과학이란 이름의 지식 역시 세계를 자기 안에 담는 인식의 한 양상일 뿐이다. 주체성은 "세계를 소유하고 지배함으로써 자기 자신을 무한히 확장하려는 욕망, 즉 전체화의 욕망을 보여 준다. 이런 의미의 주체성은 본질적으로 '이기주의적'이고 자기 자신의 삶에만 관심을 갖는다. 여기에서는 초월이 불가능하다."[71]

주체가 자신을 넘어서는 것은, 전체화의 욕망을 넘어서는 것은 타자autre와의 만남을 통해서다. 타자란 무엇인가? 그것은 내가 어찌할 수 없는 것, 내가 장악할 수 없는 것이며, 내가 인식할 수 없는 것이다. 무엇보다 먼저 죽음이 바로 그렇다. "죽음의 접근에서 중요한 것은 우리가 특정한 순간부터 할 수 있음을 더는 할 수 없다는 점이다. 바로 여기에서 주체는 주체로서의 자신의 지배를 상실한다……. 이러한 죽음을 통해 알 수 있는 것은 우리가 절대적으로 타자와 관계를 맺고 있다는 것이다……. 그것의 존재 자체가 곧 타자성인 그런 타자성."[72] 우리는 죽음이 무엇인지 알지 못한다. 스스로는 경험불가능한 것, 그러나 언젠가, 내가 전혀 예상하지 못한 어느 땐가 나에게 닥쳐올 것, 피할 수 없고 모면할 수 없는 것, 그런 점에서 다름 아닌 내가 받아들여야 하지만 결코 내가 그 주체/주인일 수 없는 것이다. 이런 점에서 죽음은 어찌할 수 없는 수동성의 경험이고, 절대적인 타자성의 경험이다. 이런 의미에서 죽음은 주체에 대해 절대적 외부, 주체의 주체됨을 부정하는 절대적 부정성이다.[73] 주체가 자신에 몰두하고 자신을 견고화하는 것이란 점에서 필경 고독을 함축한다면, 이러한 주체됨을 부정하는 죽음은 그 고독을 깨는 것이고, 나의 외부, 타자성을 향해 문을 여는 것이다. 따라서 "나의 고독은 죽음을 통해 굳어지는 것이 아니라 죽음을 통해 깨진다."[74]

이는 시간의 개념과도 결부되어 있다. 주체가 자기정립하는 순간이 현재라면, "죽음은 현재일 수 없다." 그것은 내가 파악/장악할 수 없는 것이고, "최소한의 계획도 세울 수 없이 닥쳐오는 사건"이고, "영원한 미래"다.[75] 예견되는 미래, 예견 속에서 도래하는 미래, 그것은 현재의 연장일 뿐이며 미래가 아니다. 미래란 계획될 수 없고 예견될 수 없는 것이다. "미래는 파악/장악될 수 없는 것이고 우리를 엄습하여 우리를 사로잡는 것이다. 미래 그것은 타자다. 미래와의 관계, 그것은 타자와의 진정한 관계다."[76]

2) 타인, 혹은 타자의 윤리학

결코 극복할 수 없는 이 근본적 타자성을 통해 레비나스는 무엇을 말하려는 것인가? 나를 넘어선다는 것은 죽음의 이 절대적 외부성을 받아들이는 것인가? 여기서 그는 다시 질문을 던진다. "자기정립을 통해 획득한 [주체의] 자유를 보존하면서, 죽음을 어떻게 수용할 것인가?"[77]

---

71) 강영안, 『타인의 얼굴: 레비나스의 철학』, 문학과지성사, 2005, 41쪽.
72) 레비나스, 『시간과 타자』, 83~84쪽.
73) 죽음과 사실은 이어져 있는 신체적 고통 역시 죽음과 이러한 수동성과 타자성을 공유하고 있다. 수동성으로서의 고통과 죽음, 그것은 "관념론의 한계"다(『시간과 타자』, 78쪽). 우리의 관념 외부에 있으며, 우리의 관념에 의해 어찌할 수 없는 것이란 점에서.
74) 레비나스, 『시간과 타자』, 84쪽.
75) 같은 책, 84, 81쪽.
76) 같은 책, 86~87쪽.
77) 같은 책, 90쪽.

주체의 인격성을 유지하면서도 수동성의 상태 속에서 체험하는 타자성을 어떻게 받아들일 것인가? 그것은 대상을 파악/장악하는 것과는 다른 방식으로 만나는 사건을 통해 가능하다. 그것은 무엇보다 타인 autrui과의 만남이다. 여기서 타인이란 단지 나 아닌 다른 사람이 아니다. 나의 인식, 나의 의지에서 벗어난 존재자, 그런데 나로 하여금 다가서게 만들고 그러기 위해 나를 변용시키게 만드는 존재자가 타인이다. 수줍게 감춤으로써 타자성의 신비를 갖고 있는 연인으로서의 여성, 혹은 우리를 엄습하여 상처를 주지만 자아를 와해시키지는 않는 사람, 장악하지 않고 손을 내미는 애무, 혹은 나를 잃지 않으면서도 타자성 속에 나를 남기는 자식, 이들이 타인이다.[78] 혹은 후기의 저작에서 좀더 중요하게 부각되듯이, 내가 겪을 수도 있었을 고통을 겪는, 그럼으로써 나에게 근본적 수동성으로 다가오는 사람들, "가난한 자, 이방인, 과부, 고아"가, 그들의 고통 받는 얼굴이 바로 타인이다. "얼굴은 헐벗었다. 얼굴은 가난한 자다. 나는 그를 위해 아직도 할 일이 있다."[79] 나로 하여금 주체를, 그것의 전체성을 초월하게 만드는 이러한 '타인에게 말걸기', 타인과의 관계를 그는 윤리학이라고 정의한다. "얼굴은 붙잡을 수 없는 것이며, 당신을 저 너머로 인도한다……. 얼굴과의 관계가 바로 윤리다. 얼굴이란 누구도 죽일 수 없는 것이다."[80]

　타자란 주체의 전체성을 넘어서 있는 것, 규정할 수 없는 것이란 점에서 '무한자'다. 주체가 파악할 수 없는 무한자, 표상불가능한 존재로서의 무한자. 레비나스는 이를 신의 개념에 연결한다. 타인도 그럴

---

78) 레비나스, 『시간과 타자』, 103~113쪽.
79) 레비나스, 『윤리와 무한』, 114쪽.
80) 같은 책, 111쪽.

것이다. "타인은 신을 닮았다……. 담론은 신과의 담론이다……. 형이
상학은 신과의 이러한 언어의 정수다."[81] 따라서 고통 받는 타인의 얼
굴은 무한자의 현현, 즉 신의 현전이다. 드러나면서 영원히 사라지는
형상이다.[82] 물론 신과 죽음이 등치될 수 없는 한, 죽음이라는 부정적
타자성이 얼굴이라는 긍정적 현전성을 갖는 신과 어떻게 조화를 이룰
지는 알 수 없지만 말이다.[83]

　레비나스는 존재자 없는 존재, 내부와 외부의 구별이 없는 심연 같
은 어둠에서 시작하여, 주체가 이름을 갖게 되는 자기정립으로, 존재자
의 내면성의 출현으로 나아간다. 여기서 자기정립한 주체의 자유自由는
주체 자신 안에 모든 대상을 담는 전체성으로 이어진다. 주체성의 사유
는 '내부성의 사유'다. 주체성의 사유, 내부성의 사유가 갖는 실천적 함
축을 확연하게 드러내 주는 이러한 비판이야말로 레비나스의 사유가
이후 많은 사람들에게 영향력을 미칠 수 있었던 이유라고 해야 할 것이
다. 그는 여성, 자식 등과 같은 타인들을 통해 이러한 내부성을 '보존
하면서 넘어서고자' 한다. 타자성을 갖는 이들 타인과의 관계 속에서
그는 인격의 내면성이 유지되면서도 그것을 넘어설 수 있다고 말한다.
그것이 윤리학이다. 형이상학이 아니라 그것이 제1철학이다. 그러나
매우 극한적인 지점을 통해 진행되던 그의 사유가 갑자기 사랑과 가족
에 대한 통념으로 귀착되는 것은, 아무리 철학적 해석을 그럴 듯하게
붙인다고 해도 매우 당혹스럽다. '고통 받는 타인'과 환대의 윤리학은

81) 레비나스, 『전체성과 무한』(데리다, 『글쓰기와 차이』, 남수인 옮김, 동문선, 2001, 174쪽에서
　　재인용).
82) 데리다, 『글쓰기와 차이』, 160, 175쪽.
83) 같은 책, 186쪽.

그보다 좀 낫다고 해야 할까?

　동일자의 폭력을 행사하는 형이상학의 역사에서 '주체'의 전체주의, 혹은 빛의 독재가 야기했던 지울 수 없는 상처를 드러내려는 시도, 그것이 레비나스가 타자 개념을 통해서 모색했던 것일 게다. 이를 위해 그는 헤브라이즘적 사유를 적극적으로 끌어들여 그리스적 기원을 갖는 서구 형이상학과, 헬레니즘적 사유와 대결하고자 했다. 레비나스는 타자를 절대적 외부성이라고 정의하고, 타인에 대한 주체의 모든 규정이 불가능하다고 말하지만, 절대자 내지 신의 이름마저 부여한 그 타인에게 '고통 받는 얼굴'이라는 구체적 형상을 부여하며, 그런 타인과 주체 간의 관계에서 작동하는 윤리학을 구성하려 한다. 그러나 그것은 이미 타인이 무한한 부정성에서 빠져나와 어떤 일말의 규정가능한 관계 속으로 들어감을 뜻하지 않는가? 데리다가 지적한 것처럼 타인이 알 수 없는 존재고 말할 수 없는 존재라면, 나의 초월을 촉구하는 그 타자의 부름 역시 알 수 없고 들을 수 없을 것이다.[84] 그러나 타자란 '고통 받는 얼굴'이라고 하면서, 내가 그 얼굴을 볼 수 없다고 한다면, 그것은 심오한 역설이 아니라 심각한 당착이 된다.

　타인의 얼굴에는 나로 하여금 나를 넘어서 무언가 하지 않을 수 없게 하는 '고통'이 새겨져 있어야 한다. 동시에 그것이 나의 인식 바깥에 있고 내가 파악할 수 없는 것인 한, 그 고통 역시 파악할 수 없고 인식할 수 없어야 한다. 그렇다면 거기서 차라리 윤리학의 불가능성을 발견해야 하는 건 아닐까? 이러한 아포리아는 레비나스의 문제설정 자체에 속하는 것 같다. 그에게 일차적인 것은 타인이지 외부성이 아니다.

---

84) 데리다, 『글쓰기와 차이』, 184~185쪽.

타인의 타자성을 확보하기 위해 타자에 절대적 외부성의 지위를 부여했던 것이다. 이로써 그가 제시하고 싶었던 것은 타자의 윤리학이다. 그런데 이런 윤리학이 가능하기 위해선 타인이 볼 수 없고 말할 수 없는 절대적 외부가 되어선 안 된다. 나에게 고통 받는 얼굴이란 구체적 형상으로 다가와야 한다. 여기서 레비나스는 타자의 윤리학을 위해 절대적 외부 개념을 사실상 포기하는 것 같다.

그러나 이 경우 고통의 형상으로 타인은 주체 안으로 다시 포획되고 마는 것은 아닌가 하는 질문을 피할 순 없을 것 같다. 왜냐하면 고통 받는 얼굴을 갖지 않고선 레비나스의 윤리학에서 '타인'이 될 수 없기에, '타인'이 되기 위해선, 타자성을 인정받기 위해선 고통 받는 자리에 서서 고통 받는 얼굴을 해야 하기 때문이다. 이것은 타인과의 관계를 특정한 양상으로 미리 규정하는, 레비나스 자신이 그토록 비판했던 주체철학의 길을 부정적 형상으로 반복하는 것이다. 좀더 심각한 문제는 레비나스 윤리학 역시 주체의 윤리학일 뿐이며, 주체만의 일방적 윤리학이 된다는 것이다. 즉 그는 주체에게 고통 받는 얼굴의 타인들을 환대하라고, 그 고통을 통해 자기를 초월하라고 정언명령을 내리지만, 그런 주체와 대-면하고 마주선 타인들은 대체 무엇을 해야 하는지 말해 주지 못한다. 타인은 윤리학적 행동의 대상일 뿐이다. 따라서 레비나스의 윤리학에 타인들의 윤리는, 타인들이 취해야 할 윤리적 행위는 없다. 다만 그들은 주체가 자신들에게 어떤 윤리적 행위를 해주기만을 기다릴 수 있을 뿐이다. 아니, 가능한 행위가 있기는 하다. 자신의 고통을, 자신의 무력함을, 주체가 좀더 쉽게, 좀더 강렬하게 인식할 수 있도록, 그래서 주체의 초월이 좀더 쉽고 강력해지도록 충분히 드러내고 확실하게 보여 주는 것이다. 그러나 주체의 윤리적 행위에 대한 무력한 기다림을, 혹은 주체에 강하게 각인하기 위한 고통의 표시를 고아, 과부, 이방인, 이민자들에게 권하는 윤리학을 용인하기엔, 내가 상상할 수 있는 고통의 크기가 아직은 충분하지 못한 것 같다.

5. 부재와 존재, 혹은 절대적 부정성

1) 외부의 사유

외부를 사유의 일차적인 대상으로 삼았던 것은 누구보다 블랑쇼였다. 블랑쇼 역시 절대적 부정성으로서 외부의 개념을 사용한다. 그는 이러한 외부를 '또 다른 밤'이라는 말로 표현한다. 이는 우리가 보는 그런 밤이 아니다. 그것은 모습을 드러내는 밤이고 눈에 보이는 밤이다. 대낮의 빛에 지친 우리를 상냥하게 맞아 품어 주는 밤, 이를 그는 '최초의 밤'이라 부른다. 내밀한 밤이다. "최초의 밤, 그것은 아직도 낮의 건축물이다."[85] 그것은 낮의 저장고고 낮의 깊이다. 잠을 잔다는 것이 낮에 일할 수 있는 능력을 회복하기 위한 '도구'이듯이.[86] 낮과의 대립 속에 있는 밤, 그것은 낮의 일부인 밤이다. 반면 또 다른 밤은 낮의 대립물이 아니라 낮의 외부다. "이 또 다른 밤 안에서 우리는 언제나 바깥에 머무른다."[87] 거기서 만나는 것은 무서운 것도 아니고 굉장한 무엇

---

85) 블랑쇼, 『문학의 공간』, 박혜영 옮김, 책세상, 1990, 229쪽.
86) "이런 잠의 능력은 바로 우리의 자제력의 표시이며, 우리 인간의 이성적인 냉정함의 매우 인간적인 증거인 것이다. 잠을 자야 한다. 이는 의식이 자기 자신에게 내리는 명령이다."(같은 책, 366쪽)

도 아니다. 거기서 듣게 되는 것은 들릴까 말까 한 모래소리고, 거기서 보게 되는 것은 텅 빈 공허며, 거기서 만나게 되는 것은 자기 자신의 부재다. 또 다른 자기가 된 자신이어서 자신임을 알아보지 못할 자신. 그래서 사실 만나지 못할 자신이다. 이런 의미에서 "또 다른 밤은 타자이다. 그리고 그 또 다른 밤의 소리를 듣는 자, 그는 스스로에게 타인이 된다. 그리하여 또 다른 밤에 가까이 가는 자, 그는 자기 자신에게서 멀어진다. …… 이곳저곳으로 방황하는 자가 된다."[88]

그러나 블랑쇼의 '외부'는 단지 밤 너머의 밤, 레비나스가 말하는 아무것도 없는 어둠 그 자체 같은 것만은 아니다. 가령 『대낮의 광기』La folie du jour, 1973는 제목 그대로 '대낮', 아니 눈을 뜰 수 없게 만드는 강한 빛을 통해 외부에 대해 말하고 있다. 거기서 주인공은 눈을 다치는 순간 더 없이 강렬한 빛을, 광명을 보게 된다. 그는 그 강렬한 빛에서 대낮의 광기를 보았다고 확신한다. "빛은 미친 것 같았고, 밝음은 모든 양식을 잃어버린 듯했다."[89] 그는 시력을 잃었고, 그래서 예전처럼 책을 읽을 수 없게 되지만, 그렇다고 맹인이 된 것도 아니다. 보는 것도 보지 않는 것도 불가능하게 된 상황, 그래서 보되 보지 못하는 상황으로 그 사건은 닥쳐온 것이다. 눈을 뜰 수 없게 만드는 강렬하고 거대한 빛, 거기서 그는 '또 다른 낮'을 발견한 셈이다. 지금까지 보이던 모든 것을 볼 수 없게 만드는 빛, 그러나 아무것도 보지 못하게 되는 것은 아닌 상황, 그것은 아마도 볼 수 있는 것과 볼 수 없는 것의 경계를 와해시키며 우리의 시각 자체를 잠식하는 외부라고 할 것이다. 이는 자신이

---

87) 같은 책, 224쪽.
88) 같은 책, 232쪽.
89) モーリス・ブランショ, 『白日の狂氣』, 田中淳一 譯, 朝日出版社, p. 20.

사랑하는 존재자들과 결별하는 경험이고, 지옥으로 떨어지는 것 같은 충격이다. 그것은 일종의 '죽음'이다. 그러나 말하고 있는 '나'라는 인물의 죽음은 아니다. 그 '나' 안에서 '누군가'가 죽은 것이다. 이전처럼 사물을, 세상을 보던 누군가가 그 안에서 죽은 것이다. 이를 그는 '비인칭적 죽음'이라고 부른다.

그러나 그것은 다른 시선을 가진 자가 출현하는 사건이기도 할 것이다. 그래서 주인공은 광인이 되었다고 하지만, 거꾸로 그로 인해 그는 자신이 볼 수 있다는 것을 비롯해 자신의 주위에 있는 모든 것 속에서 유별난 행복을 느낀다고 말한다. 그는 삶에서 거대한 기쁨을 느끼며, 죽음조차도 기꺼운 만족으로 받아들일 수 있다고 말한다. 소설은 삶을 되돌아보는 이 긍정적 문장들로 시작한다. 그것이 대낮의 광기를 경험한 그 사건에서 연유한 것임은 분명하다. 그리고 아마도 그것은 이 소설에서도 지나가면서 언급하듯이, 총살대에 섰던, 총살 직전에 살아난 저자 자신의 경험과도 무관하지 않을 것이다. 그 사건은 이전에 보이던 것을 보이지 않게 함으로써, 보이던 것에 가려 보이지 않던 것을 보게 했던 것일 게다.[90]

이처럼 블랑쇼에게 외부란 보이던 것을 보이지 않게 만듦으로써 보이지 않던 것을 보게 만드는 무엇이다. 그것은 내부에 있는 것, 자신이 안다고, 보고 있다고 생각하는 것을 그 바깥으로 이끄는 힘이다. 오르페우스를 저승으로 이끄는 에우리디케처럼. 그것은 진리를 소멸시키는 힘이고, 보이던 것을 보이지 않게 만드는 힘이며, 확고한 것을 해체해 버리는 힘이고, 익숙한 것을 낯설게 만들어 버리는 힘이다. 오르페우스는 자신을 덮쳐온 그 힘에 이끌려 작품을 만든다. 그 "작품이라는 유일무이한 사건 속에서 그 기초적인 원소인 어둠을 우리들 틈에 솟아오르게 한다."[91] 그러나 에우리디케라고 불렸던 그 어둠은 오르페우스의 뒤돌아보는 시선이 가 닿는 순간 사라지고 마는 그런 것이다. 시선을 끌지만 볼 수 없는 것, 사유를 잡아당기지만 사유할 수 없는 것이다. 그것이 있기에 시선은 바깥을 향하게 되고, 사유는 이성의 빛에서 벗어나 어둠으로 눈을 돌리게 된다. 그러나 그것은 빈 공백일 뿐이어서 볼 수 없고 사유할 수 없다. "모든 것이 사라져 버리는 어둠."[92] 이런 의미에서 "작품은 언제나 모든 시작에 선행한다. 작품은 언제나 이미 끝마쳐진 것이다……. 작품은 다시 스스로를 닫는"[93] 것이다.

블랑쇼는 예술가란 이처럼 외부로 이끌리는 자라고 말한다. 그러나 그것은 예술을 업으로 삼는 어떤 종류의 직업과도, 예술가를 특권화하는 어떤 유미주의적 관념과도 무관하다. 무언지 알 수 없는 것, 뭐라 규정할 수 없는 것, 혹은 친숙한 모든 것을 보이지 않게 만들어 버리는 것, 그것이 우리를 덮쳐올 때 우리는 오르페우스가 되는 것이다. 무언가에 이끌려 보이지 않는 것에 눈을 돌리기 시작할 때, 누구나 예술가가 되는 것이다. 블랑쇼는 예술가에게 흔히 부여하는 '창조자'라는 지

---

90) 덧붙이면, 주인공은 그 대낮의 광기 속에서, 눈을 치료하는 의사들의 등 뒤에서, 그 지고한 권위 뒤에서 법의 실루엣을 본다. 그것은 '내'가 모든 권력을 갖기에 자신은 나에게 복종하는 것이라고 말하면서도 어떤 것 하나도 허락하지 않는, '내'게 오직 올바른 평가만을 요구하는 자로서 온다. 더욱 인상적인 것은, 그 법이 천정의 작은 틈을 보여 주면서 '당신은 저기 있다'고 하며 '당신은 거기 있나요' 하고 묻는 부분이다. 나의 자리, 주체의 자리를 지정해 주는 법. '나'는 "어디, 어딘데" 하며 그것을 있는 힘을 다해 보려고 하다가 눈의 흉터가 터져 버리고 눈은 창상을 입으며 머리엔 구멍이 난다(ブランショ, 『白日の狂氣』, pp.31~32). 자신의 자리를 찾다가 다시 '망가져 버리는' 주인공의 눈! 법은 외친다. "아, 빛이 보인다. 오, 신이여!" 법이 요구하는 바를 따르다가 몸을 망쳐 버리는, 그러나 눈이나 뇌가 망가졌기에 다시 빛을 보는 역설적 사태. 칸트와 라캉, 마조흐와 들뢰즈를 불러들이는 흥미로운 유머다.
91) 같은 책, p.307.
92) 같은 책, p.223.
93) 같은 책, p.314.

위도 받아들이지 않는다. 창조자란 '탁월한 생산자'고, 어떤 목적을 실현하는 자며, 자신의 표상이나 관념에 따라 세상을 합목적적으로 바꾸는 자다. 그의 활동은 '노동'에 속하고, 그의 '작품'은 역사에 속한다. 예술가란 창조자라는 환상은 "예술이 보존해야 할 텅 빈 공허를 가려 보지 못하게 만든다."[94] 블랑쇼가 말하는 예술가는 자신을 덮쳐온 것 앞에서 죽는 자고, 스스로조차 낯선 어떤 것의 출현 앞에서 반복하여 죽는 자다. 시가 다가올 때마다 '누군가'의 죽음을 반복하는 자다. "시인에 비해 시가 본질적으로 앞선다"는 말은 이런 의미다. 이런 점에서 외부로 이끄는 힘이란, 예술가의 '주관적'이고 '능동적'인 형상을 취할 때조차도 주관적이지 않으며 본질적으로 수동적이다. 그것은 자신의 힘을 벗어나 있는 것, 자신의 힘으로 어쩔 수 없는 것이며, 그렇기에 '외부', 절대적 외부인 것이다.

에우리디케의 사라짐, 오르페우스의 이야기는 거기서 끝나지 않는다. 반대로 거기는 오르페우스의 이야기가 '시작'되는 곳이다. 실패로 인해 다시 에우리디케를 찾아가는 오르페우스, 혹은 또 다른 수많은 오르페우스들. 그래서 블랑쇼는 명확히 말한다. "최초의 것, 그것은 시작이 아니라 다시 시작함"이라고.[95] 예술은 진리를 '열어-밝히는'게 아니라, 진리가 사라지는 경험이다. 그 실패와 닫힘이 다시금 시작하게 하고 그 시작을 반복하게 한다. 방황과 유랑, 혹은 유목이 에우리디케가 죽는 그 실패의 지점에서 시작된다. 그래서 절대적 외부를 찾는 예술의 주변에는 "죽음과 반복, 실패와 맺어진 협정이 잇닿아 있는 것이다. 되풀이하여 다시 시작함, 반복, 운명적인 회귀……"[96] 니체라면 '영원회귀'라고 불렀을 끝없는 반복이 있는 것이다.

따라서 "예술가에게 작품이란 끝난 것이 아니라 언제나 끝내지지 않는 것이다."[97] 그러나 끝날 수 없음이란 불멸성이나 영속성과 전혀 거리가 멀다. 영속성이나 불멸성이란 시간이 지나도 자신의 이름이 살 아남기를 바라는 욕망의 산물이다. 거기서 그는 "우상들 같은 게으른 영원성"을 본다. 그것은 '나'로서 죽고자 하는 것이다. "시간성 위로 불쑥 나온 작품 속에서 부동의 안정된 존재로 지속하고자 하는 바람은 헛된 것이다……. 필요한 것은…… 변화하고 소멸하여 우주의 변모에 협동하는 것이다. 즉 이름 없이 행동하는 것이지 태만한 하나의 순수한 이름으로 살아남고자 하는 것이 아니다."[98] 끝없음이란 변화하고 소멸 하는 것이며, 끝없이 죽는 것이다. 이름을 남기며 죽는 게 아니라 이름 없이 죽는 것, '나'라는 인격/인칭으로서 죽는 게 아니라 '누군가'로서 끊임없이 죽는 것이다. 앞서 『대낮의 광기』에서의 '누군가'가 죽는 사 건처럼. '비인칭적 죽음'. "오르페우스는 변모의 행위 자체이다. 그는 죽음을 정복한 자가 아니라 영원히 죽는 자, 소멸의 의무를 행하는 자, 이 소멸의 고뇌 속에 소멸해 가는 자이다……. 우리들보다 조금 더 죽 는 오르페우스, 그는 바로 우리들 자신이다."[99]

2) 존재와 죽음

그가 쓴 글의 많은 부분이 레비나스와 잇닿아 있음은 쉽게 느낄 수 있 다. 다루는 개념들이나 사용하는 말들, 그리고 접근하는 방식 모두에서

---

94) ブランショ, 『白日の狂氣』, p. 299.
95) 같은 책, p. 335.
96) 같은 책, p. 335.
97) 같은 책, p. 303.
98) 같은 책, p. 124.
99) 같은 책, p. 194.

레비나스와의 인접성은 빈번하게 드러난다. 블랑쇼와 레비나스가 실제로 절친한 친구였고, 서로에게 매우 깊은 영향을 미쳤다는 사실은 이런 느낌에 실체성을 부여하기도 한다. 그러나 비슷해 보이는 몇 가지 결정적인 개념이 다른 이론적 위상을 가진다는 점, 그리고 가령 '비인칭성' 같은 몇몇 개념이 매우 상반되는 가치론적 함축을 갖는다는 점은 결코 사소하지 않은 차이를 감지하게 한다. 미리 간단히 요약하자면, 레비나스는 일종의 '변증법적 종합'의 형식으로 자신의 체계를 세운다. 어둠이라고 하는 '존재자 없는 존재', 그로부터 솟아나는 주체의 자기정립, 그리고 그러한 주체의 외부로서 죽음이나 고통 같은 타자가 온다. 존재의 비인칭성(비인격성)과 이름을 갖는 주체의 고유성, 그리고 그것을 부정하는 타자. 여기서 변증법적 대립과 부정의 논리를 보지 않기는 어렵다. 그리고 인칭적/인격적 주체를 보존하며 그것을 부정하는 타자성을 사유하기 위해 타인이 등장한다. 거기서 연인과 자식, 고통받는 얼굴이 윤리학의 기본 형태로 제시된다. 보존과 제거로서의 변증법적 '지양'의 관념이 의식적으로 사용되고 있는 셈이다.

블랑쇼에게는 이런 변증법적 종합의 욕망이 없다.[100] 그에게 중요한 것은 오직 외부를 절대적 극한에서 사유하는 것이다. 어둠 내지 또다른 밤은 존재자 없는 '존재'가 아니라 외부 자체고, 죽음 역시 그와 동등한 위상에서 사유된다. 그래서 그에게는 밤만이 아니라 '대낮의 광기' 또한 그런 외부로서 사유된다. 그에겐 '존재자 없는 존재'가 아니라 규정성이 사라진 것으로서 '존재자의 존재'가 중요한 문제다. 레비나스에겐 아직 이름을 갖지 못한 상태를 뜻했던, 따라서 인칭/인격의 출현에 자리를 내주어야 할 비인칭성이 블랑쇼에게는 고유한 죽음을 넘어서, 인칭성을 넘어서 절대적 열림을 사유하는 개념이 된다. 이는 그에게서 외부성의 사유가 레비나스의 그것과 다른 방향을 향하고 있음을 보여 준다. 이는 외부성의 개념에 어떤 절대적 부정성을 부여하는 경우에도 그 실질적인 함축은 크게 다를 수 있음을 뜻하는 것일 게다.

먼저, 블랑쇼는 외부와 죽음에 대해서 말하지만, 그것은 '존재'에 관한 것이기도 했다. 하이데거가 죽음으로 미리 달려가 보는 결단을 통해 고유한 실존/탈존을, 존재의 의미를 사유하고자 했음을 안다면, 여기서 하이데거의 영향을 보지 않기란 불가능하다. 그러나 그는 하이데거와 대결하면서 죽음의 의미도, 존재의 의미도, 그것의 실천적인 함축도 바꾸어 버린다. 하이데거에게서 죽음이란 쉽게 말해 '목숨을 건 결단' 같은 것이고, 그런 결단을 통해 자신에게 다가오는 가능성들을 받아들이는 것이다. 죽음은 본질적으로 수동적이지만, 미리 달려가 보는 결단에서 죽음은 자발적이며 무엇보다 능동적이고, 영웅적이다. 이는 세인들의 '빠져-있음'에서 벗어나 고유한 실존을 가능케 해주는 것이란 점에서 '개인적'이다. '고유한 죽음'. 반면 블랑쇼가 말하는 죽음은 이미 말한 것처럼 절대적 외부고, 수동적이며, 비인칭적이며, 개인의 고유성과 무관한 것이다.[101]

물론 하이데거처럼 블랑쇼에게도 이런 죽음은 긍정적인 가치를

---

100) "블랑쇼는 부정을 변증법적으로 사용하지 않는 ……다. 변증법적으로 부정하는 것, 그것은 우리가 부정하는 바를 정신의 불안정한 내면성〔내부성〕 속으로 들어가게 하는 행위다."(푸코, 「바깥의 사유」, 김현 편, 『미셸 푸코의 문학비평』, 문학과지성사, 1989, 193쪽)

101) 나중에 프로이트에 대해 언급하면서 블랑쇼는 '고유한 죽음'과 '비인칭적 죽음'이라는 두 가지 죽음에 대해 이렇게 다시 말한다. "우리는 프로이트를 따라 죽음의 두 가지 측면에 대해 알 수 있다. 문명이 자기 보존을 위해 결정된 동질적인 것에서 벗어나 무질서로 향하는 한(최대에 이른 엔트로피), 죽음충동은 문명 가운데 작동한다. 그러나 이질적인 것, 유일무이의 타자성, 법 없는 폭력이 여자들의 주도와 동조로 에로스와 타나토스를 결합시키면서 끝까지 군림할 때, 죽음충동은 그에 못지 않게 마찬가지로 작동하고 있다."(블랑쇼, 『밝힐 수 없는 공동체』, 박준상 옮김, 문학과지성사, 2005, 67~68쪽)

갖는다. 그것은 "우리 인간의 임무 자체"인 것이다. 그것은 주어진 질서, 보이는 것, 인식가능한 것을 넘어선 지점이고, 그것들이 소멸하고 사라지는 지점이다. 그것은 개인적인 죽음이 아니라, '누군가'가 계속해서 죽어가는 '비인칭적 죽음'이다. 거기서 내가 끝없이 죽는다는 것은 무엇을 뜻하는가? 릴케를 빌려 말하는 다음의 문장은 이것이 뜻하는 바를 드물게 명료하게 말해 준다.

우리 인간은 무한히 죽어간다……. 우리는 무엇보다 소멸가능성이 큰 존재자들이다. 모든 사물은 흘러 사라져 그 모습을 바꾼다. 그러나 우리 인간은 변모를 원한다. 우리 인간은 흘러 사라지기를 원한다. 우리의 바람은 바로 이런 초월[넘어섬]이다. '변신을 원하라!'라는 호소는 바로 이러한 바람에서 생겨나는 것이다. 우리는 머무르지 말아야 한다. 흘러가야 한다……. 산다는 것은 항상 이미 작별을 고하는 것, 하직인사를 받는 것, 또 지금 존재하는 것들과 하직하는 것이다. 그런데 우리는 이별을 앞당길 수 있다……. 우리 자신이 스스로 변모하면서 모든 것을 변모시키는 이 작업…… 죽는다는 것은 일종의 노력이다. 물론 이것은 우리가 물건을 만들고 결과를 얻기 위해 계획을 세우는 것과는 아주 다른 노력이다.[102]

이러한 죽음은 "사물들에 대한 거대한 책임을 포함하는 작업"이다.[103] 어떤 책임인가? 내가 죽는다는 것은 내가 옳다고 믿는 것, 내가 이러저러하다고 생각하는 것에서 벗어나는 것이고, 나의 외부에 서는 것이다. 나의 바깥에 선다는 것은 나의 표상이나 관념 바깥에서 다가오는 사물들을 낯설고 이질적인 그대로 받아들이는 것이고, "사물들의 진지함 곁에 서는 것"이며, **사물들의 '시각'으로 돌아가는 것이다.** "나를 사물들 쪽으로 돌아서게 하여 나의 내면에 전환이 이루어지게" 하는 것이며, "**사물들에게 불가시적인 것으로의 길을 열어줌으로써** 사물들을 구원하는 것이다." 사물의 구원, 그것은 거대한 책임임이 틀림없다. 이를 '사물에 대한 우정'이라고도 말한다.[104] 이는 '무사무욕의 시선'을 통해 사물을 "있음의 순진무구성 속에 존재하는 그대로, 완성된 존재로" 보는 것이며,[105] 그럼으로써 "존재의 비결정성, 그 힘에 몸을 맡기고, 존재의 순수한 격렬함에 몸을 내맡기는 것"이다.[106]

그러나 오해하지 말 것은 하이데거가 중요한 자원으로 삼는 릴케의 말로 인해 이러한 '구원'이나 책임, 혹은 무사무욕의 시선이 후기의 하이데거처럼 신과의 합일이나 사방세계와의 합일을 뜻하는 것으로 받아들이면 안 된다. 그것은 합일과 반대로 익숙한 것과의 사이에 균열과 거리를 만들고, 합일된 세계에 이질적인 것을 끌어들이는 것이며, 내게 다가오는 모든 낯선 것들을 받아들이는 것이다. '**무한한 받아들임의 재능**' 혹은 '**수많은 세계의 수락**', 그것이 '보이지 않는 것으로 몸을 돌림'이라는 말로 블랑쇼가 말하고 싶었던 것이다.[107] 그것은 내가 속한

---

102) 블랑쇼, 『문학의 공간』, 191쪽.
103) 같은 책, 205쪽.
104) 같은 책, 207쪽.
105) 같은 책, 206쪽.
106) 같은 책, 195쪽.
107) 이런 점에서 블랑쇼는 릴케만이 아니라 하이데거가 빈번히 기대고 있는 횔덜린에 대해서도 전혀 다르게 해석한다. 즉 낯선 것의 위협 속에서, 그것과 인접하여 살았던 후기의 횔덜린에게서, 그는 신들의 세계에서 돌아섰으며, 신과 인간의 격리와 소원함을 헛된 위안으로 채우지 않는, 그런 점에서 자연이나 신과의 합일을 욕망하는 게 아니라 은혜의 과잉에 눌려 죽어가고 있음을 본다. '신의 죽음'을 보는 것이다. 이런 식으로 그는 하이데거에게서 등을 돌린 횔덜린과 손을 잡는다.(같은 책, 375~380쪽.)

세계로부터, 그 세계 속의 사물로부터 등을 돌리는 것이다. 등을 돌릴 때마다, 내가 변모의 문턱을 넘을 때마다 그렇게 '나'는 죽는다. 수많은 세계를 수락하는 만큼 수많은 '나'들이 죽는다. '나'라고 불리던 '누군가'가 계속 죽는 것이다. 그 '나'와 더불어 내가 속한 세계들도 죽는다.

따라서 릴케만큼이나 블랑쇼에게 '부재'라는 말은 '사물들의 존재'를 의미한다. 그런데 여기서 블랑쇼가 말하는 존재란 무엇인가? 그것은 사물들을 이런저런 존재자로 규정하는 모든 것들을 추상했을 때 남는 것이다. 아무런 규정도 갖지 않는, 그러나 수많은 규정성이 발생하는 장소, 사물이 모든 사용가치에서 벗어나 그저 존재하고 있음 자체로 있는 것, 그런 방식으로 세계에서 벗어나는 것. 그것은 사물이 자신을 닫는 것이고 자기 자신에게서 달아나는 것이며, 그렇기에 '부정'의 베일 속에 감추어서만 지칭할 수 있는 무엇이다.[108] 따라서 그것은 절대적 미결정성으로서의 죽음과 동일한 것이기도 하다. 이전에 레비나스는 세상에서 존재자들을 추상함으로써 어둠이라는 존재를, '존재자 없는 존재'를 제시한 바 있다. 블랑쇼는 세상에서 존재자를 지우는 대신, 사물에서 그 사물을 특정한 존재자로 만드는 모든 규정성을 지움으로써 그 사물의 '존재'에 도달한다. 아무런 규정도 없는, 그래서 무어라 지칭할 수 없는 절대적 무규정자. 그것은 레비나스의 방법을 사용하여 도달한 것이지만, '존재자 없는 존재'가 아니라 '존재자의 존재'다.

그것은 순수 부정으로 존재하는 것이라기보다는 낯설고 이질적인 것들을 받아들일 수 있는 공백vide이다. "수천의 요소들을 끌어당기고 흩어져 떠도는 미지의 광맥을 차용하는…… 에테르 같은 그 어떤 투명함 위에서 가시적인 것이 된 어둠"이다.[109] 여기서 블랑쇼의 존재 개념이 단순한 부정이라기보다는 오히려 수천의 세계를 수락하는 순수긍정임은 특별히 강조될 필요가 있을 것이다. 무한한 받아들임의 능력, 혹은 다가오는 모든 것에 대한 절대적 열림, 그것은 '텅 빈 공허' vide, 공백라는 말을 사용할 때조차 사실은 도래할 모든 규정들에 대해 '열려 있음'을 뜻하는 것이다. 그가 '부정'이나 '부재'라는 말을 사용하는 것이 존재 자체를 뜻하는 것이었던 것처럼. 아마도 들뢰즈라면 이를 순수 잠재성에조차 선행하는, 오직 규정가능성만을 원리로 갖는 '미규정성'이라고 말했을지도 모른다.[110] 잠재성 이전, 그러나 그것 없이는 잠재성 또한 사유될 수 없는, 출발점 이전의 출발점. 그리고 아마도 중관中觀의 사유에 익숙한 사람이라면, 이러한 '공허/공백'이 사실은 '공' 空이라는 개념과 매우 닮았다고 느낄 수도 있을 것이다. 그렇다면 실수-방황의 끝없는 이주와 연결되는, "예술은 우리를 **세계 이전, 시작 이전**으로 인도한다"는 블랑쇼의 말에서 "부모미생전父母未生前의 본래면목"을 묻는 혜능의 질문을 떠올리는 것 역시 터무니없다고는 할 수 없을 것이다. 그렇다면 블랑쇼가 말하는 반복적인 비인칭적 죽음이 고유성을 고집하는 자아의 죽음이라고, 타자성을 향해 무한히 열리는 '무아' 無我라고 보는 것도 가능할지 모른다.

108) 블랑쇼, 『문학의 공간』, 302~305쪽.
109) 같은 책, 309쪽.
110) 들뢰즈, 『차이와 반복』, 김상환 옮김, 민음사, 2004, 375쪽. 들뢰즈는 이를 데카르트의 코기토가 갖는 세 측면과 관련해 이렇게 대응시켜 설명한다. "규정되지 않은 실존인 '나는 존재한다', 이 실존이 규정가능하게 되는 형식인 시간, 규정에 해당되는 '나는 생각한다'……."(같은 책, 372~373쪽.) 존재, 그것은 그 자체로는 미규정적인 것인 것이다. 그것은 '생각한다'에 선행하는 것이지만, 데카르트는 '생각한다'라는 특정한 규정성 안에서 그것을, 존재의 확실성을 도출한다. 반면 블랑쇼는 주체의 '생각' 이전으로, 규정 이전으로 돌아갈 때 존재에 대해 사유할 수 있음을 주장하는 것이라고도 할 수 있을 듯하다. 규정성이 사라지기에 소멸하는 방식으로만 말해질 수 있는, 따라서 확실성을 포기해야 하는, 아니 확실성을 홍수 속에 잠겨 버리게 하는 '존재' 자체.

그럼에도 불구하고 블랑쇼의 '존재'는 부재로서, 시선이 닿는 순간 사라지는 소멸로서 절대적 부정성에 멈추어 있다. 그것은 모든 규정성을 부정하고 무화시키는 절대적 미규정성의 자리를 고수하고 있다.[111] "수천의 세계를 수락하는 무한한 받아들임의 능력"이라는 긍정적 충만함은, 받아들임의 양상으로 펼쳐지는 대신 모든 규정된 세계의 부정이라는 부정적 공허의 양상에, 소멸하는 방식으로만 포착되는 달아남의 양상에 가려 작동하지 못하는 것처럼 보인다. '존재'는, 진리로 귀착되는 방황이라는 하이데거적 사유와 반대로, 방황과 유랑을 야기하는 숨김이라고 해도,[112] 언제나 이러한 도망치는 은닉과 부정의 방식으로밖에는 사유될 수 없는 것일까? 긍정을 '지옥'의 어둠 속에 감추는 부정, 이는 사물의 입장, 사물의 구원이란 어떤 목적에 봉사하는 수단으로서의 사물의 지위(하이데거라면 '손 안의 존재' Zuhandensein라고 했을 것이다)를 지워 버려 보이지 않게 만드는 것으로 보는 것과 무관하지 않을 것이다. "사물을 구원해야 한다. 그렇다. 그것들을 불가시적인 것으로 만들어야 한다. 그러나 그것은 사물들이 그 불가시성 속에서 다시 소생하게 하기 위함이다."[113] 이 경우 '사물의 구원' 내지 '사물과

---

111) 들뢰즈는 블랑쇼에게 큰 영향을 받았지만, 이 절대적 미규정성을 그대로 받아들이진 않는다. "'존재란 무엇인가'라는 물음조차 문제적 장과 상관없이 동일하게 반복되는 '나쁜 주사위 놀이'"(『차이와 반복』, 434쪽)가 이와 관련되어 있다고 느끼는 것일까? 그래서 그는 상이한 강도들 사이에서 번쩍이는 번개에 선행하는 '어두운 전조' 조차 체계마다 저마다의 전조로 존재한다고 본다.(같은 책, 268쪽.) 이는 비인칭적 특이성이나 잠재성 개념과도 관련되어 있다. "우리는 끊임없이 잠재적인 것에 호소했다. 이는 차이의 규정들보다는 미규정성에 훨씬 가까운 어떤 모호한 개념으로 다시 빠져드는 것은 아닌가? 하지만 이것이야말로 정확히 우리가 잠재적인 것에 대해 말할 때 모면하고 싶어했던 것이다……. 잠재적인 것은 미규정적이기는커녕 완결적으로 규정되어 있다."(같은 책, 449~450쪽.) 그러나 이는 그의 잠재성 개념에 약간의 모호성과 혼란을 야기하는 것 같다. 이에 대해서는 나중에 다시 볼 것이다.
112) 레비나스, 『모리스 블랑쇼에 대하여』, 박규현 옮김, 동문선, 2003, 28~29쪽.

의 우정'이란 사물을 일체의 용도나 효과와 분리하는 것을 뜻하게 된다. "유용성이나 이 세상 속에서의 쓰임새에 내맡겨지지 않은 상태의 사물들."[114] 그러나 사물을 그것의 "사용가치에서 분리"하는 시인의 말도, 그것이 우리로 하여금 그것을 다르게 보도록 만드는 한에서만 유효한 것이라면, 그것 역시, 비록 도구성과는 다르다고 할지라도, 효과나 작용이란 말과 무관하다고 할 순 없지 않을까? 유효성이 그저 유용성만을 뜻하는 건 아니라는 단서를 달아야 하겠지만 말이다. 이런 점에서 사물이 '존재하다'라는 말과 '작용하다'라는 말, '살아 있다'는 말은 하나의 동일한 의미를 갖는다는 스피노자의 주장을[115] 좀더 근본에서 다시 생각해 볼 필요가 있지 않을까? 그 경우 절대적 부정성으로서의 블랑쇼의 외부 개념이 스피노자 식의 긍정적 사유와 새로운 우정의 관계를 가질 수 있게 된다고 할 수 있지 않을까?

6. 타자성과 역사

1) 광기, 이성의 외부

푸코는 블랑쇼의 사상을 '외부의 사유'라고 요약하면서 이렇게 쓴 적이 있다. "주체성의 한계를 드러내기 위해, 그것의 종말을 표시하기 위해, 그 분산을 빛나게 하기 위해, 그리고 오로지 그 주체성의 난공불락

---

113) 블랑쇼, 『문학의 공간』, 198쪽.
114) 같은 책, 208쪽.
115) 스피노자, 『에티카』, 4부 정리 24, 강영계 옮김, 서광사, 2007, 266쪽.

의 부재만을 받아들이기 위해 일체의 주체성 외부에 자리 잡는 이 사유"를 '외부의 사유'라고 부를 수 있을 것 같다고. 그러나 그것은 단지 자신이 펼쳐지는 텅 빈 공간일 뿐이어서 "사람들이 거기에 시선을 던지기 무섭게 모든 즉각적인 확신이 사라져 버리는" 그런 것이다.[116] 푸코는 이러한 사유에 매료되어 있었다. 그가 언어 한가운데서 외부의 빛남 자체가 되어 다시 나타났던 것으로 니체와 말라르메, 아르토와 바타유, 클로소프스키를 언급할 때, 그리고 그 이전에 사드를 그런 사유의 계열에 이어서 언급할 때, 우리는 푸코의 친구들이 차례로 나열되고 있음을 쉽게 알 수 있다.[117] 그런 점에서 그러한 이름의 계열에는 사실 자신의 이름이 포함되어 있었던 거라고 말해야 할 것이다.

매우 인상적인 『광기의 역사』의 도입부는 이러한 생각에 명확히 잇닿아 있다. 광기란 말 그대로 '정신 나간' out of reason 것이고, 이성의 외부다. 그가 이성에 의해 추방되고 타자화된 광기의 역사를 쓰겠다고 말할 때, 그는 바로 이성의 외부에 대해 말하겠다는 것이고, 광기가 타자로서 이성의 외부에 철저하게 유폐된 역사를 말하겠다는 것이다. 물론 광기에 대해서는 많은 책들이 있다. 정신분석학을 포함하여, 정신병리학 전체가 광기를 다루고 광기에 대해 말하고 있지 않은가? 그러나 그것은 이성의 빛 안에 들어온 어둠처럼 이성의 언어 아래 재단된 광기(가령 '정신병' !)고, 그런 점에서 이미 광기가 아니다. 외부의 사유에 대한 푸코의 욕망은 이성의 외부로서 광기 자체를 드러내기를 꿈꾼다. "정신의학의 역사가 아니라 지식에 의해 재구성되기 이전의, 광기 실상의 역사를 쓰고자 하는 것"이다.[118] 이성에 의해 말해도 들리지 않는 침묵 속에 갇힌 그 외부를. 이러한 자신의 작업을 그는 침묵 속에 갇힌 것을 발굴하는 고고학자의 작업에 비유한다. '침묵의 고고학', 그것이

이 책에서 그가 하려는 것이다.

그러나 그것은 대체 어떻게 가능할까? 사유할 수 없는 외부를 사유한다는 것은 과연 어떤 것일까? 그것은 블랑쇼의 작업에 대해 요약하면서 그가 말했던 것처럼, 사유라기보다는 "공백과 벌거벗음 속에서 외부의 현존을 체험하는 것"이고 "발밑에서 무한정 열리는 공백에 이끌려 가는 것"일 게다.[119] 그러한 체험을 서술하는 순간, 이미 블랑쇼가 잘 보여 준 것처럼, 그것은 소멸되어 버리고 만다. 보이지 않게 소멸되는 방식으로만 보이는 것이 외부고, 들리지 않는 방식으로만 들리는 것이 침묵이기 때문이다. 그러나 순간을 포착하는 예술가가 아니라, 역사를 다루는 고고학자의 작업에서, 혹은 무엇을 말하든 이해가능한 언어를 빌릴 수밖에 없는 철학자의 작업에서 그것이 과연 가능할까?

광기를 이성의 절대적 외부로 상정하는 한, 그리고 그 외부를 이성의 언어를 피해 드러내고 보이게 하겠다고 하는 꿈은, 자신이 꿈꾸었던 외부의 사유에서는 불가능하다. 데리다 말대로 어떤 종류의 침묵으로 침묵을 지키거나 아니면 광인의 유배를 따라가는 것 말고는 광기 그 자체를 드러낼 방법은 없는 것이다.[120] 말할 수 없는 것을 말하고 사유할

---

116) 푸코, 「바깥의 사유」, 김현 편, 『미셸 푸코의 문학비평』, 문학과지성사, 1989, 190쪽.
117) 같은 책, 191~192쪽 및 196쪽.
118) 푸코, 『광기의 역사』, 이규현 옮김, 나남, 2003, 415쪽.
119) 푸코, 「바깥의 사유」, 196~197쪽.
120) 데리다, 『글쓰기와 차이』, 62쪽. 사실 들뢰즈 식으로 말하자면 광기를 사유하고 광기에 대해 말하는 것은 '광인-되기'의 문제다. 광인의 유배를 따라가는 것도, 이성의 논리로 광기를 말하는 것도 아닌, 둘 사이의 중간지대에서 사유하는 것이다. 그것은 광인-되기를 통해 이성을 그것이 확보한 자리에서 이탈하게 하는 것이지만, 동시에 광기 또한 다른 것이 되게 하는 탈영토화의 선과 짝을 지어 나란히 진행된다. 이성적 사유에 대해서도 이탈과 변환을 요구할 수 있지만 이성의 논리를 반복하는 것은 아니고, 광기를 향하여 나아가지만 결코 광기에 도달하는 것을 목적으로 하는 것도 아닌 이중의 탈영토화가 진행되는 것이다.

수 없는 것을 사유하려는 시도는 이 운명적인 궁지에 처하고 마는 것 같다. 그것은 어쩌면 '사유의 외부'를 사유하려는 자에게 주어지는 운명적 저주 같은 것인지도 모른다.

확실히 데리다 말대로 푸코는 불가능한 것을 하려 하는 것 같다. 그것은 절대적 부정성으로서, 드러낼 수 없는 공백으로서 외부를 정의하는 한 결코 벗어날 수 없는 것이다. 그렇다면 푸코가 그 뒤에 800쪽에 걸쳐 서술한 것은 무엇일까? 정신병리학과는 다른 언어로 광기에 대해 추적하고 진단하는 또 하나의 '진단'일까? 이성의 언어를 빌릴 수밖에 없는 한, 자가당착에 빠져 스스로 부정하게 될, 결국 무효가 될 수밖에 없는, 있을 수 없는 역사일까? 그건 분명 아닌 것 같다. 반정신의학 운동에 강력한 영향을 미쳤고, 철학자로부터 역사가에 이르기까지 수많은 찬사를 받았던 이 책의 설득력은 철학적 반박만으로는 무효화할 수 없음을 잘 보여 준다. 그렇다면 그는 대체 무엇을 한 것일까?

여기서 푸코가 광기를, 광기의 역사를 실질적으로 다루는 데 성공하고 있다면, 그것은 눈이 닿으면 사라지는 그런 외부와는 다른 외부의 개념을 실제로는 가동시키고 있음을 의미한다. 그것은 절대적 부정성으로서의 외부가 아니라, 이성에 의해, 광기를 다루는 언어에 의해 상이한 형상을 취하며 이성과 상이한 관계 속에 들어가는 그런 외부, 이성의 '타자들'인 외부다. 그것은 이성이라는 초역사적 로고스의 절대적 타자가 아니라, 시기마다 다른 이름으로 불리며 다른 본성을 갖는 것으로 이해되는 그런 역사적이고 구체적인 타자들이다. 가령 르네상스 시대에는 소원한 거리감과 더불어 세상의 비밀을 엿본 자로 간주되던 광인이, 근대적 '이성'이 철학적으로 자리잡게 되는 17세기에 이르면 부랑자나 걸인, 가난뱅이, 범죄자 등과 광인들이 함께 대대적으로 유폐되고, 광기는 '인간 속에 존재하는 동물성의 증거'로 간주되게 된다. 한편 19세기에 들어오면 수용소의 대개혁을 통해 "광인도 인간이다"라는 인간중심주의가 '종합병원'에 들어오면서, 광기는 인간의 정신상에 발생한 질병이 된다.

여기서 타자들이란 이성에 의해 타자화된 것이고, 그런 점에서 이성의 개념에 의해 일방적으로 명명된 것이며, 그렇기에 이성의 질서 안에 있지만 결코 이성으로서는 파악할 수 없는, 이성의 시선에는 보이지 않는 것으로서의 타자들이다. 그 절대적 실상이 무언지야 알 수 없다고 해도, 역사적 시기를 달리 하면서 다르게 파악되고 다른 관계 속에 들어가는 타자들의 '존재'가 이성이 부여한 이름이나 개념의 외부라는 것은 분명하다. 그것이 이성의 외부임을 받아들이지 않고선 결코 다가갈 수 없음 또한 분명하다. 상이한 형상을 취하고, 상이한 관계를 취하기에 그 변화의 양상을 '역사'라고 명명하게 되는 그런 외부. 즉 푸코가 그 책에서 실제로 다루고 있는 '광기'란 이성의 절대적 외부로서의 광기가 아니라, 나중에 의학적 형식을 취하게 되는 이성에 의해 상이한 방식으로 타자화되고 배제되고 유폐되는 구체적-역사적 형태의 외부인 것이다. 아니, 좀더 정확하게 말하면 그러한 유폐와 배제의 양상에 의해 '이성'이 주어진 시기마다 자신의 합리성을 확보하고 자신의 정상성을 확인하게 되는, 그런 점에서 '이성의 조건'이라고 해야 할 외부로서 광기라고 해야 한다.

역으로 역사적으로 상이한 형상, 상이한 관계를 취한다는 것은, 광기를 이성의 현재적 관념에서 벗어나 다시 사유하게 하고, 광기를 타자화하는 이성 자체에 대해 근본에서 다시 질문할 수 있게 해주는 것이라고 푸코는 생각하고 있는 게 아닐까? 따라서 절대적 외부, 그 침묵 그 자체를 말로써 드러낼 수는 없다고 해도, 그것이 취하는 상이한 형태들을 통해 그것에 부여된 현재의 형상을 파열시키고 그러한 이름을 부여한 이성의 지위를 근본에서 다시 생각하게 만드는 것은 가능하다고 믿고 있는 것일 터이다. 그것이 푸코가 역사적인 방식으로 타자를, 혹은 뒤에는 동일자를 다루려는 이유였을 것이다.

2) 타자와의 만남

「외부의 사유」와 같은 해에 쓰여진 글 「타자의 공간」은 '헤테로토피아' hétérotopia라고 명명되는 '타자의 공간'을 손에 잡히지 않고 눈에 보이지 않는, 절대적 부재로서의 외부가 아니라, 매우 낯설고 이질적인 형상을 취하는 실재적 장소로서, 현실에 부재하는 유토피아와는 반대로 실재하는 공간으로서 명시적으로 정의한다. "모든 문화, 모든 문명마다 사회의 제도 자체 안에서 윤곽을 드러내는 장소들이, 현실적 장소, 유효한 장소들이 있다. 이는 일종의 대항-배치이고, 사람들이 문화의 내부에서 발견하는 다른 모든 현실적 배치들이 그 안에서 표상되는 동시에 반박되거나 역전되는 모든 실제로 현실화된 일종의 유토피아이고, 모든 장소들 바깥에 있는 일종의 장소이면서도 실제적으로 국지화될 수 있는 그런 장소다. 흔히 반성되고 언급되는 모든 배치와 절대적으로 다르다는 점에서 나는 이러한 장소를 유토피아와 반대되는 의미에서 헤테로토피아라고 부를 것이다."[121]

물론 여기서 헤테로토피아란 단지 광인들이 유폐된 공간만을 지칭하지는 않는다. 정신병원이나 요양소는 물론 금기시된 장소, 신성시되는 장소, 그리고 묘지나 창녀촌, 식민지 등이 다양한 이름의 헤테로토피아로 언급되고 있다. 그렇지만 어느 사회나 문화에서도 이런 헤테로토피아는 있었다는 것, 어쩌면 양립할 수 없을 것처럼 보이는 이 이질적인 공간들이 어디서나 복수로 공존했다는 것, 그리고 한 사회는 이 헤테로토피아를 역사적으로 다른 방식으로 규정하고 다른 방식으로 작동하게 했다는 것 등을 '원리'라는 이름으로 명시하고 있다.[122]

　광인들이 유폐된 공간, 그것은 분명 일종의 헤테로토피아다. 다시 말해 그 타자의 공간에 유폐된 자들, 혹은 유폐된 광기는, 역사적으로 구체적 형상을 취하며 실재적인 시간과 공간을 분배받고 상이한 방식으로 다루어지고 관계맺는 구체적 타자들이다. 따라서 이 타자의 역사를 서술하는 것은 가능하다. 그것은 시선이 닿는 순간 사라지는 형상없는 어둠이 아니기 때문이다. 그리고 이러한 타자와 이성의 관계를 서술하는 것도 가능하다. 왜냐하면 타자들이 역사적으로, 혹은 형상적으로 다른 모습을 취한다면, 그것과의 관계 속에서, 아니 그 관계에 의해서만 자신의 자리와 정상성을 확보할 수 있고 그것과의 관계 속에서만 자신의 합리성을 정의할 수 있는 '이성' 또한 하나의 모습, 하나의 언어를 가질 리 만무하기 때문이다. 광기의 역사, 타자의 역사는 뒤집혀서 씌어진 이성의 역사, 동일자의 역사인 것이다. 따라서 모든 발언이 증상이 되고 마는, 절대적 침묵 속에 갇힌 정신병자의 위치를 빗겨난다면, 광기를 상이한 유형의 정신병으로만 정의하는 이성의 언어를 조금만 빗겨난다면, 광기와 이성이 다른 방식으로 대면하고 다른 방식으로 대결하게 할 수 있는 새로운 전장이 만들어질 수 있는 것이다. 그 경우에도 언어란 어차피 로고스이고, 이성의 언어며, 이성 안에 있다는 비

---

121) M. Foucault, "Des espaces autres", Dits et écrits IV, Gallimard, 1994, pp.755~756.
122) 같은 책, p. 756 이하.

판에[123] 대해, 이제 푸코라면 이성이란 역사를 초월한 로고스가 아니라 역사적(시간적)으로, 또한 공간적으로 다른 형태를 갖는, 다른 양상의 격자들이라고 반박할 수 있을 것이다.

물론 데리다는 그러한 역사 역시 이성 안에 있다고, 이성과 합리성 안에서의 차이에 지나지 않는다고 말할 것이다. "이성에 대항하는 역사학, 고고학이라는 것은 씌어질 수 없을 터인데, 왜냐하면 역사의 개념이란 언제나 합리적인 개념이었기 때문이다."[124] 이런 점에서 데리다는 외부는 내부라고, 내부에 있는 불화와 간극, 혹은 타자성이라고 본다. "언제나처럼 불화는 내부적이다. 외부는 내부다. 외부는 헤겔적인 분리의 노선에 따라 내부를 만들어 내고 분열시키는 열개裂開현상이다."[125] 광기를 서술하는 언어도, 침묵을 소리나게 하는 언어도, 이성을 비판하는 언어도, 역사도 모두 이성 안에 있으며, 이성의 언어를 빌려서 할 수밖에 없다는 것이다.

푸코는 여기에도 동의하지 않는다. 그는 이성의 내부에서 균열의 지점을 찾아내고 거기서 새로운 분열을 밀고 나가기보다는, 전혀 생각지 못했던 것, 혹은 생각할 수 없었던 외부, 극히 이질적인 '타자'와의 만남을 통해 이성의 언어, 그 동일자가 와해될 가능성에 내기를 건다. 가령 그는 『말과 사물』의 서문에서, 기존의 사고나 표상체계를 산산이

---

123) "고고학이라는 것은 아무리 침묵의 고고학이라고 해도 논리학이 아니던가?" ; "이성이 정복하지 못하는 트로이의 목마는 없다. 이성의 질서의 능가할 수 없고 대체불가능하며 장엄한 위대함…… 이성에 대항하여 호소할 수 있는 것은 이성뿐이라는 점, 이성에 대해 항거할 수 있는 것은 이성 안에서일 뿐이라는 점, 이성은 그 고유한 영역 내에서만 우리에게 계략과 방책을 남겨 준다는 점……." (데리다, 『글쓰기와 차이』, 60, 62쪽.)
124) 같은 책, 63쪽.
125) 같은 책, 66쪽.

부숴 버리는 이질적인 사고와의 만남에 대해, 사고불가능한 사고와의 만남에 대해 말한다. 타자뿐만이 아니라 동일자인 이성 자체 안에도 근본적 불연속성과 단절을 포함하는 역사가 있음을 생각하게 해준 경험에 대해 말한다. 보르헤스가 중국의 한 백과사전을 인용하면서 전해준, 정말 '어이없다' 고밖에는 말할 수 없는 동물분류법과의 만남을 통해, "우리가 현존하는 사물들의 자연적인 번성을 통제하는 데 사용해 온 모든 정렬된 표층과 모든 평면이 해체되었는가 하면, 오래전부터 용인되어 온 동일자와 타자 간의 관행적인 구별은 혼란에 빠지고 붕괴의 위협을 받았다"는 것이다.[126) 동물들을 나누고 배열하던 공동의 공간 자체를 와해시키는, 자신들로선 사고할 수 있고 접근할 수 있는 모든 가능성이 차단되게 만드는 사고법의 기괴함 때문이다.

이 기괴한 사고법, 사물들을 전혀 다른 방식으로 분류하고 배열하며 전혀 다른 방식으로 위치를 분배하는 '이성'의 분류법은, 단지 보르헤스의 허구적 상상력 안에서만 발견되는 게 아니다. 서구문화의 외부를 연구하는 인류학자들이라면 이러한 만남은 아주 현실적인 일이고, 또한 아주 빈번한 일이다.[127) 이처럼 전혀 다른 '논리', 전혀 다른 '분류', 전혀 다른 '합리성'이 작동하는 이질적인 사고방식 또한 푸코는 '헤테로토피아'라고 명명한다. 그것은 "사물들을 다른 장소에 들어서게 하고 다른 방식으로 배열되게 하며, 장소의 이질성으로 인해 그 사물들 모두에 공통된 어떤 '공통 장소'를 규정할 수 없게 되는 그런 장

---

126) 푸코, 『말과 사물』, 11쪽.

127) 가령 로라 보하난은 보편적인 이해가 가능할 것이라고 보았던 햄릿의 이야기를 해주다가, 그들에게 내용을 전혀 납득시킬 수 없었음을, 결국 이야기를 끝까지 하는 것도 불가능했음을 보고한 바 있다(보하난, 「티브족, 셰익스피어를 만나다」, 한국 문화인류학회 편, 『낯선 곳에서 나를 만나다』, 일조각, 2006).

소"다. 이런 헤테로토피아와의 만남은, 다시 말해 외부와의 만남은 "비밀리에 언어를 침식해 들어가고, 이것과 저것을 명명할 수 없게 하며, 확고했던 어떤 명칭을 탈취해 가며 어떤 단일한 명칭을 새로이 부가하기 곤란하게 할 뿐 아니라 우리가 문장을 구사하는 동사법뿐만 아니라 말과 사물들을 결합하는 통사법을 더듬거리게 하고 붕괴시킨다."[128]

푸코가 『광기의 역사』에서 광기를 침묵 속에서 끄집어내 소리나게 함으로써, 이성과 대면하고 대결하게 함으로써 하고자 했던 것도 이것이었을 것이다. 이성이란 언제나 그것의 타자를 통해, 혹은 자신의 특정한 외부를 타자화하는 방식을 통해 자신의 정상적인 지위를 확보해 왔음을 드러냄으로써, 역으로 그 타자를 통해 정상적인 지위 자체를 의문에 부치는 것. 이는 외부와의 만남을 통해 썼던 『말과 사물』과 다르지 않다. 외부와의 만남을 통해 "우리의 고요하고 외관상 부동적인 대지에 균열과 불안정성, 틈새를 회복시키고자 한다. 대지는 우리의 발밑에서 다시 한 번 불안하게 꿈틀거릴 것이다."[129]

외부와의 만남을 통해 내부를 와해시키려는 이러한 푸코의 '고고학적' 전략을, 내부의 균열을 통해 외부를 드러내는 혹은 내부와 외부의 결정불가능한 착종을 드러내는 데리다의 '해체적' 전략과 대비할 수 있을 것이다. 물론 양자 모두 내부의 안정성을 흔들고 균열을 만들어 내려는 것이란 점에서는 동일하다. 그러나 푸코라면, 이성의 내부에서 그 균열이나 '외부'를 찾아낸다고 해도 그것이 이성이나 로고스 자체의 외부로 나아갈 길이 없는 것이라면, 그것은 이성을 '보충'하는 외

---

128) 푸코, 『말과 사물』, 14~15쪽.
129) 같은 책, 22쪽.

부에 지나지 않는가 반문할 수 있을 것이다. 헤겔에게서 분리나 대립, 모순이 결국은 이성의 합목적적 운동 안에서 그것을 수행하는 '간교한 지혜'에 지나지 않았던 것처럼. 따라서 푸코라면 역사란 이성 안에 있는 어떤 분리나 대립이 아니라, '이성'이라고 불리는 것의 외부를, 단절과 불연속성을 뜻하는 것이라고 말할 것이다.

타자와의 만남, 혹은 대질을 통해 동일자를 와해시키려는 이러한 전략은, 타자와의 만남을 통해 주체로 하여금 자신을 넘어서게 하려는 레비나스의 전략과 매우 닮아 있는 것처럼 보인다. 물론 그것은 '나'를 넘어설 것을 촉구하는 '주체'의 윤리학이 아니라, 이질적인 것을 타자화하고 침묵 속에 가두는 권력과 대결하고자 하는 '타자'의 정치학을 지향하고 있다는 점에서 다르다고 해도. 그렇다면 레비나스가 부딪혔던 이론적 아포리아가 다시 출현한다고 해야 하지 않을까?

그건 아닌 것 같다. 레비나스의 아포리아란 타자로서의 타인이 주체의 내부성을 부정하려면 인식불가능한 절대적 외부여야 하는데, 주체를 윤리적 초월로 이끌기 위해서는 '고통 받는 얼굴'이라는 구체적 형상을 가져야 한다는 점에 있었다. 그러나 푸코는 타자가 사유불가능한 것이어야 한다고 말하지만, 그렇다고 그것이 결코 볼 수 없는 절대성을 갖는다고는 생각지 않는다. 그것의 타자성이란 공통의 장소를 와해시키는 근본적 이질성을 뜻하며, 따라서 대면할 수 있는 지극히 다양한 형상을 갖는다. 레비나스에게 타자, 타인이란 신이었지만, 푸코에게 타자란 '헤테로토피아들'이었던 것이다. 물론 이미 본 것처럼 『광기의 역사』의 경우 동요는 있었다. 그 동요는 절대적 부정성이라는 블랑쇼적인 외부의 개념과 구체적·역사적 형상을 갖는 타자 내지 외부의 개념 사이에서 발견된다. 동요의 두 극이 비슷함에도, 이 동요가 출구 없는 아포리아가 아닌 것은 역사적 연구라는, 이미 선택된 연구의 방식이 양자를 분리해 주고, 나아가 그의 사유에 실질적인 하나의 방향을 부여해 주기 때문일 것이다. 실제로 『광기의 역사』 이후 그런 동요는 다시 나타나지 않는다(물론 다른 동요마저 나타나지 않는다는 뜻은 아니다).

3) 내부와 외부

동일자와 타자, 내부와 외부를 관계짓는 경우에도 각자 분리된 형상을 갖고 있었던 고고학적 연구와 달리, 스스로 계보학이라고 명명했던 후기의 연구에서는 동일자의 발생적 '기원'을 추적함으로써 그것의 배후에 전혀 다른 것들이 존재함을 드러낸다. "사물들의 역사적 단초에서 발견되는 것은 그것들의 기원의 신성불가침한 동일성이 아니다. 거기서 발견되는 것은 다른 사물들의 질서다. 그것은 곧 부조화다."[130] 이질적인 것, '다른 사물의 질서'는 동일자에 의해 배제된 어떤 것일 뿐 아니라, 그 동일자, 동질적인 것의 기원에 숨어 있는 비밀인 것이다. 이제 그가 역사에 귀를 기울이는 것은 "사물들 배후에 '전혀 상이한 어떤 것'이 존재함을 발견"하기 위해서다.

예를 들어 『감시와 처벌』에서 푸코가 감옥이나 처벌의 역사를 뒤져서 추적하고 있는 대상은 감옥의 역사가 아니다. 그것은 스스로 법을 정했기에, 혹은 입법과정에 동의했기에 그 법이 정한 바를 자신의 의무로 따라야 한다고 하는 칸트적 주체, 근대적 인간이다. 주어진 규칙을 받아들여 자기 자신을 통제하는 인간, 그래서 직접적인 지배와 통제가 눈앞에 없을 때에도 스스로 알아서 자기를 통제하는 주체. 그러한 주체는 벤담의 파놉티콘에서 가장 극명하게 그려진, '보되 보이지 않는 감시자의 시선'을 통해서 만들어진다. 보이지 않기에 항상 나를 보고 있으리라는 가정 아래, 나를 보는 감시자의 시선으로 자신을 보는 시선의 배치, 시선의 형태로 작동하는 권력이 근대적 '인간'을 만들어 내는 것이다. 이런 점에서 누군가의 시선을 의식하고 그의 시선 아래 자신의 행동을 보게 되는 곳이라면, 감옥이든 학교든, 아니면 가정이든 근대적 권력이 작동하는 셈이다. 감옥이 근대 사회의 축도를 제공했다는 말, 혹은 근대 사회 전체가 일종의 감옥이라는 말은 정확하게 이런 의미다.

간단히 말해, 정상적 인간, 입법자 인간, 도덕적 인간의 발생적 기원은 감옥이었다는 것이다. 이는 사물의 단초에서 다른 사물의 질서를, 부조화를 찾아내고, 사태의 '배후'에서 보이는 것과는 전혀 다른 어떤 것을 드러내며, 지고한 것의 뿌리에서 그와 전혀 이질적인 것, 비천하고 잔혹한 기원을 찾아낸다는 것이 무엇을 뜻하는지 아주 잘 보여 준다. 이런 점에서 계보학은 어떤 것의 '근거'를 찾아내기 위해 우주의 끝까지(!) '기원'을 찾아가는 역사적 소급(이를 만물의 기원으로서 신의 존재를 증명하는 '우주론적 증명' 방법이라고 한다)과 반대로, 그 발생지점을 찾아감으로써 그 발생의 우연성, 자의성, 이질성을 드러내는 방법이다. "그렇게 하는 것은 진리 혹은 존재가 현재의 우리의, 현재 우리가 알고 있는 것의 뿌리에 놓여 있는 것이 아니라, **우연들이라는 외부성**에 놓여 있음을 발견하는 것이다."[131]

여기서 우연이란 말과 연결되어 등장하는 '외부성'이란 내부성을 와해시키는 것이라기보다는 내부성을 형성하는 조건, 내부성의 발생

---

130) 푸코, 「니체, 계보학, 역사」, 이광래 편, 『미셸 푸코』, 민음사, 1989, 333쪽.
131) 같은 책, 338쪽. 이는 『지식의 고고학』에서 언표적 사건들이 펼쳐지는 초험적 장에 대해 말할 때, (칸트와 같은) 초험적 정초(근거짓기)와 대비하여 역사적·우연적 조건을 주목할 때, 그리하여 '형식적 선험성(a priori)'과 대비하여 '역사적 선험성(a priori)'에 대해 말할 때(푸코, 『지식의 고고학』, 175~186쪽), 이미 충분히 가시화된 것이었다.

조건을 의미한다. 지고한 것은 천한 것을 억압하거나 자신과 다른 것을 비천한 지위에 몰아넣음으로써 지고해졌다기보다는 그 자신의 기원에 있는 비천함을 감추고 은폐함으로써 성립했다고 말하는 것이다. 이제 외부성은 더 이상 내부성과 대립하지 않는다. 내적 본질, 동일자의 내부성이란 우연히 끼어든 조건들, 혹은 전혀 뜻밖의 것들, 내부와 전혀 다른 형상을 갖는 이질적인 외부에 의해 형성된 것일 뿐이다. 이런 점에서 내부성은, 어떤 것의 내적 본질은 존재하지 않는다. 그것은 "시간을 초월한 본질적인 비밀이 아니라, **사물들은 전혀 본질을 갖고 있지 않다는 비밀**, 혹은 사물들의 본질은 소외된 형식들로부터 부분적인 방식으로 섬유처럼 직조되어 있다는 비밀"이다.[132] 따라서 푸코로서는 모든 외부는 이성의 내부에 있는 균열의 지점을 뜻하는 "외부는 내부다"라는 말보다는, 반대로 내부란, 내적인 본질이란 없으며 모든 내부는 사실 우연적이고 자의적으로 선택된 외부에 의해 직조된 것이란 뜻에서 "모든 내부란 외부다"라는 말에 동의를 표할 것 같다.

　마지막으로 푸코에게서 외부 개념과 관련해 들뢰즈가 언급한 것을 간단히 검토하자. 들뢰즈는 푸코의 작업을 역사적 형성물(지층화된 것), 권력의 다이어그램, 주체화로 구별하면서, 권력의 다이어그램을 지층화되지 않은 것 혹은 외부의 개념에 대응시키고, 주체화를 주름이란 개념으로 내부에 대응시킨다. 감옥이나 학교 등의 지층들을 넘어서 있으면서 그 지층들에서 공통되게 발견되는 권력의 도식(다이어그램)은 지층의 외부라는 것이다. 권력의 다이어그램은 힘들의 관계가 권력으로 변환되는 지점이면서, 거기에 저항하고 그로부터 이탈하는 변이의 장소를 이룬다고 말한다.[133]

　그러나 비록 푸코가 '권력의 다이어그램'이란 말을 사용한다고 해도, 지층의 '외부'로서 권력의 다이어그램이란 개념이 푸코의 그것과 동일한지는 의문이다. 푸코에게 권력의 다이어그램이 상이한 역사적 형성물들 사이에 공통된 어떤 형식의 추상이라면, 들뢰즈에게 다이어 그램이란 탈형식화하는 추상으로서 추상기계이기 때문이다.[134] 푸코가 다이어그램이란 개념을 통해 권력의 작동메커니즘을 강조하고 있다면, 들뢰즈는 그 개념을 통해 변환의 지대를, 탈주선을, 탈영토화를 강조하고 있기에, 양자의 차이는 보기보다 훨씬 큰 것이다. 더구나 들뢰즈 자신이 푸코에게는 권력이 일차적이라면 자신에게는 탈주선이 일차적이라고 대비하여 말한 바 있음을 안다면,[135] 그리고 푸코와 달리 권력에 대해 욕망이 일차적임을 주장한 바 있음을 안다면,[136] 푸코의 권력의 다이어그램을 들뢰즈가 말하는 '지층화된 것의 외부'라고 말할 수 있을지는 의문이다.

또 하나 지적할 것은, 푸코가 담론이나 지식을 역사적 선험성이나 초험적 장이라고 말할 때 그것은 "어떤 담론적 실천을 특정화하는 규칙들의 집합"이고, 그에 따른 언표가능성의 체계며, "말해진 것들 이…… 어떤 특이한 규칙들에 따라 탄생하도록 하는 것"이다. 이는 푸코가 역사 연구의 형태로 작업한다는 점과 결부된 것이다. 그가 다루는 '담론'이나 '지식'은 구체적이고 실제적인 것과 분리된 '전개체적 특

---

132) 푸코, 「니체, 계보학, 역사」, 앞의 책, 333쪽.
133) 들뢰즈, 「미셸 푸코의 주요 개념들에 관하여」, 박정태 편, 『들뢰즈가 만든 철학사』, 이 학사, 2007, 446~450쪽; 들뢰즈, 『푸코』, 허경 옮김, 동문선, 2003, 132~138쪽.
134) 두 가지 추상기계 개념에 대해서는 이진경, 『노마디즘』1권, 3장 2절, 휴머니스트, 2002 참조.
135) 들뢰즈·가타리, 『천의 고원』1권, 이진경·권혜원 옮김, 148쪽.
136) 들뢰즈, 「욕망과 쾌락」, 이호영 옮김, 서울사회과학연구소 편, 『탈주의 공간을 위하여』, 푸른숲, 1997.

이성'이 아니다. 구체적이고 '실증적인'[137] 담론이나 지식과 분리되어 그 특이성으로 추상되는 것은 들뢰즈 말대로 '권력'이란 개념을 통해서다. 그것이 상이한 지식들에 대해서도 동형적인 권력을, 권력의 다이어그램을 발견할 수 있는 이유다. 즉 '역사적 선험성'이나 '초험적 장'은 들뢰즈의 개념으로 말하면 지층화된 것에 상응한다. 권력은 지층화된 것을 가로질러 그것들을 하나로 묶어 주는 '미분적 관계' 내지 다이어그램이지만, 그것은 추상기계라기보다는 여러 지층의 공통성을 추상한 것이다. 반면 들뢰즈가 잠재적인 것을 '초험적 장'으로 정의할 때, 그것은 현행적인 분화 이전의 상태로서 지층화되지 않은 것이다('전개체적 특이성'). 들뢰즈에게 잠재적인 것이 '외부'와 상응하는 것인지는 접어두고라도, 초험적 장이나 '역사적 선험성' 개념이 이렇게 다르다면, 권력의 다이어그램을 지층화된 것의 외부라고 하는 들뢰즈의 말은 푸코보다는 들뢰즈 자신의 것이라고 해야 할 것이다.

7. 외부와 잠재성

1) 다양체와 외부

들뢰즈에게 외부성의 사유, 혹은 외부의 관념이 중요하다는 것은 의심의 여지가 없다. 그리고 이와 관련해 그 또한 블랑쇼의 영향을 크게 받

---

137) 그것은 실증적인 사물들처럼 효과를 갖는다는 점에서 '실증성'을 갖는다고 말한다(푸코, 『지식의 고고학』, 182, 185, 187, 188쪽).

았음 또한 분명하다. 가령 『차이와 반복』Différence et répétition이나 『의미의 논리』Logique du sens에는 비인칭적 죽음, 중성성 등 블랑쇼의 개념이 니체의 영원회귀 개념과 결합되어 반복에서 차이를 사유하는 데 결정적인 역할을 하고 있다. 그럼에도 불구하고 두 책에서 '외부'라는 개념은 거의 나타나지 않는다. 이에 대해 보르헤스처럼 말할 수도 있을 것이다. "시간에 관해 쓰여진 책에서 가장 찾기 어려운 단어는 '시간'일 것"이고, 외부에 관해 쓰여진 책에서 가장 찾기 어려운 단어는 '외부'일 것이라고. 그런데 사실 철학자의 책에서 그런 일은 그다지 흔치 않은 것 같다. 하이데거 역시 가장 중요한 것은 은닉되어 있다고 어디선가 말한 적이 있지만, 그가 가장 중요하게 여기는 '존재'라는 말은, 그의미는 은닉되어 있을지 몰라도, 그의 책 어디에서나 가장 빈번하게 발견된다. 외부란 말할 수 없는 것이고 볼 수 없는 것이라고 했던 블랑쇼의 책에서도 '외부'라는 단어를 발견하는 것은 어려운 일이 아니다.

들뢰즈 역시 그럴 것이라고 믿는다. 그의 책 가운데 '외부'라는 말이 개념으로 명시적으로, 그리고 빈번하게 등장하는 것은 가타리Félix Guattari와 함께 쓴 『천의 고원』Mille plateaux: capitalisme et schizophrénie 2이다. '리좀'이란 제목을 달고 있는 그 책의 서론에서부터 끝까지 외부라는 개념은 지속적으로 사용된다. 개념적 의미는 몇 가지 다른 층위에서 다양하게 사용되지만, 어디서나 그 개념은 매우 핵심적인 문제의식을 담고 사용된다. 따라서 들뢰즈의 외부 개념을 이해하기 위해선 이 책에 기대야 한다. 그리고 그것은 다른 책들에서 그것이 묵시적으로 사용되는 방식을 이해하는 준거가 되어야 한다.

『천의 고원』에서 사용되는 '외부' 개념의 요체는 서론에 있는 다음 문장에 대체적으로 요약되어 있다.

다양체는 외부le dehors에 의해 정의된다. 다양체는 다른 것과 접속됨으로 써 그 성질을 변화시키는 추상적인 선에 의해, **탈주선 내지 탈영토화의 선에 의해 정의되는 것이다. 일관성의 평면은 모든 다양체의 외부다.** 탈주선 은 다양체가 실제로 채워 주는 유한한 차원수의 실재성이기도 하다. 다양체가 그 [탈주의] 선을 따라 변환되지 않고서는 어떠한 보충적인 차원도 불가능하다. 그 다양체의 차원이 무엇이든 간에, 모든 다양체 를 동일한 일관성의 평면이나 외부성extériorité의 평면 위에서 평탄하게 만들 가능성과 필연성.[138]

이 책에서 들뢰즈와 가타리는 하나의 척도로 환원될 수 없는 다양 성을, 끊임없이 생성되는 차이를 다루기 위해 모든 것을 '다양체'로서 다룬다. 물론 그 가운데는 하나의 척도로 귀착되는 다양체도 있다. 모 든 반복이 본질적으로 차이의 반복이지만, 차이가 제거된 반복, 차이 없는 반복이, 그리하여 동일성이 만들어지는 것처럼. 하지만 이것은 차 이를 제거하여 만들어지는 인위적이고 예외적인 것이다. 반복의 일반 성은 차이화하는 반복에서, 다양체의 일반성은 비척도적, 연속적 다양 체에서 발견된다.

'나무'와 '뿌리줄기' rhizome는 이 두 가지 다양체의 차이를 표현하 기 위해 선택된 사례다. 수형도가 잘 보여 주듯이 '나무'나 '뿌리'가 하 나의 중심으로 귀착되는 것에 반해, 뿌리줄기(리좀)는 귀착될 어떤 중 심도 없다. 접속할 때마다 새로운 형상으로 변형되며, 기존의 관계를 형성하는 선들의 양상을 바꾸어 버린다. 리좀이란 이처럼 접속에 의해

---

138) 들뢰즈·가타리, 『천의 고원』 1권, 13쪽.

그 본성이 달라지는 것을 그 원리로 한다. 이를 잘 보여 주는 것은 장기와 바둑이다. 장기나 체스는 말들마다 움직이는 방식과 기능이 정해져 있다(코드화되어 있다). 반면 바둑알은 그런 게 없다. 이웃한 알들과 어떻게 접속하는가에 따라 집을 만드는 벽이 되기도 하고(영토화), 상대방을 뚫고 들어가는 침이 되기도 하며, 내부로부터 상대방의 영토를 와해시키는 교란의 지점이 되기도 한다(탈영토화). 장기의 말의 본성이 내적으로 정해진 것에 반해, 바둑알의 내적 본성은 없다. 외부와의 접속의 양상에 따라 그 본성이 달라진다. "체스 말들은 그 내부성의 환경 속에서 상호간에, 그리고 상대방의 말들과 일대일 대응의 관계들을 즐긴다. 그것들의 기능은 구조적이다. 반면 바둑의 말은 오직 외부성의 환경만을, 혹은 성운이나 성좌들과의 외부적인 관계들만을 가지며, 그것들에 따라 경계짓기, 포위하기, 산개하기 등의 삽입 혹은 위치지움의 기능을 수행한다."[139]

다양체가 접속에 의해 정의된다는 것은 다양체가 외부적인 어떤 것과 접속함에 따라 그 성질이나 본질이 달라진다는 말이다. 다양체가 이처럼 차이의 생성을 담고 있는 것은 그것이 외부에 의해 정의된다는 사실에 기인한다. 이는 단지 바둑 같은 특정한 게임에서만 그런 것은 아니다. 가령 바퀴는 신발과 접속하면 놀이기구가 되지만, 수레와 결합하면 운송수단이 되고, 대포와 결합하면 무기가 된다. 놀이기구와 운송수단, 무기는 전혀 다른 본성을 갖는다. 이 경우 바퀴라는 '다양체'는 접속하는 외부에 따라 전혀 다른 본성을 갖는 것으로 변환된 것이다.

이처럼 바퀴와 그것이 접속되어 작동하는 것을 묶어서 '배치'라고

---

139) 들뢰즈·가타리, 『천의 고원』 II권, 134쪽.

부른다. 좀더 정확하게 말하면 바퀴와 다른 것들이 접속하여 만들어지는 관계를 배치라고 부른다. 인라인스케이트와 수레, 대포에서 바퀴는 다른 배치 속으로 들어간 것이다. 바퀴의 발명 이상으로 중요한 것은 사실 이러한 새로운 용법의 발명이고 새로운 배치의 발명이다. 그것은 바퀴를 기존의 영토로부터 벗어나 새로운 영토로, 새로운 용법으로, 새로운 본성으로 들어가게 한다. 이전의 배치로부터 탈영토화하여 새로운 배치를 구성하게 한다는 것이다. 다양체가 탈주선 내지 탈영토화의 선에 의해 정의된다는 것은 이런 의미에서다. 따라서 탈주선이란 이처럼 기존의 체제에서 '벗어나는' 선이다. 탈주는 새로운 용법, 새로운 배치의 창안에 의해 이루어지기에 그들은 탈주선은 긍정적 창조의 선이라고 반복해서 명시한다. 탈주는 어딘가에서 도망치는 게 아니라, 세상을, 사람들을, 다양체를 주어진 것에서 벗어나게 하는 것이다.

이런 점에서 배치란 사물이나 사실을 그것과 접속하는 외부에 의해 사유하기 위한 개념이다. 여기서 외부가 단지 내부와 대립하는 공간적인 개념만은 아니란 것을 확인해 둘 필요가 있다. 외부에 의해 본성이 달라진다는 것은 '내적' 본성이 외부에 의해 규정된다는 것을, 다시 말해 내부란 외부에 의해 규정된다는 것을 의미하기 때문이다. 이는 언어의 외부성을 보면 좀더 분명해진다. 통상 언어란 단어와 통사법 등으로 체계화된 구조를 뜻한다. 기표들의 연쇄, 그것은 말하는 사람의 의지에 의해 좌우되지 않으며, 거꾸로 우리가 그에 따라야 하고 그것에 따라 사고해야 하는 구조다. 그것이 구조주의 이후 흔히 받아들여지는 언어의 개념이다. 그러나 들뢰즈와 가타리는 이와 달리 언어의 외부성을 강조한다. 그것은 두 가지 의미에서 그렇다.

첫째, 언어는 의미나 정보를 전달하는 것이 아니라, 어떤 행동을

하게 하는 것이고, 언어-외적인 효과를 산출하는 것이다. "야이, 개새
끼야"라는 말은 지칭되는 상대방이 개새끼임을 의미하는 게 아니라,
하던 행동을 당장 중지하라는, 그렇게 하면 안 된다는 명령문이다. "엄
마, 저게 뭐야?" "응, 저거, 강아지"라고 할 때조차, "저거, 강아지"라는
말은 아이에게 "저걸 보면, 강아지라고 불러"라는 명령문을 함축하고
있다. "15+7=22"라고 쓴 수학교사의 문장조차 "15+7"을 보면 22라
고 답을 하라고 명령하는 것이다(그렇게 하지 않으면 야단을 맞거나 점
수를 깎인다!). 이처럼 효과를 겨냥하여 발화되는 말들을 '언표'énoncé
라고 하고, 그렇게 말하는 행위를 '언표행위'énonciation라고 한다. 둘
째, 언어의 의미는 기표들이나 문법만이 아니라 그것의 외부에 의해,
즉 음성적인 성분이나 말하는 사람의 표정, 단어의 용법이나 상황 등에
의해 규정된다. 그래서 연출가 스타니슬라브스키는 "오늘밤"이란 단어
하나로 30개의 다른 상황을 표현해 보라는 요구를 할 수 있었다. "'나
는 맹세합니다'라는 말은 가족 안에서 말해질 때와 학교나 연인 간에,
비밀결사나 법정에서 말해질 때 결코 동일한 것이 아니다……. 언어를
그 외부와 관계지우는 표현의 변인들variables이 존재하는데, 이는 그것
들이 언어에 내재적immanentes이기 때문이다"[140] 학교의 배치, 연인의
배치, 법정의 배치가 동일한 단어를 전혀 다른 '의미'로 바꾸어 놓는
것이다.

언어는 소리가 분절된 것이고 분절된 것이 결합되어 지층화된 것
이다. 바퀴 역시 나무나 쇠 같은 질료가 지층화된 것이다. 지층화된 것
은 그 나름의 견고한 '구조'를 갖는다. 그런데 그것이 접속하는 외부가

---

140) 들뢰즈·가타리, 『천의 고원』 I권, 88쪽.

무언가에 따라, 즉 어떤 배치 속에 들어가는가에 따라 전혀 다른 것이 된다. 배치는 지층화된 것을 다른 것과 계열화함으로써 그것의 본성을 바꾸는 것이란 점에서 그것의 '변환기' 다. 배치는 지층들 사이에 있고, 이런 의미에서 자체 내에 외부를 포함한다. 이런 점에서 배치는 지층화된 것을 탈지층화하고 탈형식화한다. 이처럼 탈형식화하고 탈지층화하여 다른 어떤 것과 접속할 수 있게 추상하는 것을 이들은 '추상기계'라고 명명한다("그 성질을 변화시키는 추상적인 선"). 그러한 추상이 탈영토화, 탈지층화의 극한에 이를 때, 그래서 모든 형식을 추상하여 모든 것을 하나의 동일한 평면에 세우게 될 때, 모든 방향으로 접속가능한 평면에 세우게 될 때, '일관성의 평면'에 도달하게 된다. 가령 서양의 음악과 한국 음악, 터키 음악은 다른 분절구조를 갖지만(지층화), 서양 음악에 한국 음악의 리듬을 섞거나 터키 음악의 음계를 섞게 되면, 전혀 다른 음악적 배치가 출현하게 된다(탈지층화, 탈영토화). 여기서 좀더 나아가면 5개나 8개로 된 음계의 소리만이 아니라 모든 주파수의 소리가 음악적으로 사용될 수 있게 된다. 리듬 역시 마찬가지로 추상화될 수 있다. 이러한 변환은 음악적 추상기계의 작동이라고 명할 수 있다. 이것이 극한에 이르면, 주파수 변조를 통해 모든 음고와 음색을 구성할 수 있는 음향학적 평면에 이르게 된다. 음악에서의 '일관성의 평면'에 이른 셈이다. 물론 여기서도 더 나아갈 수 있는데, 예컨대 백남준이 시각적 영상마저 주파수로의 추상과 그것의 종합으로 밀고 나갔을 때(비디오 신디사이저), 그는 음악과 영상의 구별이 사라지는 추상을 수행함으로써 새로운 일관성의 평면에 도달한 것이다. 이를 들뢰즈·가타리는 이렇게 요약한다.

기계적 배치는 메타지층이다. 왜냐하면 그것은 또한 일관성의 평면과 접촉하고 있으며 필연적으로 추상기계를 실행시키기 때문이다. 추상기계는 각 지층에 감싸여진 채 존재하며, 그 에쿠메논 혹은 성분의 통일성을 정의한다. 그리고 추상기계는 일관성의 평면 위에서 전개되며, 그 탈지층화를 수행한다(플라노메논). 따라서 배치들이 지층이란 변수들을 그 통일의 기능에 따라 끼워맞출 때, 그것들은 또한 지층 외부에 존재하면서 추상기계의 특수한 실행을 유발한다. 기계적 배치들은 각 지층의 내용과 표현의 교차점에 위치하는 동시에, 모든 지층들과 일관성의 평면의 교차점에 위치한다. 그것들은 등대처럼 모든 방향으로 돌고 돈다.[141]

앞서 인용했던 문장에서 "일관성의 평면은 모든 다양체의 외부"라는 말은 이런 의미다. 지층화된 것을 그 외부에 의해 사고하기 위해 들뢰즈·가타리는 배치라는 개념을 사용했고, 외부와의 접속을 통해 지층화된 것이 변환됨을 표현하기 위해 '탈주선', '탈영토화'란 개념을 사용했다. 그리고 이처럼 '외부'가 갖는 변환능력을 일반화하여 '추상기계'라고 명명했고, 그것을 통해 모든 다양체, 모든 지층들의 절대적 외부로서 '일관성의 평면'이란 개념을 사용한다. 배치가 지층들에 대해 '상대적 외부'를 표현한다면, 일관성의 평면은 '절대적 외부'를 표현한다. 이는 외부라는 개념을 실질적으로 가동시키는 개념이다. 『천의 고원』의 거의 모든 '고원'이 배치와 일관성의 평면에 대한 얘기로 가득 찬 것은 이런 이유에서다.

---

141) 들뢰즈·가타리, 『천의 고원』 I권, 78쪽.

여기에 외부와 관련해서 약간 추가하자면, 먼저 배치와 관련해서 '기계'의 개념에 대해, 일관성의 구도와 관련해서 '기관 없는 신체'에 대해 말해 둘 필요가 있겠다. 들뢰즈와 가타리는 이항적으로 접속해서 어떤 흐름을 절단·채취하며 작동하는 모든 것을 기계라고 명명한다 (『안티 오이디푸스』). 기계 역시 접속하는 항과 절단·채취하는 흐름이 달라지면 다른 기계가 된다. 입은 식도와 접속하여 영양소의 흐름을 절단·채취할 때 '먹는 기계'가 된다. 반면 성대와 접속하여 소리의 흐름을 절단·채취하면 '말하는 기계'가 되고, 다른 입과 접속하여 리비도의 흐름의 절단·채취하면 사랑-기계가 된다. 물론 이러한 변환에는 식사의 배치, 대화의 배치, 사랑의 배치가 관여되어 있다. 배치가 달라지면 하나의 기계는 다른 기계가 된다. 기계라는 개념은 외부와의 접속에 의해 본성이 달라지는 다양체 자체를 표현하는 개념이다. 뒤집어 말하면 기계가 접속하는 항이 달라지면 기계도 달라지고 그것을 둘러싼 배치도 달라진다. 그래서 기계는 배치가 탈영토화되는 첨점이기도 하고, 다른 배치로 재영토화되는 지점이기도 하다. 하지만 외부가 존재한다는 사실만으로 이미 잠재적으로는 모든 방향으로 열린, 탈영토화를 항상 함축하는 지점이다. "기계는 언제나 하나의 배치, 하나의 영토를 개방하거나 폐쇄하는 특이한 열쇠다. 더욱이 주어진 영토적 배치 안에 기계를 관여시키는 것으로는 불충분하다. 그것은 표현 질료의 출현에, 다시 말해 이러한 배치의 구성에, 그리고 즉석에서 그것을 가공하는 탈영토화의 벡터에 이미 관여되어 있다." 따라서 "기계는 모든 배치를 범람하여 우주를 향한 개방을 산출할 수 있다."[142]

다음으로 기관 없는 신체. 이는 모든 지층, 모든 다양체의 소재가 되는 질료적인 흐름, 순수질료를 표현하는 개념이다. 음악이나 언어는 소리라는 질료를 지층화하여 구성된다. 기계적인 모든 것은 흔히 '물질'이라고 부르는 질료적 흐름을 지층화하여 구성된다. 이처럼 지층화되기 이전의 질료적 흐름 자체 역시 모든 지층의 외부에 있다. 이처럼 모든 지층 이전에 존재하는 질료적 상태, 특정한 양상으로 분절되거나 응집되어 어떤 다양체를 이루기 전의 상태를 '기관 없는 신체'라고 한다. 종종 기관들이 분화되어 만들어지기 이전의 '알'과 같은 상태로 표현되기도 한다. 이는 물론 추상적 사유를 통해 도달한 개념이지만,[142] 사실 앞서 말한 추상화 과정을 통해, 즉 추상기계의 탈지층화, 탈영토화 과정을 통해 도달할 수 있는 실질적 현실이기도 하다. 일관성의 평면은 모든 지층에서 벗어난 절대적 흐름 자체를 뜻한다는 점에서 기관 없는 신체와 통한다. "질료, 일관성(혹은 비일관성)의 평면의 순수질료는 지층의 외부에 있다."[144] 그렇기에 기관 없는 신체는 질료적 기원을 상기시키는 이론적 개념일 뿐 아니라, "어떻게 기관 없는 신체를 만들 것인가?"를 질문하고 탈지층화를 향해 밀고 나가야 할 실천적 개념이기도 하다. "기억anamnèse을 망각으로, 해석을 실험으로 대체하라. 당신의 기관 없는 신체를 찾고, 그것을 만들려고 하라."[145] 절대적 탈지층화의 벡터가 작동할 수 있는 것은 그것의 '바탕'이 이런 질료적 흐름이기 때문이다. 즉 그 벡터가 작동할 때마다 기관 없는 신체는 작동하고 있는 셈이다. 절대적 외부, 그것은 처음부터 끝까지 항상 작동하고 있는 것이다.

---

142) 들뢰즈·가타리, 『천의 고원』 II권, 113~114쪽.
143) "기관 없는 신체는 모든 것들을 제거해 버렸을 때도 남아 있는 것이다."(『천의 고원』 I권, 159쪽.) 여기서 우리는 블랑쇼의 존재 개념과 어떤 상관성을 느낄 수 있다.
144) 들뢰즈·가타리, 『천의 고원』 I권, 52쪽.
145) 같은 책, 158쪽.

요컨대 들뢰즈와 가타리의 『천의 고원』에서 외부의 개념은 이웃한 항이나 어떤 것이 기대고 있는 조건 내지 환경 같은 일상적인 관념에서, 지층을 변환시키는 상대적 탈영토화의 선, 그리고 그러한 변환 내지 추상의 극한으로 진행되는 절대적 탈영토화의 선과 그것을 통해 도달하게 되는 일관성의 평면, 순수질료로서 기관 없는 신체 모두를 포괄한다. 뒤집어 말하자면, 그들에게 외부라는 개념은 이 다양한 층위의 관념을 하나의 개념으로 모아주는 것이라고 해도 좋을 것이다.

2) 잠재성과 초험적 장

이러한 외부성의 사유는, 암묵적인 방식으로 들뢰즈의 이전 저작에서도 작동하고 있다. 그것은 무엇보다 잠재성, 아니 **잠재화**의 개념과 관련되어 있다. 좀더 좁혀서 말하면 블랑쇼에서 연원하는 '비인칭적 죽음'이, 혹은 니체의 영원회귀가 이와 결부되어 있다.

　『차이와 반복』에서 들뢰즈는 모든 것을 현행적인 것the actual과 잠재적인 것the virtual의 통일로서 이해한다. 통상적인 의미에서 잠재성 virtuality이란 아직 실현되지 않았지만, 조건만 되면 얼마든지 실현될 수 있는 어떤 것을 뜻한다. 가령 도토리는 현재 나무로 존재하지 않지만 땅에 심어서 적당한 조건을 제공하면 나무가 될 수 있다는 점에서 나무가 될 잠재성을 갖고 있다. 그래서 이 개념은 종종 '가능성'이란 말로 불리기도 한다. 아직은 아니지만 현실적으로 실현될 가능성이 있는 것이란 점에서. 그러나 들뢰즈는 가능성possibility이 현실이 아니라는 뜻에서 현실성과 대립하는 개념임에 반해, 잠재성이란 현실성의 일부임을 강조한다. 현실the real이란 현행적인 것the actual과 잠재적인 것the virtual이 식별불가능하게 뒤섞여 있는 것이다.[146] 가령 지금 들리는 피아노

소리를 어떤 음고를 갖는 '하나의 음'으로만 듣는 게 아니라 어떤 선율의 일부로 듣는 것은 지나간 소리의 기억이 그 소리에 결합되어 들리기 때문이다. 그리고 그 선율이 특별한 감응을 갖는다면, 필경 그것은 그와 결부된 과거의 어떤 경험이 기억의 창고에서 불려나와 그것과 만나기 때문이다. 다시 말해 내가 지금 듣고 있는 선율은 지금 누른 건반이 만드는 현행적인 것이 기억이라는 잠재성과, 혹은 그 선율이 과거의 어떤 기억과 결합된 것이다. 이런 식으로 기억이란 잠재성은 현실의 실질적인 일부다.

현실은 언제나 이 잠재성의 장 안에서 펼쳐진다. 하나의 소리는 기억이라는 잠재성의 장 안에서 선율이 되고, 그 선율은 그 장 안에서 '음악'이 된다. 입자의 운동은 미분방정식으로 표시되는 잠재성의 장 안에서 일어난다. 다시 말해 아무 일이나 일어나는 것은 아니다. 현실적인 사건이나 사태는 잠재성의 장 안에서 일어난다. 콩을 심어서 팥을 끄집어낼 순 없는 것이고, 양자함수를 벗어나서 입자가 운동할 순 없으며, 아무 소리나 음악이 되는 것은 아닌 것이다. 이런 의미에서 잠재성이란 경험적 사실이나 사건이 펼쳐지는 양상을 선규정하는 '초험적 transcendental[147] 조건'(혹은 선험적 조건)이다. 현실적인 것이란 이 초험

---

146) actual, virtual, real은 『차이와 반복』의 국역본에서는 각각 현실적, 잠재적, 실재적으로 번역되어 있는데, 나는 각각을 '현행적', '잠재적', '현실적'으로 번역한다. 우리가 사용하는 '현실'이라는 말의 어감이 중요하다고 보기에, actual은 단지 현실적인 것이 아니라 잠재적과 대비되는 의미에서 현행화된 것임을 분명히 할 필요가 있기에, 그리고 그 잠재적인 것과 현행적인 것이, 단지 '실재한다'는 의미에서가 아니라 우리가 현실이라고 부르는 것을 함께 구성한다는 점에서 real은 '현실적'이라고 번역할 것이다.

147) transcendental은 '경험적인'(empirical) 것과 대개념이기에 '경험을 넘어선'이란 의미에서 '초험적'이라고 번역하고, transcendent는 '내재적인'(immanent) 것과 대개념이기에 '초월적'이라고 번역할 것이다. 'a priori'는 경험에 선행하는 것이란 의미에서 '선험적'이라고 번역하겠다.

적 장 안에 있으며, 그 안에서 펼쳐진다. 잠재성이 가능성과 달리 현실성의 일부고, 미규정성이 아니라 규정가능성은 물론 완결된 규정성을 갖는다는[148] 말은 정확하게 이런 의미다.

미분적 관계로서, 특이성의 장으로서 잠재성은 초험적 장이다. 이를 들뢰즈는 '구조'라는 말로 표현한다. "구조는 잠재적인 것의 현실성이다."[149] 잠재성을 표현하는 '미분적 관계'를 그는 '이념'이라고도 명명하는데, 이 역시 '구조'를 뜻하는 것으로 정의된다. 여기서 '이념'이란 말은 흔히 말하는 '이념'과 상관없는 것이다. 가령 7개의 음을 특이점으로 갖는 음계(미분적 관계!)와 I도, V도, I도의 배열을 특이성(미분적 관계!)으로 갖는 조성은, 베토벤이나 모차르트의 이런저런 음악과 상관없이 서양 음악의 '구조'를 표현하며, 그런 구체적 음악을 하나로 모아주는 '일반성'을 갖는다는 의미에서 '이념'이라고 말할 수 있다.[150] 서양의 근대 음악가들이 작곡을 하기 위해선 누구도 피할 수 없었던 초험적 장이었다. "이념적인 다양체적 연관, 미분적 비율관계는 상이한 시공간적인 결합관계들 속에서 현행화되어야 하고, 동시에 그 미분적 관계의 요소들은 어떤 항들과 변이된 형식들 속에서 현행적으로 구현되어야 한다. 그래서 이념은 구조로 정의된다."[151] 가령 뉴클레오티드들의 '미분적 관계'로 정의되는 유전자배열은 개체화와 분화로 펼쳐지며 유기체로 현행화되는데, 이 과정에서 상이한 힘들이 작용하면서 실제로 펼쳐지는 양상이 달라질 수는 있지만, 유전자배열의 미분적 관계

---

148) 들뢰즈, 『차이와 반복』, 450쪽. 이념 혹은 잠재적인 것은 미규정성, 규정가능성, 완결된 규정이라는 세 개의 계기를 갖는다(같은 책, 399~400쪽).
149) 같은 책, 450쪽.
150) 이는 칸트의 용어를 차용, 변형시킨 것인데, 칸트에게 이념이란 구체적인 경험적 대상을 넘어 '일반화'하는 이성의 능력과 관련된 것이다.

라는 초험적 장 안에 제한되어 있다. 이런 의미에서 유전자배열은 유기체의 '구조'인 셈이다. 그러나 그것은 그런 유전자를 가진 개체라면 어디서나 현행화될 수 있는 것이란 점에서, 그리고 개체화 이전에 존재하는 유전적 특이성이란 점에서 '전개체적 특이성'이다. 서양 음악에서 음계나 조성도 그렇다.

그러나 이것만으로 그친다면, 잠재성은 과거에 사로잡힌 현재를, 기억에 사로잡힌 지각을, '구조'에 사로잡힌 현실을 지적하는 것에 그칠 것이다. 그것은 반복의 조건이지만, 그 반복의 양상을 바꾸는 근본적 차이의 생성을 사유할 수 없을 것이다. 이를 다루기 위해 그는 습관이라는 현행적 시간의 종합, 기억이라는 잠재적 시간의 종합에 이어 시간의 세번째 종합을 끌어들인다. 그것은 보르헤스의 '텅 빈 시간'이다. 보르헤스는 「바빌로니아의 복권」에서 추첨의 모든 단계에 우연을 개입시키게 되었을 때 발생하는 "우연들의 영원한 놀이"에 대해 말한 적이 있다. "사실 추첨의 횟수는 무한히 거듭될 수밖에 없게 됩니다. 그 어떤 결정도 마지막이 될 수 없고, 모든 곁가지 결정들은 다른 곁가지 결정들 속으로 뻗어 나가게 됩니다."[152] 또 「허버트 쾌인의 작품에 대한 연구」에서는 "시간적으로 거꾸로 되어 있고, 가지처럼 갈라지는 구조

---

151) 같은 책, 400쪽. 이는 이 시기의 들뢰즈가 '구조주의'의 영향 아래 있었음을 보여 주는 것이기도 하다. 이는 『의미의 논리』나 「구조주의를 어떻게 식별할 것인가?」에서도 마찬가지로 확인할 수 있는 것이다. "아마도 구조의 양태나 이론의 대상을 적합하게 가리킬 수 있는 말은 잠재성일 것이다…… 잠재성은 그에 고유한 하나의 이념성을…… 지니고 있다."(들뢰즈, 「구조주의를 어떻게 식별할 것인가?」, 『의미의 논리』, 531쪽) 물론 여기서 '구조주의'란 말에는 거리를 두는 따옴표가 필요한데, 그는 구조주의에서 미분적인 것, 특이적인 것, 계열적인 것을 배웠다고 말하지만(같은 책, 526쪽 이하), 어떤 경우에도 구조주의처럼 다양한 구조들에 공통된 어떤 '구조적 동형성'이나 '심층구조' 같은 것은 받아들이지 않는다.
152) 보르헤스, 『픽션들』, 황병하 옮김, 민음사, 1999, 111쪽.

를 가지고 있는 소설"을 쓰고자 했다. 이는 '시간의 정원'이라고 불러 마땅한 「끝없이 두 갈래로 갈라지는 길들이 있는 정원」에서도 동일하게 그려진다. "그는 시간의 무한한 연속들, 눈이 핑핑 돌 정도로 어지럽게 증식되는, 분산되고 평형을 이루는 시간들의 그물을 믿었던"[153] 것이다. 확고하다고 믿었던 현재와 과거를 유동화시키고 전혀 다른 것으로 만들어 버리는 무엇이 무한히 끼어드는 시간, 그래서 현행적인 것도 잠재적인 것도 모두 지우는 망각의 시간, 이를 그는 '텅 빈 시간'이라고 부른다.[154]

이는 니체의 '망각'과도, 프로이트의 죽음충동과도 결부되어 있다. 그러나 이 경우 '죽음충동'이나 '죽음'은 프로이트 생각과 달리 "생명체가 '되돌아갈' 어떤 무차별하고 무기적인 물질의 객관적 모델 안에서는 나타나지 않는다. 오히려 죽음은 생명체 안에 현전하며, 어떤 전형을 갖춘 주관적이고 분화된 경험으로 현전한다." 이는 "모든 물질을 전적으로 포기한 순수한 형식——시간의 텅 빈 형식——에 상응한다."[155] 이러한 죽음을 그는 블랑쇼를 따라 신체적 죽음, 개체적 죽음, 혹은 '나'라는 인격적/인칭적 죽음과 대비하여 '비인칭적 죽음'이라고 정의한다. 내 안에서 '나'라고 믿었던 어떤 누구의 죽음, 나의 자아를 구성하고 있는 어떤 누군가의 죽음, 그렇기에 단지 '나'만이 아니라 누구에게든 발생할 수 있는 죽음. "과거의 죽음도, 현재의 죽음도 아닌 항상 도래하고 있는 죽음". 그것은 "우리에게 텅 빈 시간을 열어 주는 역류"다. "이 죽음은 끈덕지게 항존하는 어떤 물음 안에서 다채롭고 끊

---

153) 보르헤스, 『픽션들』, 164쪽.
154) 들뢰즈, 『차이와 반복』, 252쪽.
155) 같은 책, 254쪽.

임없이 이어지는 어떤 모험의 원천이다."[156] 덧붙이는 게 아니라 지우고 죽는 이러한 세번째 종합의 형식을 통해 과거, 현재, 미래는 이 순수 형식 안에서 자유롭게 유희하게 되고 새로이 조직된다. 그것은 아직 오지 않은, 아직 온 적이 없는 것이란 의미에서 '미래'를 뜻하는 차이의 생성이다. 차이의 긍정으로서 영원회귀다.[157] 들뢰즈가 나중에 외부라고 지칭하게 될 것은 바로 이런 망각, 비인칭적 죽음을 뜻한다. 그것은 현행적인 것과 잠재적인 것 모두를 의문에 부치는 '물음'으로 온다.[158] "죽음은 안으로부터 의지되지만, 언제나 바깥으로부터 오고 수동적이고 우연한 어떤 다른 형태를 통해서 온다."[159]

3) 잠재성과 잠재화

방금 지적한 것처럼 '외부'는 현행적인 것도, 잠재적인 것도 모두 새로운 순환 속으로 몰아넣는 또 다른 시간 속에 있다. 그것은 현행적인 것과 잠재적인 것으로 만들어진 현실의 외부를 지칭한다. 그 현실에 닥쳐오는 우발적인 사건을, 새로이 끼어드는 어떤 사건을 지칭한다. 접속가능한 것 전체를 향해 열려 있는 지대, 접속을 통해 상이한 다양체, 상이한 기계가 될 수 있는 가능지대 전체가 바로 외부다. 따라서 '외부'란 어떤 것이 무언가로 될 수 있는 규정가능성 전체를, 그것이 무언가가 '될' 수 있는 잠재성의 장 전체를 뜻한다. 그것은 단지 가능성은 아니다. 왜냐하면 무언가가 접속됨에 따라 현행화될 수 있는 '가능성'이기

---

156) 같은 책, 254~57쪽.
157) 같은 책, 259~260쪽.
158) 같은 책, 424, 431쪽.
159) 같은 책, 548쪽.

때문이다. 가령 종이로 돌멩이를 자를 순 없기에, 그런 접속가능성은 제외되어야 한다. 이런 점에서 외부란 현실화될 수 있는 잠재성의 최대 치다. 그 최대치가 바로 모든 현행적 접속에서 탈영토화되어 순수한 접속가능성만 남는 것이다. 일관성의 평면이 바로 그것이다. 따라서 일관성의 평면은 잠재성의 평면이기도 하다. 접속가능한 외부 전체. 그것은 특정한 규정을 갖지 않는다. 다만 규정가능성을 원칙으로 하는 미규정성 상태의 순수 흐름일 뿐이다.

이처럼 현행적인 것에서 잠재적인 것으로의 '역류'를 '잠재화'라고 명명할 수 있을 것이다. 그것은 일단 잠재적인 것이 개체화되고 분화되어 현행화되는 것과 반대되는 것이라고 말할 수 있을 것이다. 그러나 **잠재화는 잠재적인 것으로 돌아가는 것이 아니다.** 그것은 잠재적인 것의 '완결된 규정성'을 넘어서 절대적 탈영토화의 선으로 나아가기 때문이다(따라서 현행화의 필름을 거꾸로 돌리는 게 아니라, 다른 종류의 선을 그린다). 그것은 잠재성의 평면에 이르게 되는데, 그것은 모든 규정성을 넘어서 있는 일관성의 평면과 동일한 것이다. 『철학이란 무엇인가』는 이를 명확하게 말해 준다. "우리가 만일 선을 거꾸로 거슬러 올라간다면, 즉 사물의 상태들로부터 잠재태로 소급해 간다면, 그것은 동일한 잠재태가 아니기 때문에 동일한 선이 아니다…… 잠재태는 이제 카오스의 잠재성이 아니라 일관된 잠재성, 즉 카오스를 재단하는 내재성의 평면 위에 형성된 본질이다."[160]

따라서 **잠재화는 잠재성을 초과한다.** 잠재화의 역류가 밀고 가는 역류는 애초의 잠재성을 초과하여 완결된 규정의 문턱마저 넘어 버린다는 것이다. 잠재성의 장, 그것은 잠재성의 평면을 뜻한다. 잠재성의 장은 잠재적인 것(잠재성)이 아니라 잠재화에 의해 규정된다고 해야 한다. 따라서 잠재성과 잠재화가, '잠재적인 것'과 '잠재성의 장'이 다른 외연을 갖는다는 것은 분명하다.

『차이와 반복』에서 들뢰즈는 잠재적인 것을 접속가능한 외부 전체로 정의하지 않는다. 그것은 '완결된 규정'을 갖고 현행적인 것을 규정하는 초험적 장으로서 규정된다. 즉 경험적인 지각이나 사건을 규정하는 특정한 지반이다. 이는 미분적 관계, 특이성의 장이라고 해도 달라지지 않는다. 잠재적인 것이 '구조'인 것은 이런 이유에서다. 반면 잠재화의 극한인 잠재성의 장, 또는 일관성의 평면은 완결된 규정을 갖지 않는다. 그것은 완결된 규정을 넘어서 미규정성으로까지 탈영토화를 밀고 나간 지점에서 출현한다. 그것이 '구성의 평면'인 것은 규정가능성을 갖기 때문이다. 그러나 아직 어떤 것을 구성한 것도 아니기에, 구성의 평면 역시 완결된 규정은 갖지 않는다.

그러나 잠재성에 대한 규정에서 나타나는 이러한 차이는 『차이와 반복』에서는 명확하게 의식되고 있지 않은 것 같다. 이유는 아마도 잠재적인 것이 미규정성에서 시작하기 때문일 것이다. 그래서 가령 서로 다른 강도들 사이에서 번쩍이는 번개에 선행하는 '어두운 전조'에 대해 말할 때, 그것은 마치 레비나스나 블랑쇼의 '어둠'을 연상하게 하는 것이란 점에서 미규정적 상태를 뜻하는 것처럼 보인다. 그러나 들뢰즈는 어두운 전조에 대해서도 "번개의 길을 전도된 방향에서 미리 규정한다"고 하면서 "모든 체계는 저마다 [다른] 어두운 전조를 포함하고 있다"고 말한다.[161] 이는 어두운 전조까지도 완결된 규정을 갖는 잠재

160) 들뢰즈·가타리, 『철학이란 무엇인가』, 이정임 외 옮김, 현대미학사, 1995, 223쪽.
161) 들뢰즈, 『차이와 반복』, 268쪽.

성의 개념 안에 있음을 명시하고 있는 것이다. 그러나 이럴 경우 완결된 규정을 넘어선 지점으로까지 잠재화되는 것은 어떻게 가능할까? '어두운 전조' 이전의 또 다른 어둠, 또 다른 심연을 상정해야 하는 것일까? 그러나 들뢰즈는 그렇게 하지 않는다. 그렇다면 망각이나 비인칭적 죽음은 어두운 전조 안에 있는 것일까? 그것은 완결된 규정을, 번개의 길을 선규정하는 그 전조를 지울 수 없는 것일까? 텅 빈 시간이 잠재성의 완결된 규정을 비울 수 없다면, '구조'로서의 잠재성을 비울수 없다면, 그것은 대체 무엇을 비울 수 있는 것일까? 그것은 '시간의 두번째 종합'을 넘어서지 못하는 것이다!

『차이와 반복』에서 들뢰즈의 주된 관심사는 자신이 말한 적 있듯이 '초험적 경험론'이라는 이율배반적인 사유의 가능성이다. 초월적 주체를 가정하는 칸트와 달리 그런 주체 없이 초험적 장을 현실적인 것 안에서 정의하는 것이다. 현실을 잠재성과 현행성의 통일로서 정의하려는 일관된 시도는 이런 맥락 속에 있다. 미분적 관계, 특이점의 분포로서 잠재적인 것이 강도적인 개체화를 거쳐 분화에 이르는 과정을 서술하는 것 역시 이런 맥락 안에 있다. 특히 개체화와 분화를 다루는 5장은 현행화의 과정를 다루고 있다. 그 과정의 요체는 이렇게 요약될 수 있다: 미분적 관계(전개체적 특이성)가 강도적 종합에 따라 '알'로 개체화되고, 그 알은 표면에 역할을 분배하는 극적인 역동성의 과정을 통해(드라마화) 하나의 유기체로 분화된다.[162]

반면 그 과정을 역전시키는 잠재화의 과정 없이 6장인 결론으로 넘어간다. "우리에게 텅 빈 시간을 열어 주는" 잠재화의 역류는 다루어지지 않는다. 따라서 이 책에서는 잠재화의 선이 잠재성 자체를 초과할 가능성은 사유되지 않는다. 그 경우 사실 우리는 물었어야 한다. 비인칭적 죽음이나 텅 빈 시간이 분화의 과정을 '역류' 하는 것은 어떻게 가능한가? 이듬해에 나온 『의미의 논리』에서 기관들에 대한 투쟁을, 유기체에 반하는 아르토의 투쟁을 주목했던 것은 이런 이유에서였을 것이다. 이것이 '기관 없는 신체' 라는 개념으로 이어진다는 것은 쉽게 짐작할 수 있을 것이다.

확실히 기관 없는 신체는 미분적 관계에서 강도적 개체화로, 그리고 분화로 진행되는 현행화의 선을 거슬러 올라가는 '역류' 의 벡터를, 그것의 도달지점을 표시한다. 그러나 여기서도 잠재성과 잠재화 간의 차이는 알과 기관 없는 신체의 차이로 이어진다. 기관 없는 신체를 만든다는 것은 현행화된 지층들, 유기체로 분화된 기관들을 탈지층화하는 것, 즉 절대적 탈영토화의 선을 그리는 것을 뜻한다. 그것은 현행적인 것에서 잠재적인 것으로 역류하는 잠재화의 선이다. 기관들로 분화되기 이전의 질료적 신체 그 자체, 그리하여 어떤 기관으로도 분화될 수 있는 모태가 기관 없는 신체다. 즉 기관 없는 신체는 기관들의 분화이전의 '알' 과 같은 상태를 뜻한다.[163] 순수잠재성으로서 탈지층화된

---

162) 사실 이 모델에는 개체화와 분화를 조건짓는 외부로서 환경에 대한 고려가 없다. 반면 외부의 개념이 중심적인 자리를 차지하는 『천의 고원』에서는 개체화와 분화 자체도 외부(환경)에 의해 규정한다. "결정체의 지층에서 무형의(amorphe) 환경 혹은 매개(milieu)는 결정이 형성되기 전의 배아(germe)에 외부적이다. 결정은 무형의 소재 덩어리들을 내부화하고 병합함으로써 구성된다. 역으로 결정 배아의 내부성은 체계의 외부로 이동해야 하며, 거기에서 무형의 매개는 결정화될 수 있다(다른 조직형식을 취하려는 성향). 이는 배아 그 자체가 외부로부터 오는 것이라는 데 이른다. 간단히 말하자면, 외부와 내부는 하나로서 지층에 대한 상이한 내재성이다." (『천의 고원』 I권, 56쪽.)

163) 『천의 고원』 I권, 161쪽. "기관 없는 신체는 하나의 알이다. 그 알에는 축선들과 역선들, 위도와 경도들, 측지선들이 가로지르고 있다. 그것은 이 특정한 벡터들을 따라 발전하는 주체의 이행, 생성 및 방향을 표시하는 그래디언트들에 의해 가로질러진다…… 거기에는 강도의 지대들·포텐셜들·역선들·그래디언트들밖에는 아무것도 없다." (Deleuze&Guattari, L'anti-oedipe, Minuit, 1972, p.26.)

질료로서 기관 없는 신체는 그 표면에 강도들이 새겨지기 이전의 순수 잠재성이다. "그것은 비지층화되고, 미형태화된 강도를 갖는 질료[물질이]요, 강도의 모태matrix며, 강도=0이다."[164] 다시 말해 이는 특정한 강도들의 분포가 발생하기 이전일 뿐 아니라, 그 강도들의 분포에 선행하는 전개체적 특이성이, 미분적인 잠재성이 새겨지기 이전이다.

그러나 『차이와 반복』에서 알은 개체로서 정의된다. 알이란 전개체적 특이성들에 의해 분배된 강도들의 분포를 포함하고 있다. 알은 강도적 개체화의 장이며, 그 자체로 이미 개체화의 문턱을 넘어서 있다. "배아야말로 개체들 중의 개체"다.[165] 물론 아직 분화가 진행되진 않았다는 점에서 여전히 잠재성의 바다에 잠겨 있다. 그러나 전개체적 특이성 자체가 이미 완결된 규정을 갖고 있을 뿐 아니라, 알은 거기서 현행화의 선을 따라 더 나아간 지점에 있다. 강도=0의 순수잠재성이 아니라, 특정한 강도의 분포를 갖는 특정화된 잠재성이다. 사실 거북이 알에서 제비가 나올 순 없는 것이다. 그러나 이미 본 것처럼 기관 없는 신체란 강도=0의 순수잠재성이 아닌가? 그렇다면 기관 없는 신체와 알 사이에는 근본적인 간극이 있는 게 아닌가?

사실 기관 없는 신체는 그 개념적 기원이 생물학적 알과는 다르다. 알과 달리 기관 없는 신체는 기관들이 분화되기 시작하는 출발점이 아니다. 또한 기관 없는 신체를 만든다는 것은 알로 돌아가는 것이 아니며, 유기체로부터의 탈지층화는 생물학적 퇴행이 아니다. 알은 미분적 잠재성에서 개체화를 거쳐 분화에 이르는 **현행화 과정의 한 통과점**이

---

164) 들뢰즈·가타리, 『천의 고원』 1권, 160쪽.
165) 들뢰즈, 『차이와 반복』, 531쪽.

다. 기관 없는 신체는 이미 기관화된 신체들로부터 절대적으로 탈지층화하는 **잠재화의 벡터가 갖는 극한**이다. 따라서 알은 이미 어떤 미분적 관계나 강도들의 분포를, 역선, 그래디언트를 갖지만, 기관 없는 신체는 강도=0의 순수잠재성이다. 그것은 모든 기관들의 외부고, 지층화된 신체의 **절대적 외부**다. 반면 알은 그런 절대적 외부가 아니다. 알은 완결된 규정에 더해 강도적 분포를 갖지만, 기관 없는 신체는 그것이 절대적인 것인 한, 강도적 분포는 물론 완결된 규정도 갖지 않는다. 따라서 잠재화는 현행화의 선을 반대방향으로 되돌리는 것이 아니다. 혹시 나란히 놓고 비교한다고 해도, 기관 없는 신체는 알을 초과한다. 이는 앞서 지적했던 잠재성과 잠재화의 차이에 상응한다.

4) 두 가지 잠재성

잠재성과 잠재화의 차이, 잠재성과 잠재성의 장 사이의 차이를 지적하는 것으로 충분할까? 어쩌면 그것은 두 가지 다른 잠재성 개념이 있음을 뜻하는 건 아닐까? 미분적 관계, 전개체적 특이성에 의해 초험적 장으로 정의되는 잠재성의 개념과, 외부적 접속가능성 전체를 통해 정의되는 잠재성의 개념이 있다고 해야 하는 건 아닐까? 들뢰즈가 비인칭적 죽음이나 망각, 텅 빈 시간이란 말로 반복 안에 되돌아오는 차이를 사유하고자 했을 때, 그에 부합하는 것은 전자보다는 차라리 후자라고 해야 하지 않을까? 후자가 『천의 고원』에서 사용되는 '외부'의 개념과 상응한다는 것은 다시 말하지 않아도 좋을 것이다. 우리는 그러한 잠재성의 개념, '외부'의 개념과 연결되는 잠재성의 개념은 '사건'이라는 개념을 발전시킨 『의미의 논리』에서, 역시 모호함을 안은 채, 제시되었다고 생각한다.

『차이와 반복』이 '신체적' 차원에서 잠재성의 문제를 다루었다면, 그 책은 신체의 표면에서, 다시 말해 신체적인 것의 만남에서 발생하는 '표면효과'를 다룬다. 신체적인 것들이 만나며 하나의 계열을 이룰 때, 하나의 사실은 사건이 된다. 그리고 그 계열화 양상이 달라질 때마다 하나의 동일한 사물이나 사실조차 다른 의미를 갖는 다른 사건이 된다. 가령 동일한 달걀이 어떤 이웃들과 만나 어떤 계열 속에 들어가는가에 따라 '후라이'가 되기도 하고 모욕을 주는 항의 표시가 되기도 한다. 이는 알로서 달걀에 포함된 미분적 관계와 별다른 관계가 없는, 오직 이웃항들의 접속효과에 의해 만들어지는 '표면효과'의 차이들이다. 붉은 깃발을 때론 응원깃발로, 때론 교통신호로, 때론 적기로 만드는 것은 깃발의 물리적 특성이나 그것을 만드는 특이성의 분포와 아무 상관이 없다.

그러나 이러한 사건들은 모두 우발적인 접속을 통해 만들어지는 '현행적' 사건이다(이는 경험적 차원에서의 '사고' accident라고 명명된다). 여기서도 그가 관심이 있는 것은 이러한 사건의 영역에서 초험적 장을 어떻게 사유할 수 있을까 하는 것이다. 그것은 사건들의 반복을 사유하는 문제와 결부되어 있다. 이를 그는 '이념적 사건'이라는 말로 개념화한다. 여기서 '이념적'이라는 말이 『차이와 반복』에서 잠재성으로서의 미분적 관계를 표시하는 말과 동일한 의미로 사용되고 있음은 분명하다.[166] 특이점들의 집합 내지 분포를 통해 개별적이고 경험적인 사건의 차원을 넘어 반복가능한 사건들의 집합을 다룰 수 있게 될 때, 그것을 '이념적 사건'이라고 정의한다. 그것이 상이한 사건들을 개념적으로 다룰 수 있게 해주는 '특이성'이다.[167] 가령 포의 소설 『도둑맞은 편지』에서는 눈이 있으나 보지 못하는 자와 그를 속이는 자, 두 사람의 실패를 알아채고 진정으로 숨기는 법을 아는 자의 계열이 두 번 등장한다. 한번은 왕-왕비-장관으로, 또 한번은 경찰-장관-뒤팽으로. 구체적인 인물은 달라도, 동일한 특이점의 분포를 갖는 이 계열들이 이처럼 반복될 때, 이를 '이념적 사건'이라고 정의한다. 이를 『차이와 반복』에서처럼 '구조'라고 간주한다. 물론 구조주의자와 달리 이러한 계열의 반복 안에서도 차이를 지적하지만. 이념적 사건은 현행적인 사건과 구별하여 일종의 '잠재적 사건'으로 간주할 수 있다. 이념적 사건과 경험적 사건을 잠재성과 현행성에 대응시키는 이러한 개념적 틀은 『차이와 반복』에서 잠재성과 현행성의 그것과 분명 동형적이다. 여기서 들뢰즈의 일차적 관심사가 '이념적 사건'을 정의하는 것, 즉 잠재성의 차원에서 사건을 사유하는 것임은 물론이다.

그럼에도 불구하고 사건의 철학은 현행적인 차원에서 뜻밖의 돌발을 '사건'이란 개념으로 다룰 수 있음을 함축하고 있다. 신체적 내지 물리적 요소의 아무런 변화 없이, 그것을 계열화하는 양상을 달리함으로써 전혀 다른 의미를 갖는 다른 사물로 만들어 버릴 수 있는 것이다. 가령 채플린은 교통신호로 사용되던 붉은 깃발이 전혀 뜻밖의 우발적인 접속을 통해 졸지에 '적기'가 되는 사건을 연출해서 보여 준 바 있다. 이처럼 양식이나 통념에 반하기에 통상적인 의미를 붕괴시켜 무의미로 돌려 버리는, 그리하여 의미 자체에 대해 근본에서 다시 생각하게 만드는 이런 계열화를 들뢰즈는 '역설' paradox이라고 정의한다.[168] 그것

---

166) 국역본에서는 '탈물질적'이라고 번역되어 있어서 알아채기 어렵다(들뢰즈, 『의미의 논리』, 이정우 옮김, 한길사, 1999).
167) 들뢰즈, 『의미의 논리』, 121~122쪽.
168) 같은 책, 155~156쪽.

은 현행적이지만 잠재성의 장 자체를 교란시키고 뒤흔드는 사건이다. 이를 좀더 확장해서 생각해 본다면, 역설이라는 극한적인 형태를 취하는 것만이 아니라도, 뜻하지 않은 돌발적인 접속으로 초험적 장 내지 구조를 뒤흔드는 '사건'이 가능함을 이해할 수 있다. 여기서 우리는 모든 '사실'이나 '사건'이 현행적인 돌발적 접속에 열려 있다는 사실만으로, '이념적 사건'을 초과할 수 있음을, 초험적 장을 초과할 가능성이 있음을 지적하고 싶다.

여기서도 우리는 앞서와 마찬가지로 말해야 한다. 잠재적인 층위의 '이념적 사건'이 초험적 장 내지 '구조'로 정의될 수 있다고 하면, 그와 달리 현행적이고 우발적인 돌발, 혹은 우연적 접속에 열려 있다는 사실 자체가 초험적 장을 벗어나는 변이의 선을 그릴 수 있는 지대를 형성한다고. 전자가 초험적 장으로서의 잠재성이란 의미에서 '초험적 잠재성'이라고 명명될 수 있다면, 후자는 사건 자체가 포함하는 잠재성이란 의미에서 '사건적 잠재성'이라고 명명할 수 있을 것이다.[169] 이 두 개의 잠재성 개념은 반대 방향의 벡터를, 반대되는 기능을 함축하고 있는 것 같다. 전자가 '구조'의 벡터를 함축하고 있다면, 후자는 그것을 거스르는 역류의 벡터를 함축하고 있으며, 전자가 초험적 장을 형성한다면, 후자는 그 초험적 장에서 벗어나거나 그것을 전복하는 벡터를 함축하고 있다고 해야 한다.

여기서 뜻하지 않은 것으로서의 '외부'라는 개념에 부합하는 것이 사건적 잠재성의 개념임은 분명하다. 상대적 탈영토화는 물론 절대적 탈영토화를 가동시켜 '절대적 외부'로서 일관성의 평면에, 잠재성의 평면에 도달하는 것 역시 이것이다. 사건적 잠재성 개념을 통해서 우리는 잠재화와 잠재성이 다시 포개질 수 있음을 짐작할 수 있다. 따라서 잠재화의 우위성 속에서 잠재성을 정의하고자 한다면, 초험적 잠재성의 개념이 아니라 사건적 잠재성의 개념을 따라 나아가야 한다. 이 경우 접속가능성의 최대치로서 잠재성은 잠재성의 장과 동일한 외연을 갖게 될 것이다.

들뢰즈에게서 '외부'로서 잠재성을 정의하려면 그것은 초험적 장이 아니라 차라리 모든 방향으로 열린 접속가능성에, 혹은 접속가능한 모든 '외부'를 통해 이루어져야 한다. 현행화된 접속과 다른 접속가능성, 그러나 이념적 사건의 범위를 쉽게 초과하는 돌발적 접속의 가능성에서. 우리는 『철학이란 무엇인가』Qu'est-ce que la philosophie에서의 다음 문장을 이런 의미로 다시 이해하고 싶다. "사건은 사물의 상태나 신체

---

169) 이런 점에서 우리는 가타리와의 접속 이후의 들뢰즈에 대해서 『의미의 논리』에서의 들뢰즈를 부각시키고자 하는 지젝의 시도(지젝, 『신체 없는 기관』, 김지훈 외 옮김, 도서출판 b, 2006)와 반대되는 방향으로 가야 한다고 생각한다. 하지만 그 책에서 지젝이 자신의 의도대로 『안티 오이디푸스』의 들뢰즈와 『의미의 논리』의 들뢰즈를 식별하여 라캉적으로 해석하고 있는지는 의문이다. 단지 생산의 논리와 의미의 논리를 대비시키고, 정치적 저작과 비정치적 저작을 대립시키는 것 이상을 보지 못했기 때문이다. 그러나 『안티 오이디푸스』에서의 '생산의 논리'는 강도적 개체화와 분화의 개념을 밀고 나간 『차이와 반복』에서의 작업에 기초를 두고 있는 것이다. 좀더 근본적인 곤혹은 이 책에서는 『천의 고원』이나 『안티 오이디푸스』는 물론 『의미의 논리』에서의 들뢰즈의 주장조차 거의 발견하기 어렵다는 점이다. 그나마 유일하게 내용이 있는 것은 잠재성에 대한 비판인데, 그것은 자신이 언급한 대로 바디우나 데란다의 책에서 읽은 것 이상이 아닌 듯하다(49쪽). 나머지는 모두 들뢰즈에 대한 소문을 듣고 떠오른 생각을 쓴 것처럼 보인다. 가령 욕망의 이론과 관련해서는 하드코어 포르노나 '주먹 삽입' 같은 것을 들뢰즈적인 예라고 말하는 것이나(346~347쪽), 좌파가 '열정의 정치'를 갖고 파시즘을 반격하기만 했어도 파시즘은 패퇴할 수 있었을 것이란 주장을 들뢰즈·가타리의 문제라고 지젝하는 것(360쪽)은 그 중 유난히 어이없는 사례라고 하겠지만, 결코 이것만은 아니다. 가장 진지한 태도를 보일 때조차, 이 책에서 들뢰즈에 대한 제대로 된 이해나 비판을 찾기는 정말 어렵다. 이 책을 진지하게 읽는다는 것은 들은 것을 말하는, 말 그대로 소문(oui-dire)의 논리를 재생산하는 것이 될 것이다. 대개의 소문이 그렇듯이 그 내용은 대부분 '허구'에 지나지 않는다. 그것으로 두꺼운 책을 한 권 쓸 정도로 과감한 것은, 그가 좋아하는 말대로 "진리는 허구의 구조를 갖고 있다"고, "거짓말 자체가 하나의 진실을 표현한다"고 믿기 때문일까? 그래서 우리도 "저 양반 벌거벗었다"고 말해선 안 되는 것일까?

혹은 체험 안에서 현행화되기는 하지만, 그러한 사건 자신의 현행화에서 끊임없이 빠져나가거나 보태지는, 그늘에 가려진 은밀한 구석을 지닌다……. 사건은 무한운동을 획득하고 거기에 일관성을 부여한다……. 그것은…… 내재성의 구도 상에서 견고해진, 혹은 실재화된 잠재태이다."[170]

요컨대 돌발적 사건이 구조로서의 초험적 장 안에, 완결된 규정을 갖는 잠재성 안에 있다고 한다면, 우리는 어떤 근본적 변이도 생각할 수 없게 된다. 반면 '접속'으로서, 접속을 통해 다가오는 '조건'과의 결합을 통해 뜻밖의 사건이 발생할 수 있다는 것은, 그 현행적 현실을 있는 그대로 무한한 잠재성의 장 속으로 밀어 넣는다. 무한한 잠재성, 그것은 모든 현행적 접속에서 분리되어 '중성화된', 그러나 그렇기에 가능한 모든 접속에 열려 있는 잠재적 사건 전체다. 『철학이란 무엇인가』의 다음 글들은 이런 의미의 잠재성을 표현하고 있다. "아무것도 일어나지 않는 시간, 이미 까마득히 지나가 버린 무한한 기다림, 기다림과 저장"으로서의 사이-시간이 있다. 그것은 뜻밖의 어떤 사건이 발생하기를 기다리는 시간이고, 창조적 생성을 향해 저장되는 시간이다. "사이-시간들이라는 구성요소와 사건들이라는 구성된 생성만을 지닐 뿐인 잠재성 안에서는 아무것도 일어나지 않는다. 거기에서는 아무것도 일어나지 않지만 모든 것이 생성된다."[171]

하지만 앞서 푸코의 이론에서 권력의 다이어그램에 대한 들뢰즈의 해석을 보면 초험적 장으로서의 잠재성을 외부라고 보는 생각을, 그

---

170) 들뢰즈·가타리, 『철학이란 무엇인가?』, 223쪽.
171) 같은 책, 226쪽.

글이 쓰여진 1984년에도 들뢰즈가 여전히 갖고 있었던 것으로 보인다. 1980년에 간행된 『천의 고원』에서는 '외부' 나 '탈영토화', '배치' 와 '기계' 등의 개념을 통해 사건적 잠재성 개념이 실질적으로 작동하고 있었다면, 잠재성이란 개념 자체에 대해서는 이전의 초험적 잠재성 개념에서 더 밀고나가지 않고 있었던 것 같다. 이런 점에서 들뢰즈는 여전히 두 가지 잠재성 개념 사이에서 동요하고 있었던 것이라고 해야 할지도 모른다. 그가 말년에 잠재성과 현행성의 관계에 대해 거듭 천착했던 것은 이 때문이 아닐까?

그가 출판한 마지막 글 「내재성: 생명…」이나 거의 마지막에 쓰여진 글 「현행적인 것과 잠재적인 것」에서 '내재성'을 통해 양자의 관계를 다시 사유하고자 했던 것은 이런 '동요'나 난점을 해결하기 위한 것이었다고 보인다. 현행적인 것을 규정하는 일종의 '구조'로서, 초험적 장으로서의 잠재성과 달리, 현행적인 것이 그 장으로 거슬러 올라가는 잠재화의 선 속에서, 그 잠재화에 의한 '장'의 변환가능성을 내재성이란 개념을 통해 또 하나의 잠재성 개념으로 담으려고 하는 것처럼 보이기 때문이다. 가령 「내재성: 생명…」의 마지막 문장에서 "잠재적인 것들을 현행화하며 초험적인 것을 초월적인 어떤 것(가령 '구조' 같은 것! —인용자)으로 변형시키는 가능한 형식들"과 대비하여 "초험적인 장의 내재성을 정의하는 잠재적인 것들" 사이에 커다란 차이가 있다고 하는 것이 그렇다.[172] 이 글에서 스피노자의 "실체와 양태들이 내재성 속에 있는 것"이라고 했던 것도 이런 이유에서였을 것이다. 실체마저 내재성의 장 속에 위치짓는 것(이에 대해선 뒤에서 다시 언급할 것이다).

---

172) 들뢰즈, 「내재성: 생명…」, 박정태 편역, 『들뢰즈가 만든 철학사』, 이학사, 2007, 517쪽.

사후에 발표된 「현행적인 것과 잠재적인 것」에서 "잠재적인 것과 현행적인 것 사이에 이루어지는 지속적인 교환"을 강조하면서 "이 지속적 교환이 내재성의 평면 위에 등장하는 결정체結晶體들을[173] 정의한다"고[174] 썼던 것은 정확하게 이러한 의미를 갖는다. 물론 잠재적인 것과 현행적인 것의 교환은 베르그손의 기억에 관한 이론이나 『차이와 반복』에서 '시간의 두번째 종합'에서도 다루어지는 것이지만, 그러한 순환이 초험적 장 안에서 이루어지고 그 안에 제약된다는 것이 이전의 입장이라면, 초험적 장 자체를 **내재성의 평면 위에서 결정화되는 것**으로 재정의하는 것이 여기서 새로이 강조되고 있는 것이다.

나아가 초험적 지속성과는 반대로, 하나의 방향을 가리키는 운동의 최소치를 표시하는 시간보다 더 작은 시간에 **그 방향을 변경시키면서 작동하는 '순간적인'** 잠재성이 현행화 속에서 현행적인 이미지와 식별불가능하게 뒤섞여 있음을 강조한다.[175] 따라서 이 글에서도 그는 두 가지 잠재성을 구별하면서 양자가 하나의 회로를 구성한다고 말한다. 하나는 "잠재성이 자신을 현행화하는 커다란 회로들 속에서 현행적인 것이 마치 자기와 다른 것인 양 잠재적인 것을 지칭하는 방식"이다. 이는 현행적인 것과 대비되는, 이전의 잠재성 개념이다. 다른 하나는 "잠재적인 것이 현행적인 것과 함께 결정화結晶化되는 가장 작은 회로들 속에서 현행적인 것이 마치 자기의 고유한 잠재적인 것을 가리키듯 잠재적인 것을 가리키는 방식"이다.[176] 현행적인 사건을 통해 현행적인 것

---

173) 이는 「내재성: 생명…」에서 '초월적인 것'이라고 말한 것인데, 그 글에서 들뢰즈는 그 것은 "언제나 내재성으로부터 비롯된 생산물"이라고 말한다(같은 책, 516쪽).
174) 들뢰즈, 「현행적인 것과 잠재적인 것」, 『들뢰즈가 만든 철학사』, 523쪽.
175) 같은 책, 524쪽.
176) 같은 책, 525쪽.

이 새로운 '기계'로 되는 양상을 통해 자신에 고유한 잠재성을, 즉 초험적 장과 다른 경로로 접속가능성 자체에 의해 자신의 고유한 잠재성을 드러내는 방식이 그것이다. 현행적인 사건들을 통해서 초험적 장에서 진행되는 '커다란' 현행화의 선에 거슬러, 현행적인 것이 그것의 '완결된 규정성'을 빗겨나거나 거스르며 마치 자신의 고유한 잠재성을 만들어내듯 형성하는 '순간적인' 잠재성의 벡터가 새로이 명시적으로 제시되고 있는 것이다. 우리는 이것이 '사건적 잠재성'의 개념으로서, 현행화의 커다란 선을 이미 그리고 있는 '초험적 잠재성'과 대비되어 구별되고 있는 것이라고 확신한다.

여기서 잠재성이나 외부의 개념을 내재성의 평면을 통해 사유하는 것이 중요하다는 것을 이해할 수 있을 것이다. 이제 이를 다루어야 한다.

8. 내재성, 외부에 의한 사유

1) 내재성과 초월성

"기관 없는 신체란 내재성의 장"이라는 말에서도 보이듯이, 잠재성 개념은 내재성immanence의 개념과 이어져 있다. 내재성의 장은 잠재성의 장이기도 하다. 그런 만큼 내재성은 연관된 개념에 따라 약간 다른 양상으로겠지만 외부의 개념과 결부되어 있다. 아니, 사실 내재성은 외부의 개념이 가장 적극적으로 작동하는 개념적 장의 이름이다. 이는 어쩌면 아주 기이하게 보일지도 모른다. '내재성'이란 말 그대로 '안에 있음'을 뜻하지 않는가? 그렇다면 그것은 외부라는 개념과는 정반대되는 것이라고 해야 하지 않는가? 그것이 타당하다면, 내재성이란 말을 그대로 사용하는 것은 부적절하지 않은가?

이를 이해하기 위해선 내재성이 '내부성' interiority과 전혀 다른 의미를 갖는다는 점에 유념해야 한다. 철학에서 내재성이란 무엇보다 '초월성' transcendence이란 개념과 대비되어 사용된다. 초월성이란 초월해 있는 것, 즉 초월자와 관련되어 있다. 초월해 있다는 것은 직접 주어져 있는 것을 초월해 있다는 것, 그것의 너머에 있다는 것이다. 나 자신을 포함해 현실 속에서 우리가 만나는 모든 것, 모든 존재자들을 넘어서 있는 것. 그 모든 존재자의 원인이지만 그 자신은 어떤 원인도 갖지 않는 것, 자신 이외에는 어떤 다른 것의 규정도 받지 않는 것(모든 규정을 초월해 있는 것), 그 모든 존재자를 관통하는 변화 내지 가변성을 넘어서 있는 불변의 실체. 모든 것을 설명하는 하나의 일자the One, 모든 것의 원인인 일자, 그것이 초월자다. 신이나 이데아, '부동의 시동자' 등이 그것이다. 단지 그것만은 아니다. 칸트가 진리를 근거짓기 위해 구체적인 경험을 넘어서 그 경험을 받아들이거나 분류하는 형식, 혹은 추론하는 형식으로 선험적 주체를 정의했을 때, 그리하여 인식을 가능하게 할 뿐 아니라 인식을 특정한 양상으로 규정하는 불변의 실체성을 주체에 부여했을 때, 그것 역시 또 하나의 초월자가 된다.

이런 점에서 내재성을 초험적 장에 '내재하는' 어떤 힘의 분포, 경험적인 사건이나 사태를 선규정하는 초험적 조건으로 이해해선 안 된다. 그것은 앞서 말했듯이 내재성이 아니라 내부성의 사유에 지나지 않는다. 그것은 내적 본성을 사물이나 존재자가 아니라 초험적 장으로 귀속시키는 것에 불과하기 때문이다. 잠재성이나 가능성이란 말로 내적 본성의 전개에 가변성의 폭을 확장한다고 해도, 그것이 초험적 장 자체를 변환시킬 수 없다면, 사태는 달라지지 않는다.

내재성의 사유는 초월성의 사유와 반대로 어떤 초월자도 상정하지 않고 사유하는 것이다. 초월자 없이 사유하는 것, 모든 것을 구체적인 관계 속에서, 서로 규정하고 서로 규정받는 관계 속에서 사유하는 것이고, 그러한 조건이나 관계의 변화에 따라 항상 변화하는 것으로 사유하는 것이다. 들뢰즈와 가타리가 『천의 고원』의 서론에서 모든 것이 귀착되는 하나의 중심으로서 '일자'를 뺀 것으로 자신들의 사유를 특징짓고, 거기에 '리좀'이란 이름을 부여했을 때, 그것으로 말하고자 했던 것이 바로 이것이었다.[177]

따라서 내재성이 작동하는 영역, 다시 말해 '내재성의 장'에는 외부가 없다. 왜냐하면 내재성의 장에서 벗어난 외부가 있다면, 그것은 내재성과 무관하게 불변하는 초월자일 것이기 때문이다. 내재성의 사유는 모든 것을 내재성의 장 '안에 있는' 것으로 본다. 그렇기에 '내재성'이란 이름을 갖게 된 것이다. 쉽게 말하자면, 내재성의 장에 외부가 없다는 말은 내재성을 넘어선 "초월자는 없다"는 말이고, 모든 것이 내재성의 안에 있다는 말은 "모든 것은 그것과 관계된 다른 것을 통해 규정된다"는 말이다. 그렇다면 내재성이란 외부 없는 사유가 아닌가? 그

---

177) 하지만 일자의 제거만으로 충분하지는 않다. 최초의 근거, 궁극적 근거를 제거한다는 것은 출발점이라고 해야 한다. 리좀에서 중요한 것은 중심의 제거를 뜻하는 −1이 아니라, 모든 것을 그것과 접속한 것과의 관계 속에서 파악하는 것이고, 이런 점에서 어떤 것을 다른 것과 관계짓는 접속사 'et'(…와…), 접속의 기호 +다(『천의 고원』 1권, 31쪽). 리좀의 첫번째 원리라고 명시하는 접속의 원리란 다른 말로 하면 외부성의 원리다. 이질적인 외부와의 접속에 의해 사유하는 것. 두번째 원리를 '이질성의 원리'라고 하는 것은 이런 이유에서다(같은 책, 11쪽).

렇지 않다. 내재성이란 어떤 것도 불변의 본성 같은 것은 없으며, 그것과 관계되어 있는 것, 관계되어 있는 양상에 따라, 다시 말해 그것의 외부에 따라 그 본성이 달라진다고 보는 것이란 점에서 모든 것을 외부에 의해 사유하는 것이다. 요컨대 "**내재성이란 외부에 의한 사유다.**"[178] 모든 것을 외부에 의해 사유하기에, 내재성의 장에는 외부가 없는 것이다.[179] 심지어 이는 내재성의 장 자체에 대해서도 마찬가지다. 내재성의 장 자체도 칸트의 선험적인 주체처럼 불변의 실체가 아니라, 그것을 실제로 구성하는 것들의 구체적인 양상에 따라 그 자체도 변화하는 것이다. 불가능한 것이긴 하지만, 가령 내재성의 장에 가시적인 형상을 부여할 수 있다면, 그 형상은 잠시도 그대로 있지 않고 끊임없이 변화하는 '천의 얼굴'을 가졌다고 해야 할 것이다. 이런 의미에서 들뢰즈는 그 자체가 양태들의 내재성의 장인 스피노자의 '실체'에 대해서조차, "실체와 양태들이 내재성 속에 있다"고 말한다.[180]

---

178) 이진경, 『노마디즘』 1권, 휴머니스트, 2002, 120쪽.
179) 이는 "이성에는 외부가 없다", "신에는 외부가 없다"는 말과 유사해 보일지도 모른다. 그러나 신에게 외부가 없다는 말은 모든 것이 신에게 귀속된다는 의미고, 신의 초월성을 표현하는 명제다. 이성의 외부가 없다는 말도, 주체의 외부가 없다는 말도 마찬가지다. 이성에 외부가 없다는 말은 모든 것은 이성에 의해 설명될 수 있다는 말이고, 이성에 초월자의 지위를 부여해 주는 말이다. 이성에서 벗어난 듯 보이는 것조차 '이성의 간교한 지혜'로 만들어 버리는 방식이 그 대표적인 사례다. 하나의 목적을 통해 모든 것을 설명하는 목적론의 경우, 어떤 것도 '결국은' 그 목적의 실현에 봉사하는 것이 되고 만다. 즉 목적론에는 외부가 없다. 모든 것은 '목적'이란 초월자 안에 있는 것이다. 스피노자가 『에티카』의 제1부 부록에서 집요할 정도로 길게 목적론을 비판했던 것은 이런 맥락에서 이해할 수 있을 것이다. 헤겔은 스피노자의 내재성의 사유를 이성의 운동 안에 끌어들이지만, 내재성이 이성이란 초월자 안에 포섭되는 한 그것은 초월적 사유의 탁월한 보충물이 될 뿐이다. 반대로 조금 뒤에 보듯이, 들뢰즈는 신/실체조차 내재성 아래 있음을 명시함으로써, 스피노자의 사유를 초월성의 사유로부터 확실하게 분리한다.
180) 들뢰즈, 「내재성: 생명…」, 『들뢰즈가 만든 철학사』, 511쪽.

2) 역사유물론: 외부에 의한 사유

외부에 의한 사유가 어떤 것인지를 가장 선명하게 보여 준 것은 맑스였다. 앞서 우리는 청년 맑스의 '소외론'이 내부화하는 메커니즘으로서의 헤겔적인 '외화'의 실패가능성을, 뜻밖의 결과로 귀착될 가능성을 보여 주는 것이었음을 지적한 바 있다. 그러나 그것은 인간의 본성을 가정한 위에서만 그럴 수 있었다는 점에서, 내부성의 사유의 안에서 그 한계를 보여 줄 수 있었다. 알튀세르 말마따나 '단절'이라고[181] 부를 만한 변화를 보여 주는 1845년 이후 맑스는 이러한 사유 대신에 '역사유물론'이라고 명명되는 새로운 사유방법에 도달한다. 이 역사유물론이 바로 "외부에 의한 사유"로 정의될 수 있는 새로운 사유방법이었다.[182]

맑스는 아주 간명한 명제로 이 새로운 사유방법의 요체를 정확하게 요약한다. "흑인은 흑인이다. 특정한 관계 속에서만 그는 노예가 된다." 이는 흑인에 관해서만은 아니다. "방적기는 방적기다. 특정한 관계 속에서만 그것은 자본이 된다. 이러한 관계들로부터 떼어내어졌을 때 그것은 자본이 아닌데, 이는 마치 금이 그 자체로서는 화폐가 아닌 것과 마찬가지다."[183]

특정한 관계에 들어간다는 것은 무엇인가? 이를테면 노예제나 자본주의적 생산관계 속에 들어가는 것을 뜻하는가? 그러나 노예제적 생산관계에 들어가면 노예제적 생산자가 되고, 자본주의적 관계에 들어가면 자본주의적 생산자가 된다는 말은 동어반복에 지나지 않는다.

---

181) 알튀세르, 『맑스를 위하여』, 이종영 옮김, 백의, 1997, 55쪽 이하.
182) 하지만 맑스의 사유에서 '외부' 개념은 그 이전에 헤겔과 대결하는 가운데 그 윤곽을 갖추어 간다. 맑스의 사유에서 외부 개념에 대한 자세한 논의는 이진경, 「외부에 의한 사유, 혹은 맑스의 유물론」, 『미-래의 맑스주의』, 그린비, 2006 참조.
183) 맑스, 「임금 노동과 자본」, 『맑스·엥겔스 저작선집』 1권, 박종철출판사, 1990, 555쪽.

'특정한 관계에 들어간다'는 말은 이미 존재하는 관계에 누군가가 들어간다는 말이 아니다. 관계란 누군가가 들어가거나 나오는 것과 무관하게 거기 존재하는 빈 방 같은 게 아니다. 어떤 관계 속에 들어간다는 말은 어떤 관계가 형성된다는 말이다. 따라서 다시 물어야 한다: 특정한 관계가 형성된다는 것은 무엇을 뜻하는가? 예를 들어 금은 세공사와 만나면 반지의 재료가 되지만, 치과의사와 만나면 보철물이 되고, 마야인들과 만나면 '신의 똥'이 되지만, 상인들이 들고 다니는 상품과 만나면 화폐가 된다. 흑인은 그가 다른 인간과, 그리고 토지와, 노동수단과 만나는 방식에 따라 때론 자유인이 되기도 하고, 때론 노예가, 때론 임노동자가 되기도 한다. 이처럼 어떤 것이 이웃하는 다른 항들과 결합되어 특정한 양상으로 작동하게 될 때, 우리는 그것들이 관계를 형성했다고, 관계 속에 들어갔다고 할 수 있다.

여기서 금이나 흑인의 불변의 본성 같은 것은 없다. 흑인의 어떤 내적 본성이 그를 노예로 만들고, 금의 어떤 내적 본성이 그것을 화폐로 만드는 게 아니다. 이웃하는 항들과 어떤 방식으로 결합되는가가 그것의 본성을 결정한다. 이런 점에서 본다면 흑인을 노예로 만드는 것은 흑인 자신이 아니라 흑인에게 총과 족쇄를 들이대고 접속하는 백인들이다. 흑인의 '노예적 본성'은 흑인 내부에 있는 어떤 것이 아니라, 그가 만나고 접속하는 이웃항들에, 백인과 총, 족쇄에 있는 것이다. 금을 화폐로 만드는 것은 금 자신이 아니라 그것과 접속하는 외부의 이웃항이다. 이런 점에서 사람도, 동물도, 금이나 돌도 불변의 본성, 내부적인 본성은 없다. 그것의 본성은 그때마다 만나는 이웃항들에 의해, 이웃항들과 결합되는 방식에 있다. 어떤 것에 특정한 규정성을 부여하는 것, 어떤 것의 본성을 규정하는 것은 그것과 접속되는 그것의 외부다.

물론 여기서 흑인을 노예로 만드는 관계는 유감스럽게도 한 흑인이 사람들을 만날 때마다 달라지지는 않는다. 그 특정한 관계는 흑인이라면 누구든 노예적 삶을 '반복'하게 만드는 강제력을 갖고 있다. 흑인만은 아닐 것이다. 총을 들이대고 잡아서 족쇄를 채울 수 있다면, 혹은 어떤 수단으로 위협하고 강제할 수 있다면, 얼굴이 붉은 '인디언'도, 얼굴이 누런 황인종도, 허연 얼굴의 여자도 노예로 바꾸어 버린다. 잠재성 개념과 유비적인 방식으로 말하자면, 이러한 관계는 특정한 사회에만 존재하는 게 아니라, 생산수단과 생산자, 생산수단 소유자가, 더불어 그와 결부된 다른 요인들이 특정한 '미분적 관계'를 구성한다면 어디에서나 현실화될 수 있다. 이는 '어떤 사람'이, 혹은 '어떤 사람'이든 동형적인 양상의 활동이나 삶을 반복하게 만드는 조건이다. 이렇게 말해도 좋다면, 각각의 개별적인 경험을 제한하고 규정하는 '초험적 장'이고 '구조'다. 이를 맑스는 "개인의 의지로부터 독립된 관계"라는 말로 표현한 바 있다.[184] 물론 이는 사람들의 관습이나 규범, 종교나 이데올로기 등의 구체적인 요인에 따라 아주 다른 양상으로 현행화될 수 있는 구조다. 한번 형성되고 나면 좀처럼 변하지 않는 구조.

　　그러나 그것이 잘 변하지 않는 것은, 그 관계의 선험적 안정성 같은 것 때문이 아니라, 그 관계를 유지하고자 하는 힘과 권력에 의해서다. 그 관계에서 발생하는 이득이나 그 관계에 길든 습속이나 관념, 혹은 그 관계에서 강제하는 규칙들에 의해서 작동하는 권력. 이런 점에서 초험적 장은 '지층화된 것'이고 권력이 행사되는 역사적 형성체for-mation다. 맑스가 사회를 하나의 형성체(사회구성체social formation)로 본

---

184) 맑스, 『정치경제학 비판을 위하여』, 「서문」, 김호균 옮김, 중원문화사, 1988, 7쪽.

것은 이런 관점에서 이해할 수 있을 것이다. 직접적인 권력이 행사되는 '정치'나 관계를 유지하는 법적 규칙들, 혹은 기존의 관계를 정당화하고 그것에 길들이는 '이데올로기'는 물론 그 관계에서 이득을 얻는 경제적 권력 자체가 모두 이러한 관계를 유지하고 재생산하는 권력을 작동시킨다. 물론 이 상이한 영역에서 작동하는 권력이 단일한 하나의 논리로, 하나의 이해관계로 환원될 수 있는 것은 아니라는 단서를 분명히 달아 두어야 할 것이다.

본성의 불변성, 실체적 본성 같은 관념은 이처럼 좀처럼 변하지 않는다는 이유로 인해 그 관계 속에 존재하는 것들의 규정에 부여되는 지위다. 가령 소유욕이 인간의 본성이라는 철학자나 경제학자의 주장을, 그 '본성'을 산출한 생산관계로, '구조'의 '불변성'으로 되돌려야 함을 빈번하게 지적한 바 있다.

이렇게 강력한 외적 강제력을, 강력한 지속성을 갖고 있음에도 불구하고, 주어진 생산관계가 모든 것을, 모든 관계를 포괄하거나 지배하지는 못한다. 법적인 관계도, 정치적 관계도, 이데올로기도 마찬가지다. 그 안에서 발생하는 뜻하지 않은 돌발적인 사건들은 종종 그토록 강력해 보이던 관계를 삽시간에 변환시켜 버린다. 기존의 관계를 비틀거나 변형시켜 버리는 무한한 돌발적 접속의 지대가 있는 것이다. 생산관계의 '외부'라고 불러도 좋을, 뜻하지 않은 외부적 요소들의 출현이나 발생, 접속의 광범위한 가능지대가. '초험적 장' 내지 '구조'조차 사실은 이러한 외부와의 접속이 만들어 낸 것이다. 다른 종류의 외부적 접속을 차단하거나 포섭하거나 무력화시키는 방식으로 배제적 지속성을 확보함으로써 '초월적 지위'를 차지한 것에 불과하다. 그러나 거기서 벗어나는 외부적 접속을, 뜻밖의 돌발적 사건을 배제하는 것은 애시

당초 불가능한 것이다. 그것이 '외부'라는 말의 또 하나의 근본적 의미이기 때문이다. 이런 점에서 '초험적 장', '구조'는 그 모든 시도에도 불구하고 외부에, 외부적 사건에 열려 있으며, 외부적 접속의 지대를 갖는다. 이를 우리는 앞서 '사건적 잠재성'이라고 명명한 바 있다. 잠재성의 장은 '구조'를 의미하는 '초험적 장'이 아니라, 이 외부적 접속의 지대에 의해, 사건적 잠재성에 의해 정의되어야 한다.[185]

이러한 외부적 지대를 확장하려는 시도들, 생산관계의 외부를 창안하려는 촉발의 시도들을 맑스는 '혁명'이라고 부른다. 그것은 초험적인 장 외부에 있는 것들이 초험적 장 안으로 밀고 들어가는 것이며, 그것을 통해 초험적 장의 특이성을 변환시키는 것이고, 기존의 관계로부터 탈영토화되는 선을 그리는 것이다. 대개는 그것이 다른 종류의 생산관계로 재영토화되는 상대적 탈영토화의 선이라고 하는 사실이, 그리고 그것이 종종 실패로 귀착될 수 있다고 하는 사실이, 그러한 탈영토화를 비난할 이유는 결코 되지 못한다. 새로운 접속을 향해 "자, 다시 한 번!" 하고 다시 시작하려는 사람에게, 그것은 또 하나의 출발점, 또 하나의 기회를 뜻하기 때문이다. 이미 우리는 맑스의 '영구혁명'이, 혹은 니체의 '영원회귀'가 이와 관련된 것임을 잘 알고 있지 않은가?

좀더 나아가자면, "아무도 배타적인 활동영역을 갖지 않으며……내가 하고 싶은 그대로 오늘은 이 일, 내일은 저 일을 하는 것, 아침에는 사냥을 하고 오후에는 낚시하고 저녁에는 소를 치며, 저녁 식사 후에는 비판을 하면서도, 사냥꾼으로도 어부로도 목동으로도 비판가로

185) 맑스는 이러한 외부의 개념으로도, 혹은 '사건적 잠재성'의 개념으로도 초험적 장의 개념이나 초험적 경험론이 가능함을 보여 준다고 말해도 좋지 않을까? 이것이 맑스와 들뢰즈가 만나는 철학적 지점이라고 말해도 좋지 않을까?

도 되지 않는"[186] 사회라는 맑스의 코뮨주의적 몽상을, 잠재화의 선을, 탈영토화하는 운동으로서 혁명을 일종의 절대적 극한으로 밀고 가려는 사유로 이해할 수도 있을 것이다. 다양한 현행적 활동으로 열려 있으면서도 어느 하나의 배타적 영토에 매이지 않는 것, 즉 모든 영토로부터 벗어나면서도 모든 영역의 활동에 열려 있는 이러한 상상은, 능력의 차원에서 절대적 탈영토성의 지대, 혹은 능력이나 활동의 외적 조건인 '생산관계'의 절대적 탈영토화의 지대를 향하고 있다고 해야 하지 않을까? 즉 이러한 몽상을 모든 종류의 활동, 모든 종류의 관계를 향해 열린 사회로, 모든 종류의 관계가 내재적인 방식으로 구성가능한 것으로 이해할 수 있다면, 생산과 결부된 사회적 관계에서도 일종의 '절대적 탈영토화'가 사유되어야 한다고 말해야 하지 않을까? 절대적 코뮨주의.

　이것이 모든 코뮨주의적 사유를 인도하는 실이었을 것이다. 이것이 모든 코뮨주의적 사유를 이끄는 실이 되어야 한다. 맑스의 이 '절대적 몽상'이 그의 이론적 사유 전체를 끌고 갔던 것처럼. 사실 자본주의적 관계에 의해 해체되고 은폐되어 비가시화되었지만, 생산이 언제나 공동체적 관계를 전제하고 있었음을 안다면, 이런저런 생산관계란 그러한 공동체적 생산, 공동체적 삶에 그려진 상이한 지대들, 높은 문턱을 갖는 특정한 관계임을 안다면, 들뢰즈 식으로 말해, 사회적 관계에서도 '기관 없는 신체를 어떻게 만들 것인가?'를 질문하는 것 역시 충분히 가능하다고 할 수 있을 것이다. 단, 그 질문에서 사회적 관계란 단지 인간만을 대상으로 하지는 않는다는 것, 동물이나 식물은 물론 사물

---

186) 맑스·엥겔스, 「독일 이데올로기」, 『맑스·엥겔스 저작선집』1권, 214쪽.

들과의 관계 전체를 어떻게 바꿀 것인가에 대한 질문이어야 한다는 것을 잊어선 안 된다.

　요컨대 맑스의 역사유물론이란 어떤 것을 그것이 만나고 접속하는 외부에 의해, 그것이 기대고 있는 외부에 의해 사유하는 것이란 점에서 '외부에 의한 사유'라고 말할 수 있다. 이는 어떤 것을 그 외부와의 내재적 관계**에 의해서**, '접속'에 의해 구성되는 관계들의 내재성 속에서 사유하는 것이기에 '내재성의 사유'라는 이름에 전적으로 부합한다. 역으로 맑스의 역사유물론은 **내재성이란 외부에 의한 사유**라는 것을 아주 명확하게 보여 준다고 말해도 좋을 것이다. 여기서 '역사'라는 말은 그 단어에서 흔히 떠올리는 구체적인 역사의 표상들을 지칭하지 않는다. 그것은 어떤 것의 본성을 그때마다 다르게 만드는 '외부성'의 다른 이름이다.

　여기서 맑스의 유물론이 '외부**에 대한** 사유'가 아니라 '외부**에 의한** 사유'임을 다시 강조할 필요가 있다. 외부에 대한 사유는 외부를 대상으로 하는 사유다. 오래된 전통적 관념 속에서 유물론이란 '물질'이라는 '외부'의 일차성을 인정하고, 그것에 대해 인식하는 것이 가능하다고 하는 입장을 뜻한다. 그래서 유물론은 '외부'인 물질에 대해 사유하고, 그것을 근거로 삼아 사물이나 사태의 본성을 파악하고자 한다. 그 본성은 주어진 사물의 내적 본성, 의식으로선 바꿀 수 없는 어떤 본성이라고 간주된다. 이러한 입장이 의식이나 관념이 뜻대로 할 수 없는 어떤 '외부'를 말하려는 것임은 앞서 지적한 바 있지만, 이러한 입장은 어느새 그 '외부적인 것'에 내적 실체성을 부여하는 '내부성의 사유'로 귀착되고 만다. 더구나 이러한 입장에서는 '외부'란 뜻하지 않은 것, 인식한 것을 벗어나는 것, 조건에 따라 근본적으로 달라질 수 있는 것임을, 다시 말해 '외부'가 갖는 근본적인 외부성을 이해하지 못한다. 유물론은 물질에 대한 사유가 아니라 물질조차 그 외부에 의해 사유하는 것이다. 그것은 어떤 물질적 '실체'로서의 내적 본성이 없으며 그것과 접속하는 외부에 의해 달라지는 '본성들'을 갖는다고 보는 것이다. 그리하여 지금 변함없이 확고해 보이는 것도, 불변의 본성처럼 보이는 것도 그것을 둘러싼 외부를 변화시킴으로써 달라지게 할 수 있다고 보는 것이다. 바로 이런 의미에서, 맑스가 역사유물론을 정식화하는 테제들의 마지막에 "중요한 것은 변화시키는 것이다!"es kommt aber darauf an, sie zu verändern!라고 썼던 것은, '외부에 의한 사유'가 혁명의 사유를 함축하고 있음을 보여 준다고 해야 하지 않을까?

3) 내재성: 실체와 양태

맑스가 외부에 의한 사유로 유물론을 정의하고 그것이 함축하는 것을 이론만이 아니라 실천적 방향에서 그 극한으로 밀고 나갔다면, 스피노자는 외부에 의한 사유를 무한성의 차원으로, 그리고 '내재성의 장'으로까지 밀고 나간다. 외부에 의한 사유의 절대적 극한까지. 스피노자 사유의 출발점이자 도달점인 실체와 양태의 개념에 대해 그는 대조적인 단어를 써서 아주 간명하게 정의한다. 실체란 "자기 자신 안에 있으며 자신에 의하여 생각되는 것"이다(『에티카』, 1부 정의 3); 양태란 "실체의 변용"인데 "다른 것 안에 있으면서 **다른 것에 의해** 생각되는 것"이다(1부 정의 5).

양태mode란 우리 자신을 포함하여, 우리가 아는 모든 것이다. 인간도, 인간이 보는 TV도, 배추도, 밥상에 오른 김치도, 그리고 TV에 나온 개도, 그 개를 보고 떠올린 '개'라는 관념도 모두 양태다. 양태는 다른 것에 의해 생각된다는 것은 무엇인가? 그것은 가령 인간은 그 자체로 존재하는 것도 아니고 그 자체만으로 규정될 수 있는 것도 아니라는 말이다. '인간이란 무엇인가'를 둘러싸고 항상 논란이 끊이지 않았지만, 16세기 유럽인들에 따르면 '인디언'은 인간인지 아닌지 모호했고, 흑인은 확실히 인간이 아니었다. 그래서 인디언을 동물처럼 노예로 부리는 것은 논쟁거리가 되었고, 흑인을 노예로 부리는 것은 논란의 여지가 없었다. 이 시기 인간이 무엇인가 하는 것은 이른바 '신대륙을 발견'한 백인들, 친구로 맞아준 '인디언'들을 광산으로 몰아넣거나 죽음으로 몰아넣을 수 있었던 무기들, 식민주의와 그것을 통해 부를 증식하고자 했던 유럽인들, 그리고 인간이란 무엇인가를 정할 지위를 그들이 독점하고 있었다는 사실 등등의 수많은 사실들 없이는 전혀 이해할 수 없다. 그런 조건들이 전혀 달라진 지금은 '인디언'이 인간임을 의심하는 사람은 없고 흑인이 인간이 아니라고 하는 사람은 미친 인종주의자 말고는 없을 것이다. 인간이란 이처럼 그것과 관련된 수많은 '다른 것들'과의 관계 속에 있는 것이고, '다른 것들'에 의해 생각되는 것이다. 이 '다른 것들'이 달라지면, '인간'이란 무엇인지도 실제로 달라지는 것이다.

따라서 양태란 다른 것에 의해 생각되는 것이란 말은 하나의 양태는 그와 다른 것들, 그의 '외부'에 의해 생각되는 것이라는 말이다. 양태의 본성은 '다른 것', 즉 외부에 의해 규정된다는 것이다. 어떤 것들과의 관계 속에서 어떤 방식mode으로 존재하는가가 모든 사물의 '본성'이라는 것이다. 이러한 사고방식이 맑스의 유물론에서 보았던 '외부에 의한 사유'와 동형적이라는 것은 길게 부연할 이유가 없을 것이다. 맑스가 "중요한 것은 '무엇을 생산하는가'가 아니라 '어떻게 생산하는가'다"라고 했을 때, 그러면서 생산양식mode of production, 생산의 양태!의 변화로서 역사를 이해하고자 했을 때, 이는 아주 명확하게 확인된다.[187)]

스피노자는 여기서 더 나아간다. 그는 이러한 외부를 '원인'이라 지칭하고, 이것이 원인들의 무한한 계열로 이루어진다는 것을 지적한다. 즉 각각의 사물은 다른 원인에 의하여 존재하고 작용하도록 규정되며, 이 원인도 또한 마찬가지로 다른 원인에 의하여 존재하고 작용하도록 규정된다. 이처럼 무한히 진행된다는 것이다(『에티카』 1부 정리 28). 한마디로 말하면, 하나의 사물은 그것을 존재하고 작용하게 해주는 무한한 계열의 원인들에 의존하고 있다는 것이다.

다음으로, '다른 것들'에 의한 양태의 규정과 나란히, 아니 그에 앞서 제시된 "양태란 실체의 변용affectio"이라는 정의는 내재성의 이해에 매우 중요하다. 양태와 실체는 별개로 존재하는 게 아니라, 실체가 양태화modification─양태로의 변환이란 의미에서 '변양 變樣이라고 번역된다된 것이다. 이는 양태란 바로 그것 자체로 실체이며, 실체가 특정한 '양상/양식' mode으로 존재하는 것임을 뜻한다. 역으로 실체는 양태로서 존재하며, 양태와 무관한 실체, 양태와 독립된 불변의 어떤 것이 아님을 뜻한다. 실체는 양태들의 집합 전체와 동일한 만큼의 무한히 다양한 얼굴을 갖고 존재한다. 따라서 스피노자가 사용하는 '실체'라는 말에는 어떤 조건에도 변하지 않는 어떤 성질 같은 것은 포함되어 있지 않다. 실체

---

187) 맑스·엥겔스, 「독일 이데올로기」, 『맑스·엥겔스 저작선집』 1권, 197쪽, 209~210쪽. 물론 맑스가 생산양식이나 노동방식, 생활방식 등에 대해 말하면서 직접 사용한 용어는 독일어인 'Weise'나 'Art'이지만, 이는 방식, 양식이란 의미에서 'mode'라는 말로 번역되어 사용된다.

는 양태들의 변화와 동일한 정도로 변화하는 존재인 것이다. 실체는 심지어 '신'이라고 불릴 때조차도 어떤 불변성도, 어떤 초월성도 갖지 않은, 다만 끊임없이 변화하는 양태로서 존재한다. 양태가 양태화된 실체, 양태로 변용된 실체라면, 실체란 실체화된 양태, 내재적 관계 속에서 끊임없이 변하는 양태 전체를 뜻한다. 즉 실체와 양태 전체는 동일한 외연을 갖는다. 즉 실체 바깥의 양태는 없고, 양태 바깥의 실체도 없다. 양태가 모든 존재하는 것(존재자)의 다른 이름임을 안다면, 존재하는 모든 것은 실체 안에 있다(1부 정리 15)는 것이 바로 이런 의미임을 아는 건 어렵지 않다. "실체의 외부에는 그 자체로 존재하는 어떤 것도 존재할 수 없다."(1부 정리 18 증명)[188] 즉 실체는 외부를 갖지 않는다는 것이다.

더불어 스피노자는 "실체는 자기 안에 존재하는 것들의 원인"(1부 정리 18 증명)임을 들어 "실체는 모든 것의 내재적 원인이지 초월적 원인이 아니다"(1부 정리 18)라고 말한다. 그런데 실체는 자기 안에 존재하는 것의 원인이란 명제의 의미를 좀더 부연할 필요가 있다. 왜냐하면 자칫하면 내재성이 '원인을 자기 안에 갖는 것'이란 의미로, 다시 말해 '내부성'으로 오해될 수 있기 때문이다. 여기서 실체는 "그 본성에 존

---

188) 원문은 '실체'가 아니라 '신'으로 되어 있지만, 알다시피 스피노자에게 신이란 실체와 동일한 것이다. 이해의 편의를 위해 계속 '실체'로 대체해서 사용할 것이다. 이는 사실 "신 바깥에는 어떤 실체도 없다"는 신학적 명제를, 신의 개념, 실체의 개념을 바꾸어 버림으로써 전혀 다른 명제로 변환시킨 것이다. 그래서 겉으로 보기엔 신학적인 명제, 초월성을 표현하는 명제지만, 실체를 양태 전체로, '자연'으로 정의하는 순간, 이 명제는 내재성을 표현하는 유물론적 명제가 된다. 헤겔은 이 스피노자의 명제에서 실체나 신을 '이성'으로 바꿔 씀으로써 모든 것을 이성 안에 담는다. 그러나 이성이 그 안에 담긴 것에 방향을 부여하거나(진보, 퇴보) 위계적 가치(발전의 정도)를 부여하는 어떤 척도를 담고 있는 한, 이 명제는 내재적 과정을 그 척도에, 이성이란 개념에 귀속시키고 만다. 내재성은 다시 초월성으로 변환된다.

재를 포함한다"(1부 정리 7)는 의미에서 '자기원인'이라는 것을 상기할 필요가 있다.

사실 스피노자의 우주에는 실체와 양태만이 존재한다. 그런데 양태는 그 자체가 실체의 변용이며, 실체의 무한히 다양한 표현방식, 존재방식이고, 실체와 다른 것이 아니다. 따라서 존재하는 것은 분할될수 없는 실체 하나뿐이다. 그렇지만 양태들이 무한히 다양한 양상을 취하며 존재하는데, 실체가 자기 안에 존재하는 모든 것의 원인이라는 말은 **이 양태들이 취하는 다양한 양상들의 원인**이라는 말이다. 그것이 실체 자신이기에, 여기서 원인은 '자기원인'인 것이다. 이는 존재자의 존재 이유를 찾아 아버지로 할아버지로 거슬러 올라가 최초의 인간, 그리고 그를 만든 최초의 원인에 도달하는 형이상학적 원인의 관념과[189] 근본적으로 다른 것이다. 스피노자의 실체가 자기원인인 것은, 양태이기도한 자신의 변용의 원인이다. 그런데 양태들의 변용의 이유를 우리는 앞서 다른 것(다른 양태)들의 무한한 계열임을 보았다. 따라서 '실체가 자기 안에 있는 모든 것의 원인'이라는 말은 다양한 양상을 취하는 **양태들 전체(이는 곧 실체인데)의 변용이 양태들 자신의 관계에 의해 이루어진다**는 말과 같은 말이다. 그것 이외에는 어떤 원인도 없다는 것을 말하기위해 그는 실체 외부에는 원인이 될 만한 어떤 것도 없음을 증명의 다른 한 축으로 덧붙인 것이다.

요컨대 내재성이란 다른 양태들에 의한 양태의 존재나 변용들만이, 전체로 넓혀서 말하면, 다른 양태들과의 관계 속에서 이루어지는

---

189) 여기서 신이나 최초의 원인은 누군가에 의해 만들어지지 않고 다른 모든 것을 만들어냈다는 의미에서, 즉 스스로가 자신의 존재의 원인이란 의미에서 '자기원인'이라고 한다.

양태들의 변용들만이 존재함을 뜻한다. 양태들의 변용은 다른 양태와의 관계 안에 있으며, 실체란 그러한 관계 전체를 포괄하는 변화의 장인 것이다. 이를 '내재성의 장'이라고 해도 좋을 것이다. 양태의 존재와 변용이 '외부에 의한 사유'를 통해 이해되어야 한다고 했을 때, 양태들 전체를 포괄하는 변용의 장으로서 내재성이란, 그 안에서 본다면 외부에 의한 양태들 상호간의 변용의 장에 다름 아니다. 내재성의 사유란 바로 외부에 의한 사유임을 이보다 명확하게 말하긴 어려울 것이다. 앞서 들뢰즈가 스피노자가 말하는 "실체와 양태의 관계 또한 내재성 안에 있다"고 했던 것은 이를 좀더 명료하게 해준다. 이 말은 실체와 양태를 포함하는 또 다른 장이 있다는 말이 아니다. 실체에는 어떤 외부도 없다. 실체는 양태와 다른 게 아니라, 양태화로서, 끊임없는 양태들의 변용으로서 존재한다. 따라서 그 말은 실체가 양태들의 변화에 따라 항상 다른 '얼굴', 다른 양상으로 존재한다는 말이고, 이런 점에서 실체조차 양태들의 변화에 대해 내재적임을, 양태들의 변화에 의해 변하는 것임을 뜻한다.

그렇지만 스피노자는 명시하지 않는가? 실체는 원인(작용인)일 뿐 아니라 양태들의 변용의 가장 가까운 원인이라고. 그런 점에서 실체와 양태가 같은 외연을 갖는다고 해도 '산출하는 자연'(능산적 자연)인 실체와 '산출되는 자연'(소산적 자연)인 양태 간에는 원인과 결과의 관계가 있는 것 아닌가? 그건 분명히 맞다. 그러나 여기서 우리는 다시 질문해야 한다. 실체가 창조주와 같은 의미의 원인이 아니라면(스피노자는 이를 처음부터 배제한다), 신이 양태의 가장 가까운 원인, 직접적 원인이라는 말은 무슨 뜻일까? 그것은 실체가 별도의 원인으로서 따로 있다는 말과는 아무 상관이 없다. 오히려 실체가 무한한 계열로 이어지는 연쇄 속에서 변용되는 양태들 전체임을 안다면, 실체가 양태의 원인이라는 말은 바로 무한히 이어지는 양태들 전체가, 양태의 연관 그 자체가 각각의 양태의 원인이라는 말임을 이해할 수 있을 것이다. 즉 각각의 양태의 직접적 작용인으로서 실체란 **각각의 양태를 변용시키는 데 관여한 무한한 양태적 원인들의 계열들 전체**를 뜻한다.

그리고 이런 의미에서 각각의 양태는 그것을 산출하는 데 관여한 모든 다른 양태들의 계열을 표현한다. 즉 각각의 양태를 산출하는 데 관여한 양태들의 계열 전체가, 다름 아닌 실체가 그 양태를 통해 표현되고 있는 것이다. 물론 양태들마다 다른 모습, 다른 양상으로. **각각의 양태는** 스피노자 말대로 '실체'의 변용인 것이고, 모든 양태는 실체인 것이다. 따라서 양태들 각각은 모두 다른 양상으로 실체를 표현하지만, 양태들 간에 어떠한 차별도 없이 '동등하다'고 할 수 있다. 인간이란 양태도, 혹은 생명체라는 양태도 다른 양태에 비해 특별한 지위를 갖지 않는다. 모든 양태는 실체로서, 신으로서 동등하다. 다만 다른 양상을 취하고 있다는 점만 다를 뿐이다.

이를 바꾸어 말하면, "각각의 양태는 자신을 산출한 외부 전체"임을 뜻한다. 여름날 나뭇가지에 매달린 복숭아 하나에는 그 나무가 뿌리박고 있는 대지가, 그 대지 속에 스며든 봄비가, 땅 속에서 유기물을 분해하며 살아가는 수많은 균류들이, 그리고 초여름의 햇빛이, 여름날의 온기가 들어 있고, 그 봄비에 실려온 바다의 물과 습기가, 습기를 머금은 구름이, 그 구름을 몰고 온 바람이, 그 바람을 만든 기압의 분포가, 혹은 바람과 부딪혀 비로 만든 저기 저 산이 들어 있고, 복숭아 밭에 뿌려진 비료가, 그 비료를 뿌린 인간의 손길이, 그 비료를 만든 비료공장의 노동자들이, 그 노동자들을 먹여 살린 쌀과 고등어가 들어 있다. 어디 이것뿐이랴! 이처럼 하나의 복숭아에는 그것을 산출하는 데 관련된 우주 전체가 들어 있다. 그 옆의 밭둑에 자라는 콩 하나에도, 그 옆을 지나가는 개에도 마찬가지다. 자연물만 이런 것은 아니다. 지금 내가 쓰고 있는 이 컴퓨터에도, 이 글을 쓰기 위해 펼쳐 놓은 『에티카』의 번역본에도 마찬가지로 그것을 만든 세계가, 우주 전체가 들어가 있다. 이런 의미에서 저 복숭아도, 저 콩도, 이 책도 모두 그 자체로 하나의 실체다. 각각이 다른 양상으로 우주 전체를 드러내고 있는 것이다. 그렇지만 동시에 실체는 그 각각을 포함하는 전체이기도 하다.

4) 내재성의 우주

각각의 양태에서 실체를, 양태들의 무한한 계열 전체를, 우주 전체를 보는 이런 발상이 좀더 명확하게 펼쳐진 것을 우리는 <화엄학>에서 발견할 수 있다. 의상이 쓴 「법성게」의 몇 구절만큼 이를 간결하고 명료하게 표현해 주는 글을 찾긴 어려울 듯하다.

一中一切多中一 일중일체다중일　一卽一切多卽一 일즉일체다즉일
一微塵中含十方 일미진중함시방　一切塵中亦如是 일체진중역여시
無量遠劫卽一念 무량원겁즉일념　一念卽是無量劫 일념즉시무량겁
九世十世互相卽 구세십세호상즉　仍不雜亂隔別成 잉불잡란격별성

하나 속에 일체가 있고 일체 속에 하나가 있으니, 하나가 곧 일체고 일체가 곧 하나로다.
먼지 하나에도 시방세계가 담겨 있고, 모든 먼지들 또한 그러하다.
한없이 먼 과거에 한 생각이 자리 잡고 있고, 한 생각 속에 무한한 과거가 자리 잡고 있다.

수많은 세계가 이처럼 서로 속에 자리 잡고 있으나, 서로 섞여 마구 엉킨 게 아니라 각각이 따로 세계를 이루고 있도다.

먼지 하나에서도 시방삼세의 우주를 보지만, 그렇듯 모든 것이 시방삼세를 모두 담고 있지만, 그 각각이 다른 양상으로 우주를, 세계를 표현하고 있다는, <화엄학>이라는 이름으로 불리는 이 장대한 스케일의 사유는 외부에 의한 사유가 절대적 극한에서 펼쳐진 것이다. 하나의 먼지, 하나의 사물을 만들어 낸 외부 전체가 그 먼지, 그 사물에 '내재되어' 있다는 것이다. 이는 **실체가 양태에 내재되어 있다**는 말로 바꾸어도 좋을 것이다. 모든 양태가 실체에 그때마다 다른 양상으로 내재하는 것처럼, 실체는 모든 양태에 **각각마다 다른 양상으로** 내재되어 있는 것이다. '내재적'이라는 말이 '안에 있음'을 뜻한다고 할 때, 그것이 뜻하는 것은 이런 의미에서다. 실체나 어떤 양태의 '내적' 본성과 무관하며, 내재적 관계 속에서 그때마다 다른 양상을 취하는 전체 속에서 각각의 양태를, 혹은 실체를 이해하는 것이고, 이런 점에서 외부에 의한 사유를 그 절대적 극한에서 표현한다.

약간 부연하면 이러한 화엄학적 '긍정'의 사유는, 근본적으로 어떤 것도 그것이 기대어 있는('연緣하여 있는') 조건, 다시 말해 연기적緣起的 조건에 의해 사유하고자 했던 붓다의 사유에 함축되어 있었던 것이다. 모든 것이 그렇게 연기적 조건이라고 불리는 '외부'에 기대어 있기에 그 조건이 달라지면 그 본성이, 존재가 달라진다고 본다는 점에서 '연기적 사유'는 '외부에 의한 사유'라고 말할 수 있다. 어떤 것도 정해진 본성, 자기만의 내적인 본성 ── '자성' 自性──은 없으며 오직 연기적 조건만이, 그 외부에 따라 달라지는 일시적인('현행적인') 규정만이 있을 뿐이라는 것이다. 그 현행적 규정이 주어진 것의 '본성'이지만, 외부와 무관한 불변의 본성은 없다는 점에서 모든 것은 '공'空이다. 이 '공성'은 어떠한 현행적 규정도 무상無常하다는 관념의 다른 표현이지만, 다른 식으로 말하면, 모든 규정성으로부터 절대적으로 탈영토화된 순수 잠재성을 뜻한다고도 할 것이다. 그러나 이 잠재성은 오직 미규정성과 규정가능성만을 가지며, 모든 규정성을 향해, 모든 외부를 향해 열려 있는 것이고, 그런 점에서 잠재화의 극한이다. 따라서 중관학이 '공'이라는 '절대적 부정'의 형식으로 표현했던 것은 화엄학이 '절대적 긍정'의 형식으로 표현했던 것과 정확하게 잇닿아 있다. 그것은 외부에 의한 사유, 내재성의 사유가 극한적인 방식으로 취하는 두 가지 다른 표현형식인 것이다. '공'이란 모든 규정성이 소멸된 절대적 탈영토화의 지점이고, 그런 한에서 모든 존재자가 동등하게 서는 하나의 평면(일관성의 평면)이며, 모든 외부를 향해 열린 규정가능성, 혹은 구성가능성의 최대치(구성의 평면)를 표시한다. 그것은 절대적 탈영토화에 의해 정의되는 잠재성의 장, 혹은 내재성의 장을 표시한다.

반면 모든 각각의 양태에서 그때마다의 실체를 보고, 각각의 사물에서 시방삼세의 우주를 보는 화엄학적 사유는 현행적인 조건 속에서 그 현실성을 절대적 극한으로 확장하여 포착한다. 여기서 어떤 것의 내부란 그때마다 그것의 존재에 관여하는 현행적인 외부 전체를 뜻한다. 그것은 하나로 연결된 외부적 원인의 무한한 계열의 총체이지만, 그 계열의 일부분만이라도 달라지면 전혀 다른 것으로, 전혀 다른 본성으로 변환되는 것이란 점에서 우연적인 사건 전체에 열려 있는, 무한한 사건적 잠재성의 지대를 포함하고 있다. "아무런 사건도 일어나지 않았지만, 그렇기에 모든 일이 일어날 수 있는 사건적인 기다림", 중관학에서

'공'이라 표현했던 그 순수잠재성을, 그 무한한 사건적 잠재성을 포함하고 있는 것이다. 모든 것이 우주적 스케일의 전체인 채로 공인 것이다. 역으로, 공이란 '텅 비어 있음'이나 존재자들이 갖고 있는 '구멍'이나 빈틈이 아니라, 그때마다의 존재자와 함께 하는 순수잠재성이다. 공이 '무'無가 아니라고 하는 것은 이런 의미에서다. 용수가 반복해서 강조하듯이, 공을 비어 있음으로, 아무것도 없음으로 간주하는 것은 '공' 자체를 실체화하는 것이다.[190] 공은 그때그때의 모든 현행적 규정과 함께 있는 잠재성이다.

절대적 잠재성으로서의 공이 현행하는 것 모두는 일시적이고 잠정적이며 무상하다고, 따라서 변화될 수밖에 없는 것이라고 가르친다면, 우리가 대면하는 현실적인 것 모두는 우주적인 스케일의 공조共助를 통해 산출된 것임을, 공조하려는 생각 없는('무주상' 無住相의) 공조의 산물임을 가르쳐 준다. 전자가 절대적 부정의 형식으로 존재의 동등성을 가르쳐 준다면, 후자는 절대적 긍정의 형식으로 존재의 동등성을 가르쳐 준다. 하나의 개체는 그 개체를 둘러싼 우주 전체의 공조의 산물이라는 '코뮨적' 사유, 그러한 사유의 절대적 극한을 화엄학적 '존재'의 개념에서 발견할 수 있다면, 어떠한 전체, 어떠한 공동체도 외부를 향해 열려 있어야 함을, 자신의 의지에 대해 외부적인(뜻대로 되지 않는, 뜻밖의) 그런 사건을 향해 열려 있어야 함을 중관학의 '공'에서 발견할 수 있지 않을까?

---

190) 용수, 『중론』, 김성철 옮김, 경서원, 1993, 410~411쪽. 이를 '실유공'(實有空)이라고 한다. 반면 공성의 실체성마저 부정하여, 공마저 공하다는 의미에서 '공공'(空空)이라고 하기도 한다(같은 책, 412쪽).

9. 결론: 유물론을 위하여

그리 길지 않은 글들을 통해 결코 짧지 않은 시기에 걸친 결코 만만하지 않은 사상가들을 '외부'라는 개념을 통해서 빠르게 일별했다. 이 여정을 우리는 사유에서 외부가 왜 문제가 되는지, 어떻게 문제가 되는지 간단하게 외부의 개념을 규정하면서 시작했다. 외부를 부정하려는 시도들이란 관점에서 데카르트와 칸트, 헤겔을 간단히 검토했고, 그에 반하여 내부성의 한계를 드러내려는 시도라는 관점에서 오래된 유물론들을, 맑스의 소외론과 물질성을 강조하는 전통적인 유물론을 다시 읽으려 했다. 지금 영향을 많이 미치는 사상가들이 대부분 외부의 문제를 중심에 두고 적극적으로 사유하려 하지만, 외부의 문제를 사유의 중심적인 주제로 만들었던 것은 내부적 세계, 익숙하고 친숙한 세계로서 고향의 상실이란 사태와 대결하고자 했던 하이데거였다. 그에게서 내부와 외부는 '공속성' 共屬性이란 말 아니곤 뭐라 말하기 어렵게 너무나 깊고 복잡하게 얽혀 있어서, 결코 간단히 다루기 어렵지만, 세계성의 문제를 다루든, 현존재의 실존/탈존이란 문제, 혹은 삶과 죽음의 문제를 다루든, 아니면 존재와 무의 관계를 다루든, 그의 사유가 전체적으로 '내부'를 향하고 있었다는 점은 분명한 것 같다.

레비나스와 블랑쇼가 중요한 것은 둘 다 모두 하이데거의 영향 아래 사유했지만 그와 대결하면서 사유의 방향을 '외부'로 돌려 놓았다는 점에 있을 것이다. 그렇지만 하이데거와 개념 하나에 이르기까지 대결하고 있었던 레비나스가 무언지 알 수도 없고 어찌해 볼 수도 없는 절대적 외부, 절대적 타자에서 다시 한번 방향을 틀어 주체성과 타자성의 '변증법적 종합'을 향해 나아간다면, 레비나스의 영향 아래 하이데 거와 만났을 블랑쇼는 절대적 외부를 향해 주저함 없이 곧장 나아간다. 이후 외부를 사유의 주제로 삼았던 사람들이, 모두 다른 방식으로이지 만, 대개는 블랑쇼에 어떤 식으로든 기대지 않을 수 없었던 것은 이런 이유에서였을 것이다. 그러나 역설적이게도 하이데거와 반대 방향으 로 곧장 나아간 블랑쇼가 가장 가까이 접근했던 것은 하이데거였다. 그 가 좋아했던 카프카의 소설 속에서 재판소의 반대 방향으로 갔던 K가 티토렐리의 집 뒷문을 열며 재판소와 다시 만나게 되었던 것처럼. 그러 나 그렇다고 블랑쇼가 역상으로 뒤집힌 하이데거가 아님은 분명하다. '무한한 연기'라는 티토렐리의 전략이 재판소의 심판과 대칭적 동형성 을 가질 수 없는 것처럼(그것은, 아주 닮아 있거나 아주 인접해 있는 경우 에조차 내재성이 초월성과 같을 수 없는 것과 같은 것이다).

다만 강조하고 싶은 것은 하이데거에게서 내부성이 외부성에 크 게 기대고 있는 것 이상으로, 블랑쇼에게 부정성은 사실상 삶에 대한, 존재에 대한 놀라운 긍정을 향해 있다는 점이다. 사물을, 존재자를 사 로잡고 있는 모든 규정성을, 그 강력한 힘을 무화하고 부정하지 않고선 결코 도달할 수 없는 '존재' 자체를 향해. 릴케의 말을 빌려 '사물의 구 원'이라고도 표현되었던 '사물과의 우정'은 우리가 사물에 대해, 아니 항상−이미 특정한 방식으로 사물과 관계 맺고 있는 인간에 대해, 인간 의 존재, 인간의 삶에 대해 근본에서 다시 사유하게 하는 데 매우 중요 하리라는 말을 덧붙이고 싶다. '사물'에 대해 말하면서도 '신'을, '대 지'를 담지 않은 것에 대해선, 어떤 사물도 사물로서 받아들일 수 없던 하이데거에 비하면, 블랑쇼의 릴케는 더욱 멀리 나아가 있다고 보인다. 인간이란 "마치 해변의 모래사장에 그려진 얼굴이 파도에 씻기듯 이내지워지게 되리라 장담"했던 푸코의 사유가[191] 여기에 이어져 있다고 해야 하지 않을까? 인간뿐만 아니라 그 인간의 입이나 항문, 세포에 이르기까지 모든 것을 '기계주의적 일원성' 속에 담고자 했던 들뢰즈·가타리의 시도는[192] 이러한 사유의 또 하나의 극한이라 할 것이다. 나는 그것이 새로이 사유가 시작되어야 할 출발점이라고 생각한다. 물론 이를 유치한 기계론적 통념으로 바꾸어 써놓고는 쉽사리 반박하려 하는 한, 외부 개념이 만들어 놓은 이 팽팽한 거리가 어느새 소멸되어Ent-fernung: '거리없앰' 친숙한 인간의 관념으로 되돌아가고 말겠지만 말이다.

푸코는 블랑쇼의 '외부의 사유'에 대해 말하고 그것의 영향 아래 이성의 외부로서 광기에 대해, 말하려는 순간 사라지는 그 절대적 침묵에 대해 쓰고자 하지만, 그것을 역사적 형태로 연구하고자 하는 한, 그것은 절대적 부정성이 아니라 차라리 근본적 이질성을 갖는 구체적인 타자의 형태로 나타난다. 그러나 그에게 타자란 레비나스처럼 어찌할 수 없는 수동성으로 다가오는 것, 주체 내지 동일자의 인식이나 의지에서 벗어난 것이라기보다는, 동일자에 의해 타자화된 결과다. 즉 동일자에게 닥쳐오는 수동적 외부가 아니라, 동일자가 능동적으로 만든 '외부'다. 따라서 그에게 타자의 문제는 권력의 문제고, 권력에 대한 저항의 문제다. 그 저항의 방식은 무엇보다 타자들의 목소리를 들리게 만드는 것이고, 동일자로 하여금 그 타자들과, 그 이질적인 세계와 부딪치고 대면하게 만드는 것이다. 그럼으로써 동일자가 발딛고 선 땅을 흔드

---

191) 푸코, 『말과 사물』, 440쪽. "인간과 신이 상호간에 속해 있는 지점, 즉 신의 죽음이 인간의 죽음과 동의어가 되며 초인에 대한 기대가 무엇보다도 인간의 죽음이 임박했다는 사실을 의미하는 지점…… 오늘날의 우리는 단지 인간의 소멸이 남긴 빈 공간 속에서만 사고할 수 있을 뿐이다."(같은 책, 390~391쪽)
192) 들뢰즈·가타리, 『천의 고원』 II권, 30쪽; 이진경, 『노마디즘』 2권, 184, 439쪽 참조.

는 것이고, 동일자에 강력한 균열을 만들어내는 것이다. 그 균열과 동요 속에서 동일자의 외부로, 타자들의 세계로 눈을 돌리게 만드는 것이다. 또 그런 만남을 통해 다른 사유, 다른 삶의 방식을 사유하게 하는 것이다.

들뢰즈 역시 블랑쇼의 영향을 크게 받았지만, '외부'가 명시적 개념으로 등장하는 것은 오히려 가타리와의 접속 이후였다. 어떤 것도 그것과 접속하는 외부, 그것을 조건짓는 환경에 의해 그 본성이 달라진다는 것, 그래서 신체적인 것이든 언어적인 것이든 외부를 자신의 내부로 포함하고 있다는 것, 그리고 그 외부를 통해 어떤 것도 현행적인 것에서 탈영토화되어 절대적 탈영토화의 선을 그리는 방향으로 사유해야 한다는 것, 그 절대적 탈영토화의 극한이란 사실 모든 방향의 규정가능성, 모든 양상으로의 구성가능성을 향해 열린 구성의 평면이기도 하다는 것이 그것이다. 이러한 외부의 개념은 분명 '기계'라는 가타리의 개념에 일차적으로 기인하는 것이겠지만, 들뢰즈 자신의 사유에서도 그러한 외부의 개념적 가능성은 이미 마련되어 있었다고 해야 할 것이다. 그것은 무엇보다 사건의 철학을 시도했던 『의미의 논리』에서 발견된다. 그러나 그 책은 사실 『차이와 반복』과 마찬가지로 초험적 장으로서 잠재성을 사유하려는 시도에 깊이 몰두해 있었다. 현실적인 것의 일부지만 현행적인 현실 바깥에 있는 것, 그러면서 그 현행적인 현실을 반복의 양상으로 산출하고 제약하는 '초험적 장'으로서 잠재성을. 반복을 차이의 다른 이름으로 정의하고, 반복에서 되돌아오는 차이를 주목한다는 점에서 결코 구조주의와 같을 순 없다고 해도, 그러한 잠재성의 개념이 일종의 준안정적 '구조'를 염두에 두고 있는 한, 구조주의의 영향 아래 있었음은 부정할 수 없을 것 같다. 그러나 여전히 반복을 산출하는 초험적 장으로서 '사건'을 규정하려는 문제의식이 전면에 있다고 해도, 사건의 개념은 초험적 장으로 귀속될 수 없는 돌발의 가능성을, 뜻하지 않은 계열화의 가능성을 담고 있다는 점에서 다른 종류의 외부의 개념을 포함하고 있다. 우리는 이러한 외부의 개념을 확장함으로써 역으로 다른 종류의 잠재성 개념에 이를 수 있음을 보여 주려 했다. 이 것이 바로 반복 속에서 되돌아오는 차이를, 잠재적인 것을 지우는 망각을, 과거와 현재를 새로운 순환 속에서 재가동시키는 텅 빈 시간을 사유하고자 했던 들뢰즈의 문제의식에 부합한다고 믿는다. 그리고 그것은 사실 『천의 고원』에서 이미 확연한 개념적 형태로 명시적으로 작동하고 있는 그것이기도 했다. 초험적 장이 잠재화의 벡터에 열리기 위해선, 절대적 탈영토화의 지대로까지 나아가기 위해선 이러한 외부의 개념이 결정적이다.

여기서 중요한 것은 외부**에 대해** 사유하는 게 아니라 모든 것을 외부**에 의해** 사유하는 것이다. 약간 도식적인 단순성의 느낌에도 불구하고 외부에 대한 사유, 혹은 외부의 사유와 대비하여 '외부에 의한 사유'가 외부의 개념과 관련된 또 하나의 중요한 사고방식이라고 말할 수 있을 것이다. 외부에 의한 사유, 그것은 어떤 것의 본성이, 외부라는 뜻하지 않은, 뜻대로 되지 않는 외부에 의해 규정된다는 사유의 방법이다. 여기서 외부는 구성적인 역할을 한다. 구성적 역할을 하는 것은 푸코가 말하는 이질적 타자만이 아니라, 만나고 접속할 수 있는 모든 것이다. 그 만남의 양상이 어떠한가에 따라 기존의 구성의 양상을 지속하고 유지하는 사건이 될 수도 있고, 반대로 뜻하지 않은 돌발이 되게 할 수도 있는 것이다.

우리는 '외부에 의한 사유'로 맑스의 유물론을, '역사유물론'을 재정의할 수 있다고 생각한다. 이런 방식으로 맑스는 외부성과 관련된 사유의 장에 다시 불려 나와야 한다고 믿는다. 스피노자의 사유 또한 이와 마찬가지라고 확신한다. 스피노자는 이러한 '외부에 의한 사유'가 '내재성의 사유'임을 보여 주었다는 점에서 특별한 의미를 갖는다. 역으로 말년의 들뢰즈는 이러한 내재성의 개념을 통해서 이전의 잠재성 개념에, 우리가 '사건적 잠재성'이라고 명명했던 또 하나의 잠재성 개념을 통합할 수 있었다. 중관학과 화엄학은 이러한 내재성의 사유, 외부에 의한 사유를 절대적 극한에서 우주적 스케일로 펼쳐 보여 준다.

이처럼 '외부에 의한 사유'는 맑스와 스피노자, 들뢰즈가 만나는 하나의 장을 형성한다. 그러나 그들이 거기에 참여하는 방식은, 참여하면서 들고 들어오는 것은 각각 다르다. 동시에 그렇게 참여함으로써 들고 나가는 것 또한 다를 것이다. 그 장 속에서, 그 장에서의 내재적 관계 속에서 그들은 외부인 다른 사람들에 의해 각각 변할 수밖에 없기 때문이다. 그들만은 아닐 것이다. 중관학이나 화엄학도, 푸코와 블랑쇼도, 혹은 앞서 다루지 못했지만 데리다도, 그리고 도래할 다른 사상가들 또한 이러한 장 속에 각자의 방식으로 참여할 것이며, 그럼으로써 내재적 변환의 과정에 들어가리라고 믿는다. 새로이 만들어지는 이 사상적 장에 어떤 특권적 인물도, 어떤 초월적 자리도 없다고 믿는다. 그런 점에서 '외부에 의한 사유'로 요약된 이 사유의 장 역시 '외부성'을 통해 가동되는 '내재성의 장'이라고 해야 할 것이다. 이 장에 나는 '유물론'이라는 이름을 붙이고 싶다. 혹은 '외부성의 유물론'이라고 불러도 좋을 것이다. 그리고 그것을 통해 '유물론'에, 이전의 모든 전통적 통념을 벗어나, 새로운 사유의 활기를 불어넣을 수 있으리라고 믿는다.

2부

———

정치철학에서 외부성의 문제

제2부_정치철학에서 외부성의 문제

이미 본 것처럼 외부와 내부라는 관념은 철학적일 때조차, 혹은 명시적인 형태를 취하지 않을 때조차, 항상-이미 실천적이고 정치적인, 혹은 윤리적인 함의를 갖고 작동한다. 어쩌면 외부의 관념이 실질적으로 문제가 되는 양상을 더욱 명확하게 보여 주는 것은 정치의 문제를 다루는 영역에서일지도 모른다. 정치의 문제를 철학적으로 사유하려는 시도 속에서 내부와 외부의 개념이, 혹은 내부와 외부를 사유하는 방식이 어떻게 현실적인 문제로 드러나는지를 좀더 확연하게 이해할 수 있을 것이다.

이하에서는 이와 관련해서 대조적인 입장을 갖는 사상가들의 정치철학을 통해서 이를 다루어 보고자 한다. 여기서 특히 문제가 되는 것은 아렌트의 정치철학이다. 이는 그것이 하나의 입장을 명확히 보여준다는 사실 이외에, 현대의 정치철학에 어떤 식으로든 지대한 영향을 미쳤고, 지금도 미치고 있다는 점 때문이다. 아렌트에 대한 논의가 상대적으로 길어진 것은 이런 이유에서다. 아감벤과 랑시에르는 한 사람은 아렌트에 매우 근접한 위치에서 그를 통해 사유한다는 점에서, 다른 한 사람은 그에 대한 비판을 통해 고유한 정치 개념을 정식화한다는 점에서 우리가 다루려는 주제를 명확히 대비하여 다룰 수 있게 해준다.

1. 폴리스의 정치학

1) 정치에서 내부와 외부

아렌트Hannah Arendt는 근대 정치 비판의 준거를, 자신의 스승인 하이데거가 철학에서 그랬던 것처럼, 고대 그리스에서 찾는다. 고대 그리스는 근본적으로 두 개의 영역으로 나뉘어 있었다. 공론 영역과 사적 영역, 폴리스(정치)의 영역과 오이코스(가정경제)의 영역, 공동세계에 연관된 영역과 생계유지에 연관된 영역. 집 내지 가정을 뜻하는 '오이코스'가 필요와 욕구라는 요인에 의해 규정되고 있었다면, 공공의 문제를 다루는 폴리스는 필연을 떠난 자유의 영역이었다. 가정이 여성과 노예, 아이들과 가장이 확고하게 구별되는 엄격한 불평등의 장소였다면, 폴리스는 오이코스를 갖지만 오이코스에 매이지 않은 '자유인' 들만이 들어갈 수 있었다는 점에서 평등의 장소였다.[1] 아렌트에 따르면, 고대 그리스에서 폴리스의 영역에 들어간다는 것은 "국사에 헌신하기 위해 가정을 떠나는 용기를 요구"했으며, "누구나 우선 자기 생명을 버릴 준비가 되어 있어야만" 했다. 생명과 생존에 매인 노예적인 삶zoe이 오이코스에서의 삶이라면 "아리스토텔레스가 '좋은 삶' bios이라고 부른" 그런

---

1) 아렌트, 『인간의 조건』, 이진우 외 옮김, 한길사, 1996, 80~84쪽.

삶의 영역이 폴리스다.[2] 그것은 생존이나 노동, 이해관계와 분리된, 정치적 삶의 순수 영역, 즉 '순수 정치'의 영역이다.

그러나 근대에 이르면 이 두 가지 구별이 사라지고 "사적인 영역도 아니고 공적 영역도 아닌 사회적 영역이 출현"하게 된다. 사적인 이해관계가 정치의 장을 지배하게 되었다는 점에서만 그런 게 아니라, '국민경제'니 '사회경제'니 하는 것이 아주 잘 보여 주듯이 정치적 장으로서의 국가가 오이코스에 속하는 경제 내지 살림살이의 문제를 중심적인 과제로 설정하게 되었다는 점에서 그렇다.[3]

노동에 대한 경멸이 노동에 대한 숭배로 바뀐 것 역시 이와 관련된다. 『인간의 조건』The Human Condition에서 아렌트는 노동과 작업, 행위를 구별한다. 노동은 "인간신체의 생물학적 과정에 상응하는 활동"이고, 작업은 "인간실존의 비자연적인 것에 상응하는 활동"이며, 행위는 "사물이나 물질의 매개 없이 인간 사이에서 직접적으로 수행되는 유일한 활동"이다.[4] 노동은 먹고사는 문제라는 점에서 생존의 필연에 매여 있으며, 따라서 오이코스에 고유한 것이고 '조에'에 속하는 활동이다. 작업은 기술/예술과 결부된 것으로 유한한 삶의 덧없음 속에서 살아남는 지속성을 부여할 수단을 제공한다. 행위는 정치적 조직체를 만들고 보존하는 활동으로, 역사의 형태로 기억되며 살아남는다.[5] 그리스적 세계에서 자유인이 선택할 수 있는 좋은 삶의 방식에서 노동이나 장인의 작업은 배제되었지만, 폴리스적 국사에 참여하는 것이나 영원한 것

---

2) 같은 책, 88~89쪽.
3) 같은 책, 80~81쪽.
4) 같은 책, 55~56쪽.
5) 같은 책, 57쪽.

의 탐구와 관조로서 철학자의 삶과 더불어 아름다운 것에 대한 관심은
포함되었다.[6] 즉 작업의 일부와 행위는 좋은 삶에 포함되는 것으로 찬
양되었지만, 노동은 전적으로 배제되었다. 그러나 근대에 이르러 오이
코스가 폴리스를 장악하면서 노동에 대한 찬양과 숭배가 이루어지게
되었다는 것이다. 따라서 아렌트가 노동에 대해, 노동의 찬양과 숭배로
서 맑스주의에 대해 비판하는 것은 근대 정치 비판과 동형적인 것이다.

이러한 아렌트의 논지가 지향하는 바는 분명하다. 정치를 경제적
인 것, 이해관계나 생존에 관한 것에서 분리하여 자유의 문제를 다루는
순수 정치의 영역으로 밀고 나가는 것, 공적인 영역을 사적인 영역에서
분리하여 확장하는 것. 즉 서구에서 '정치'라는 말의 기원이 되었던 고
대 그리스의 폴리스를 정치의 새로운 모델로 제안하는 것이다.[7] 이는
정치에서 비정치적인 것, 즉 정치-외적인 것을 배제하여 분리하는 것,
폴리스의 영역에 그 외부적인 것이 들어오지 못하게 제한하는 것을 뜻
한다. 오이코스는 순수 정치에 섞여선 안 될 것들을 가두어 둠으로써,
정치를 정치 내적인 것이 되게 만들어 주는 '외부'다.

내부와 외부의 경계를 확연하게 구별하고, 정치를 정치 내부만으
로 한정하는 것, 그것이 아렌트가 말하는 폴리스의 정치학의 요체다.
내부성의 정치학. 이는 이성의 활동을 인식주관 내부로 한정하려고 했

---

6) 아렌트, 『인간의 조건』, 61~62쪽.
7) 하이데거는 물론 니체마저도 부분적으로 공유하는 이러한 '기원'으로의 회귀는 서구의
   철학이나 정치학 등에 아주 흔하게 나타나는 것이어서, 우리마저 익숙해진 결과 당연시하
   고 있는 것이기도 하다. 그러나 버널(M. Bernal)은 이런 위대한 기원에 대한 관념이 19세
   기의 발명품이라는 것을 보여 줄 뿐 아니라, 그 기원이 처음부터 아프리카적 혈통을 갖는
   것이었음을 보여 준다(버널, 『블랙 아테나』, 오홍식 옮김, 소나무, 2006). 그것은 식민주의자
   가 자신의 우월함을 과시하기 위해 머나먼 과거를 끄집어내고 그것의 탁월성을 주장하는
   전형적인 '족보학'의 방법을 따르고 있다.

던 칸트와 뜻밖의 유사성을 보여 주는 것 같다. 그러나 칸트가 배제하고자 했던 외부란 사물 자체, 혹은 세계의 시작과 끝 같은, 이성으로선 해결할 수 없는 '형이상학적' 문제였다면, 아렌트가 배제하고자 했던 것은 먹고 사는 문제, 여성이나 아이, 노동이나 이해관계의 문제처럼 일상적으로 해결해야 할 '형이하학적' 문제였다는 점에서 두 사람은 다르다. 이런 것들을 잘라내면 정치의 내부에는 대체 무엇이 남을까 의문이긴 하지만 말이다. 또 하나 다른 것은, 칸트는 이성이 내부에서 외부로 나가려는 것을 '규제'하려고 했다면, 아렌트는 정치의 외부에서 정치 내부로 먹고 사는 문제가 들어오는 것을 막고자 했다는 것이다.

폴리스를 모델로 하는 이런 정치의 관념에 따르면, 정치란 자격 있는 사람만이 해야 하는 것이다. 생계문제나 사적인 문제를 떠나서 "국사를 논할 수 있는" 사람만이. 자격 없는 사람이 공적인 것을 논하는 자리에 와서 설치는 것이야말로 정치를 망치는 가장 중요한 요인이다. 따라서 아렌트가 보기에 고대 그리스의 폴리스에 여자나 노예, 아이들이 들어가지 못한 것은 당연한 것이다. 그들은 오이코스에 속하는 인물이고, 폴리스에 들어갈 자격이 없는 존재다. 정치의 외부자들인 것이다. 그들은 가장이 폴리스에서 정치에 전념할 수 있도록 오이코스에서 주어진 일을 열심히 하면 되는 것이다. 요컨대 폴리스에 속하는 사람이든, 오이코스에 속하는 사람이든, 각자는 자기에게 주어진 지위와 역할에 충실해야 한다는 것이다.

이런 정치의 개념을 통해 아렌트가 말하려는 것은, 적극적으로 생각해 보자면 정치가 이해관계를 관철시키거나 서로 다른 이해관계가 타협을 하는 장, 혹은 이해관계를 위해 이용하려는 장이 되어 버린 근대 정치에 대한 비판으로 이해할 수도 있을 것이다. 사실 사적인 이익을 확보하기 위해 정치를 이용하거나 정치적인 장에 직접 들어가는 것, 혹은 정치인에게 압력을 행사하는 것은, 우리가 아침에 신문을 펴는 것으로 언제든 충분히 확인할 수 있는 우리 세계의 실상 아닌가! '순수 정치'란 정치에서 경제적인 문제, 즉 이해관계를 추구하려는 시도를 배제하고, 정말 이해관계를 떠나서 '국사'를 논하자는 건전한 제안인 것이다. 물론 그것이 지금 가능한가는 다른 문제라고 해도, 그것이 근대 세계에 지배적인 정치의 관념에 대해 근본적으로 다시 사유하게 한다는 것은 분명하다.

그러나 아무리 적극적으로 해석해도, 이러한 '정치'의 관념이 '정치' 이전에 주어진 자리와 지위를 받아들이고 주어진 역할에 충실할 것을 요구한다는 점에서, 다시 말해 정치 이전에 주어진 분할과 관계를 보존하고 유지하려는 벡터에 의해 정의되고 있다는 점에서 글자 그대로 '보수적'임은 분명하다. 이는 역으로 주어진 것을 보존하고 유지하는 보수적 정치는 이미 주어진 분할에서 특정한 자리에 선 사람들을 사전에 배제하는 것임을 보여 준다. 선험적 배제.

근대 사회에서 아렌트가 이상으로 삼고 있는 정치는 삼중의 의미에서 선험적인 배제를 함축한다. 첫째는 특정한 문제의 배제다 : 그것은 착취와 수탈로 인해 먹고사는 문제가 근본적인 위협에 처한 노동자나 농민 등 인민의 먹고사는 문제를 정치적 장으로 갖고 들어오지 못하게 배제한다. 먹고사는 문제, 노동의 문제는 오이코스 안에서 해결되어야 한다는 것이다. 물론 오이코스 안에서 자본가와 알아서 해결하라는 것일 게다. 노동이나 먹고사는 문제를 공적인 영역으로 끌고 들어오지 말라는 것은, 그것을 공적인 문제로 만들지 말라는 것이고, 사적이고 개인적인 계약의 문제로서 해결하라는 것이다. 또한 그것은 필경 정치적 성격을 갖기 마련인 집단적 조직화에 의한 투쟁 또한 사전에 배제한다. 그것은 정의상 문제를 공공화할 것이 분명하고 정치에 이해관계의 문제를 밀어 넣을 것이 분명하기 때문이다. 둘째는 특정한 집단의 배제다 : 그것은 먹고사는 것에 매인 자들을 정치 자체로부터 배제한다. 그들은 애초부터 정치할 자격이 없는 존재인 것이고, 정치를 밑에서 받치는 경제를 꾸려야 하는 존재인 것이고, 노동이나 하고 살아야 하는 존재인 것이다. 셋째, 문제화의 가능성 자체의 배제다 : 그것은 그러한 자격의 유무를 의문에 부치는 것을, 그러한 조건을 바꾸려는 행위를 정치로부터 선험적으로 배제한다. 정치가 모든 문제, 모든 사람을 항상 포함할 순 없으며, 언제나 특정한 배제를 가동시킬 수밖에 없음을 '현실'이란 이름 아래 인정한다고 해도, 그러한 배제를 가동시키는 경계 자체를 문제화할 수 있다면, 정치는 배제된 자들에게도 가능성의 장으로 남아 있는 것이라고 할 수 있을 터이다. 그러나 문제화 가능성 자체가 배제된다면, 배제된 자들은 정치에 대해 어떤 가능성이나 희망을 가질 수 없다. 그 경우 정치란 배제와 억압의 장일 뿐이다. 즉 그러한 정치는 이미 배제된 문제와 배제된 자들에 대한 절대적 차단을, 외부적인 모든 것에 대한 절대적 봉쇄를 뜻하게 된다. 이는 세 가지 배제 가운데서도 가장 근본적인 배제라고 해야 할 것이다.

고대 그리스에서 '정치'란 무엇보다 먼저 폴리스에서의 활동 이전에 폴리스와 오이코스를 나누고, 여자와 아이·노예를 폴리스의 영역에 들어올 수 없도록 했던 것으로 시작했다고 해야 한다. 정치의 외부와 내부를 절대적으로 분할하고, 정치를 그 내부자들로만 제한하는 이러한 조건이야말로, 정치라는 게 있을 수 있다면 가장 먼저 문제 삼아야 할 것이었을 게다. 그러나 아렌트는 분할과 배제의 메커니즘이 가동시키는 가장 근본적인 정치를 보지 못한 채, 주어진 분할과 배제를 정치의 선험적 전제조건으로 가정한 채 그 안에서 정치를 사유한다. 자본가와 노동자를 분할하는 사적 소유라는 전제에 대해 전혀 묻지 않은채, 자본가는 경영을 하여 그 대가로 이윤을 가져가고, 노동자는 노동을 하여 그 대가로 임금을 받아가는 게 당연하다고 주장했던 근대 경제학자들처럼. 그들 역시 아렌트처럼 노동자가 경영이나 이윤의 영역에 관여하려는 것을 비난한다는 것은 잘 알려진 사실이다. 이런 점에서 아렌트의 정치 관념은 근본적인 출현의 지점으로 돌아가는 하이데거적인 사유방식이 결코 무언가를 근본적으로 사유하게 해주는 건 아님을 보여 주는 것 같다. 특정한 지점(그리스든 로마든)을 '근본적'이라고 생각하는 통념이 결코 근본적이지 못하다는 것을 확인하게 해주는 것 같다. 그 결과 아렌트는 특정한 정치를 정치의 '원형'archtype이라고 간주하여 그것을 척도로 삼아 다른 종류의 정치의 가능성을 봉쇄하는 배제의 정치학을 제안하고 있는 게 아닐까?

2) 난민의 사유와 시민의 사유

이미 오이코스의 문제가 정치와 구별할 수 없이 뒤섞여 버린 근대의 정치로부터 다시 한 발짝 물러나 아렌트가 말하는 고대적 세계로 돌아간다고 해도, 이런 선험적 배제를 문제 삼지 않을 수 있을까? 폴리스/오이코스의 구별이 확고했던 그리스의 세계에서 이해관계에 침윤되지 않은 순수 정치를 수행한다는 것은, '정말 그랬을까?'라는 초보적인 의문은 접어 둔다 해도, 여자와 아이·노예들을 철저하게 정치의 장에서 배제하여 오이코스의 고통스런 영역 안에 가두어 두는 것을 뜻한다. 그리고 그러한 배제의 타당성에 대해, 자신들에게 부여된 위치에 대해,

자신들의 자격 없음에 대해 질문할 수 없도록 빗장을 지른다. 이견이나 문제제기, 의문을, 그걸 제기할 자격을 문제로 삼아 아예 검토 대상에서 제외하며 침묵 속에 묻어 두게 된다.

이런 종류의 정치에 대해, 그 전제에 함축된 배제와 억압, 그리고 그것을 부여하고 유지하기 위한 강제와 폭력에 대해 아렌트가 별다른 의심을 하지 않고 있다는 점은 놀랍다. 그는 여성이었고, 일체의 정치적 권리를 박탈당한 유태인이었고, 정치적 무자격자로서 오랜 기간을 떠돈 '난민'의 경험을 갖고 있다는 점에서. 그러나 이는 사실 알기 어려운 것이 아니었을 것이다. 노예제의 잔영이 여전히 강하게 남아 있던 시기의 미국에서, 그리고 어떠한 정치적 권리를 갖고 있지 못하던 난민의 삶을 10여 년 살았던 사람이라면 더더욱 그렇다. 실제로 아렌트 또한 이를 알고 있었으며, 명시적으로 지적한 적이 있었다. 그 자신이 난민이었던 시절에 쓰여진 책 『전체주의의 기원』The Origins of Totalitarianism, 1951에서 그는 이렇게 쓰고 있다.

어떤 공동체 안에서 자기 자리를, 시대의 투쟁 속에서 자신의 정치적 지위를 잃어버린 인간은······ 사생활의 영역 안에서만 명확하게 표현되는 특성만 가지게 되고 공적인 모든 사안에서는 **아무런 자격이 없는 단순한 존재**로 남을 수밖에 없다.[8]

여기서 '정치적 지위를 잃어버린 인간', '사생활의 영역 안에만 머물 뿐 공적 사안에서는 아무런 자격이 없는 인간'은 직접적으로 난민을

---

8) 아렌트, 『전체주의의 기원』 1권, 이진우 외 옮김, 한길사, 2006, 539쪽.

지칭하지만, 그것이 노예들에 대해, 그리고 고대 세계의 오이코스에 갇힌 자들에 대해서도 마찬가지라는 것은 분명하다. 따라서 특정한 사람들을 오이코스의 문제에 매여 있단 이유로(매어둔 자들은 문제삼지 않고!) 정치적 지위를 부여하지 않는 것, 오이코스 내지 사생활의 영역에 가둬 두는 것이 그들에게서 모든 정치적 권리를 빼앗는 것임을 모르기는 어렵다. 같은 책에서 아리스토텔레스가 노예를 인간으로 치지 않았다는, 오이코스/폴리스의 체제에서는 매우 당연했던 사실을 언급하면서 아렌트가 쓰고 있는 것은, 폴리스적 정치 개념을 제안하고 있는 『인간의 조건』(1958) 이후의 아렌트에게 다시 읽어 주고 싶은 부분이다.

> 노예제가 인권에 근본적으로 위배되는 것은 자유를 빼앗아서가 아니라(자유의 박탈은 많은 상황에서 일어날 수 있다), **특정한 범주의 사람들에게 자유를 위해 싸울 수 있는 가능성⋯⋯을 배제**했다는 데 있다. 인류에 대한 노예제의 범죄는⋯⋯ 어떤 사람들은 자유롭게 '태어나고' 어떤 사람들은 노예로 태어나게 되었을 때⋯⋯ 동료 인간의 자유를 박탈한 이가 인간이었다는 것을 망각하게 되었을 때⋯⋯ 시작되었다⋯⋯. 노예로 산다는 것은⋯⋯ 사회 안에서 〔오이코스처럼 정치조직이 불가능한—인용자〕 장소를 가진다는 것이다⋯⋯. **정치조직의 상실이 그를 인류로부터 추방한 것이다.**[9]

이 책에서 말하는 아렌트에 따르면, 폴리스로부터 노예를, 여자와 아이들을 배제하는 정치의 개념을 제안하는 이후의 아렌트의 정치관

---

9) 아렌트, 『전체주의의 기원』 1권, 533~534쪽.

넘이야말로 특정한 범주의 사람들이 자유를 위해 싸울 수 있는 가능성 자체를 배제하고 있으며, 그가 찬양하는 '폴리스의 위대한 정치가'들 이야말로 오이코스에서 자신들을 위해 일하는 동료 인간들의 자유를 박탈했음을 잊고 있으며, 그들을 인류로부터 추방하고 있다고 해야 하지 않을까? 다른 누구도 아닌 자기 자신의 말을, 그리 길다고 할 수 없는 기간에 철저히 지워 버리고 만 이 놀라운 망각에 대해, 아마도 "사회적 존재가 사회적 의식을 규정한다"고 믿고 있는 구식 '유물론자'들이라면, 그 사이에 아렌트가 국적을 얻어 난민에서 미국 국민이 되었다는 사실을 지적할지도 모른다. 그의 책에서 반복하여 보게 되는 미국의 정치체제나 미국 혁명에 대한 낯뜨거운 찬사들은,[10] 이런 식의 지적을 쉽게 웃어넘기기 어렵게 한다. 정치에 참여할 자격이 없는 자가 그럴 자격을 가진 자로 바뀌었을 때, 그런 사람이 정치에 대해 말하는 방식이 달라질 수 있다는 것은 아주 흔히 목격하는 일이니 말이다. 물론 모두가 다 그렇지는 않으며, '사유'를 통해 주어진 세계에 대해 팽팽한 긴장을 갖고 사는 사람이라면 더욱 그렇지 않다는 것 역시 빈번히 목격하는 사실이라고 해도 말이다.

---

10) 프랑스 혁명을 비판하면서 미국 혁명과 미국의 공화정을 찬양한 『혁명론』은 전체가 미국 혁명에 대한 쑥스러운 찬사다. 가령 "미국이 혁명에 성공할 수 있었던 원동력은 '상호신뢰, 보통 사람에 대한 신뢰의 힘'이었다. 게다가 이런 신뢰는 공동 이데올로기에서 발생한 것이 아니라 상호약속에서 발생했으며, 그것만으로도 특정한 정치적 목적을 실현하려는 주민들의 공동모임인 '결사'를 위한 기초가 되었다."(아렌트, 『혁명론』, 홍원표 옮김, 한길사, 2004) 그러나 『전체주의의 기원』 역시 미국 찬양은 결코 이에 못 미치지 않는다. 대중이란 일반교육의 확산에 따라 생겨난 게 아니라고 하면서, 교육이 확산되었어도 대중(나쁜 의미다!)이 생겨나지 않은 사례로 미국을 들어 이렇게 말한다. "온갖 결점에도 불구하고 평등의 조건과 교양교육의 모범적인 국가, 미국은 세계의 다른 어느 나라보다도 현대 대중의 심리에 관해 알지 못한다."(『전체주의의 기원』 2권, 33쪽)

3) 전체주의와 혁명

그렇다면 난민의 처지에서 쓴『전체주의의 기원』은 진보적인 책이고, 미국 시민이 된 이후에 쓰여진 책은 보수적인 책이라고 해야 할까? 알튀세르처럼 여기서도 일종의 '인식론적 단절'을 발견해야 할까?

그건 아닌 것 같다. 물론『전체주의의 기원』에는 폴리스적 정치의 관념이 등장하지 않으며, 자격 없는 자를 배제하는 정치 대신에 '권리를 가질 권리'를 무엇보다 일차적인 권리라고 주장한다는 점에서,[11] 이후의 생각과는 약간 다른 색조를 띠고 있는 것은 사실이다. 그러나 그것은 매우 부분적이고 부차적이다. 오히려 이 책은 이후의 저작에서 아렌트가 폴리스적 정치학을 제안하게 되는 실질적인 이유와 동기를 보여 주는 것으로 보인다는 점에서, 하나의 연속성을 갖는다고 해야 할 듯하다. 즉 전체주의에 대한 연구를 통해서 추출한 전체주의 정치의 요소를 정치로부터 배제하기 위해, 전체주의로부터 정치를 구해 내기 위해 어떻게 해야 할 것인가 하는 문제의식이, 이후의 정치 개념이나 정치적 사유를 규정했던 것이다. 그것은 무엇보다 대중에 대한 공포, 정치의 영역으로 범람해 들어오는 대중에 대한 두려움과 관련되어 있는 것 같다.

『전체주의의 기원』에서 아렌트는 나치와 소련의 사회주의 체제를 하나로 묶어 전체주의라고 명명하면서, 전체주의를 대중운동과 이데올로기, 테러의 복합체로 이해한다. 첫번째, 그는 모든 이데올로기가 전체주의적 성격을 갖는다고 하면서 전체주의와 이데올로기를 직접

---

11) "이 〔인간의〕 권리와 존엄성은 …… 설령 단 한 사람이 인간 공동체로부터 추방당한다 해도 여전히 유효해야 한다……. 권리를 가질 권리 또는 인류에 속할 수 있는 모든 개인의 권리가 인류 자체로부터 보장되어야 한다."(『전체주의의 기원』 1권, 534~536쪽)

연결한다. 이유는 세 가지다. 첫째, 이데올로기는 존재하는 것을 설명하지 않고 생성하는 것을, 움직이는 요소를, 다시 말해 역사를 설명하려 한다. 둘째, 이데올로기적 사유는 경험에서 독립된 사유다. 셋째, 이데올로기는 연역적 논증의 방법을 통해 경험으로부터 사유를 해방시킨다.[12] 이를 통해 그는 경험과 이념, 현실과 이념을 대립시켜, 이념에 기초한 혁명, 이념에 기초한 정치를 그 자체로 전체주의적인 것으로 간주한다. 이는 프랑스 혁명에 대한 비판에서 명시적으로 드러난다. "대혁명을 주도하려고 했던 문필가들의 준비 작업은 극히 이론적이었다……. 그들은 의지해야 할 경험을 갖고 있지 못했고, 자신들을 인도하고 분기시킬, 실재에 의해 검증되지 않은 이념과 원리만을 지니고 있었을 뿐이다."[13]

두번째로, 아렌트는 전체주의의 본질적 요소가 테러라고 하면서, 이 경우 테러를 어떤 폭력의 사용이나 폭력적 위협과 구별하여 필연성과 연관짓는다. '총체적인 테러'라고도 명명되는 그것은 "자연이나 역사의 힘에 운동을 가속화할 수 있는 중요한 도구를 제공하는 것", 즉 "자연이나 역사의 힘을 해방하기 위해…… 인류의 적들을 골라내" 처형하는 것이다. 자연의 힘의 해방을 위해, 즉 진화를 촉진하기 위해 인종적 적을 제거한 것이 나치의 테러였다면, 역사의 힘을 해방하기 위해 역사발전을 가로막는 계급의 적을 제거하는 것이 소련의 테러였다는 것이다.[14] 이는 필연성이란 이름으로 행해지는 혁명이나 정치를 직접적으로 겨냥하고 있다. 여기서 말하는 '필연성'이 진화론에서 말하는

---

12) 아렌트, 『전체주의의 기원』 2권, 271~272쪽.
13) 아렌트, 『혁명론』, 211쪽.
14) 『전체주의의 기원』 2권, 262, 264쪽.

자연법칙이나 맑스주의에서 말하는 역사법칙과 관련된 것인 한, 법칙적 발전의 촉매로서 폭력 내지 테러의 문제는 앞서 말한 이데올로기 내지 '이념'으로 소급된다. 합법칙성의 형식을 취하는 이데올로기에 의해 테러라는 극단적 폭력을 당당하게 행사하는 체제, 그것이 전체주의인 셈이다.

그런데 아렌트에게 필연성이란 말은 또한 인간으로선 피할 수 없는 것, 다시 말해 오이코스를 특징짓는 것이기도 했다. 이 개념은 테러나 이데올로기와 '먹고사는 문제를 해결하려는 혁명'이나 정치를 하나로 연결해 주게 된다. '빈곤은 사람들을 신체의 절대 명령, 즉 필연성의 절대 명령에 굴복하게 만든다……. 그들[빈민]이 정치무대에 등장하자 필연성이 동시에 표출되었다……. 사람들은 필연성, 즉 생존과정 자체의 절박성 때문에 자유를 포기해야만 했다."[15] 이는 아렌트가 미국 혁명과 대비하여 프랑스 혁명을 비판하는 가장 중요한 이유 중 하나다. 오이코스의 문제가 혁명의 전면에 등장하여 정치 자체를 장악함에 따라, 필연성과 결부된 테러, 즉 숙청이 발생한다. 빈민들의 생존에 대한 동정을 정치적 미덕으로, 절대적 선으로 간주했던 로베스피에르의 숙청이 그것이다. "필연성, 즉 인민의 절박한 필수품 때문에 테러가 발생했고, [그 결과] 프랑스 혁명은 파멸에 이르게 되었다……. 왕과 참주의 음모가 아니라 필연성과 빈곤의 가장 강력한 음모가 그들을 아주 멀리 빗나가게 했다."[16] 따라서 아렌트는 필연성의 명령 앞에서 자유를 폐기하는 이론가 맑스가 나타났을 때, 근대 혁명이론은 돌이킬 수 없는

---

15) 아렌트, 『혁명론』, 136~137쪽.
16) 같은 책, 137쪽.

지점에 도달하게 되었다고 본다.[17] 아마도 이것이 정치를 오이코스에서 분리해야 한다고, 정치의 영역이 '사회의 문제'라고 불리는 빈곤의 문제, 먹고사는 문제로부터 벗어나야 한다고 생각했던 하나의 중요한 이유였을 것이다.

세번째로, 아렌트는 전체주의란 대중운동을 본질적인 특징으로 한다는 점에서 또한 독재와 다르다고 본다. "전체주의 운동은 원자화되고 고립된 개인들의 대중조직이다."[18] 뒤집어 말하면, "전체주의 운동은 이런저런 이유로 정치조직에 대한 욕구를 가진 대중이 있는 곳이라면 어디에서나 나타날 수 있다."[19] 아렌트가 말하는 대중이란 원자화된, 고립된 개인들의 집합체다. 즉 모여 있어도 고립되어 있는 개인들의 집합체다. "대중적 인간의 주요 특징은 야만과 퇴보가 아니라 고립과 정상적 사회관계의 결여다."[20] 아렌트는 이러한 대중이 계급적 체제의 해체와 더불어 출현한다고 본다. 즉 대중은 계급이 아니며, 계급적 동일성을 갖는 집단도 아니다. 전체주의는 계급운동이 **아니라** 대중운동인 것이다. "계급이라는 보호장벽의 붕괴는 정당을 지지하던 다수──성난 개인들로 구성되었지만 조직되지도 분화되지도 않은──를 하나의 거대한 대중으로 변형시켰다."[21] 여기서 "계급제도의 붕괴"[22]가 무엇을 뜻하는지는 그리 명확하지 않다. 하지만 그것을 '계급이라는 보호장벽의 붕괴'라고 말하는 것을 보면, 계급적 조직으로의 결속과

---

17) 같은 책, 137~138쪽.
18) 아렌트, 『전체주의의 기원』 2권, 43쪽.
19) 같은 책, 25쪽.
20) 같은 책, 33쪽.
21) 같은 책, 30~31쪽.
22) 같은 책, 27, 30쪽.

그것에 의한 정치적 대의를 뜻하는 것 같다. 계급체제의 붕괴가 "당 체제의 붕괴"를 뜻한다거나, 그로 인해 "국민국가 주민들의 비정치성이 드러났다"고 하는 것은 이런 의미일 것이다.[23] 요컨대 계급적 결속과 대의의 붕괴로 인해 정치적 조직에서 벗어나 고립되고 원자화된 개인들의 집합, 그것이 대중인 것이다.

대중은 정당이나 노동조합 등 "공동관심에 기초한 조직으로 통합될 수 없는 사람들"을 뜻한다. 이러한 "대중을 결집시키는 것은 공동관심이 아니다. 확고하고 성취될 수 있는 특정한 목표로 표현되는 특수한 계급의식이 그들에게는 없다."[24] 그렇다면 무엇이 이들을 결집하고 결속시키는가? 그것은 고립되어 있다는 사실, 그리고 거기서 느끼는 외로움이다. "정치적인 행위 영역에서 자기의 자리를 잃은 고립된 인간은 사물의 세상에서도 버림을 받게 된다. 그렇게 되면 고립은 외로움이 된다……. 전체주의의 지배는 고독 속에, 세상에 소속되지 않는다는 경험 속에 기반을 둔다……. 고독은 전체주의 정부의 본질인 테러의 공통된 토대다……. 고독은 현대의 대중이 뿌리뽑혀 불필요하게 된 현상과 밀접하게 연관된다."[25] 왜냐하면 외로운 인간은 최악의 경우만을 생각하기에, 급진주의와는 전혀 다른 의미에서 전체주의 운동의 극단주의에 도달하기 때문이다.[26] 전체주의는 이들을 모으고 조직함으로써 정치적 세력으로 등장했다. "우리를 겁나게 하는 이 새로운 부정적 연대가 탄생"한 것이다.[27] 그리고 대중 가운데 일부가 상류층에 대한 적

---

23) 아렌트, 『전체주의의 기원』 2권, 30쪽.
24) 같은 책, 25쪽.
25) 같은 책, 278~279쪽.
26) 같은 책, 282쪽.
27) 같은 책, 31쪽.

대감을 드러내고 파괴적인 활동을 하는 폭민mob이 되고, 이들과 일부 엘리트가 결합하여 전체주의 체제를 이끌어가는 동력을 형성했다는 것이[28] 아렌트의 생각이다.

아렌트는 자신을 두렵게 만들었던 이 대중을 시간을 거슬러 프랑스 혁명의 '인민'에게서 다시 발견한다. "프랑스 식의 인민 개념은 애초부터 하나의 조직으로 행동하고 하나의 의지에 사로잡힌 듯 행동하는 대중, 즉 수많은 머리를 가진 괴물이라는 함의를 가지고 있었다."[29] 인민이란 먹고사는 문제에 쫓기는 불행한 사람들, 그 문제를 정치적으로 해결하고자 했던 사람들이었다. 그리고 이들 빈민에 대한 동정, 이들의 빈곤과 불행에 대한 연민이 프랑스 혁명을 미국 혁명과 구별해 주는 결정적인 차이였다고 한다. "[인민이라는] 이 용어는 정부에 참여하지 않았던 사람, 즉 시민이 아닌 하층민을 포함하게 됐다. 이 용어의 정의는 바로 동정에서 나왔고, 그 용어는 불운과 불행과 같은 의미를 지니게 되었다. 로베스피에르가 늘 표현하고자 했던 '인민, 불행한 사람들, 내가 찬양하는 사람들', 그리고 혁명가들 중 가장 감성적이지 않으

---

28) 『전체주의의 기원』 2권, 48~58쪽. 아렌트는 이러한 전체주의 개념이 나치만이 아니라 스탈린 치하의 소련에 대해서도 타당하다고 주장한다. 그러나 노동자계급의 조직에 기초하여 탄생했고 노동자계급의 옹호를 자처했던 소련에서 인민이나 대중을 계급과 대립시킬 수 있을까? 아렌트는 계급적인 인민을 '고립시켜 원자화하는' 인위적 과정을 통해 그것이 이루어졌다고 말한다(같은 책, 35쪽). 이를 위해 스타하노프(Stakhanov) 제도 등을 통해 노동자들의 유대와 계급의식을 깨뜨렸고(같은 책, 39쪽), 당 관료제를 파괴했다(같은 책, 40쪽). "실제적인 집단 제거에 반드시 선행되는 거듭된 숙청을 능숙하게 사용함으로써 대중의 원자화를 이루었다."(같은 책, 42쪽) 그러나 스타하노프 식 경쟁제도와 노동귀족/하층민으로의 분할은 자본주의라면 어디서나 나타나는 것이고, 스탈린이 당 관료제를 파괴했다는 주장은 현실과 반대되는 것처럼 보이며, 숙청에 의한 원자화는 대중을 '운동'으로 결속하게 하는 게 아니라 존재하는 운동마저 해체해 버린다고 해야 하지 않을까?

29) 아렌트, 『혁명론』, 179쪽.

며 침착했던 시에예스Emmanuel-Joseph Sieyès도 '항상 불행한 사람들'이라고 불렀던 이들이 그들이었다."[30]

불행과 빈곤, 먹고사는 문제가 혁명의 전면을 장악하게 되면서, 혁명은 자유라는 정치적 영역에서 오이코스라는 필연성의 영역으로 추락하게 된다. 이러한 전환점이 되었던 것은 로베스피에르가 이끌던 자코뱅이 권력을 장악하면서였다. 왜냐하면 그들은 "공화정보다 오히려 인민을 신뢰했으며, 제도와 헌법보다 오히려 '계급의 자연적 선'을 더 신뢰했기 때문이다."[31] '세심한 선택과 신중한 의견'이라는 함의를 가진 고대적 동의 개념을 루소적인 '일반의지'가 대체했고, 그 결과 제도적인 매개와 중재가 가능한 의견이 아니라 매개가 불가능한 단일 의지가 정치의 장을 장악하게 된다.[32] 이는 시민의 특수이익과 '전체'의 보편이익 간의 적대로, 결국 '전체'라는 이름의 테러로 이어진다고 한다.[33] 전체주의의 싹이 여기에 있었던 것이다! 결국 자유가 인민의 먹고사는 문제라는 거대한 바다에 빠져 익사한 것이라는 게 프랑스 혁명에 대한 아렌트의 생각이다.[34]

요컨대 인민의 빈곤이라는 '먹고사는 문제'가 정치를 장악할 때, 그것이 공화정이나 제도, 헌법형태 등과 같은 '정치 고유의' 문제를 대체하게 될 때, '전체주의적 정치'가 등장한다는 생각이 아렌트로 하여

---

30) 아렌트, 『혁명론』, 154~55쪽.
31) 같은 책, 155쪽.
32) 같은 책, 156쪽.
33) 같은 책, 159쪽.
34) 같은 책, 180쪽. 그래서 단언한다. "정치적 수단으로 사회문제(빈곤문제)를 해결하려는 모든 시도는 테러를 초래한다는 것, 혁명을 파멸로 이끄는 것은 테러라는 것"을(같은 책, 200~201쪽).

금 오이코스가 배제된 고대적 정치로 되돌아가게 했을 것이다. 대중이 결속하여 자신의 먹고사는 문제, 자신의 빈곤을 직접 해결하려고 하게 될 때, 정치에 고유한 문제는 빈곤이라는 필연성의 급류에 빠져 익사한다는 것이다. 대중을 정치의 영역에서 배제하는 것, 바로 그것이 빈곤이라는 오이코스의 문제를 정치에서 배제하는 고대적 정치 관념을 이상화하게 했던 것일 게다. 이는 먹고사는 문제, 자신들의 삶의 문제를 직접 해결하겠다고 일어선 인민, "우리를 두렵게 하는 부정적 연대"로서의 대중에 대한 거부감에서 연유함을 보여 준다. 이것이 인민과 동일한 집단을 뜻하는 대중이 직접적인 정치적 세력으로 등장하는 것에서 전체주의의 요체를 보던 『전체주의의 기원』과 직접 연결되어 있음을 알기는 어렵지 않다.

미국 혁명에 대한 찬사의 이유는 이를 확인해 준다. "미국 혁명가들 주변에는 그들의 정념을 부추길 수 있는 고통이 존재하지 않았고, 그들이 필요에 복종하도록 유혹하는 압도적으로 절박한 궁핍도 없었으며, 그들을 이성에서 벗어나게 만드는 연민도 없었다."[35] 그래서 그들은 "다가올 세기의 공격에도 생존할 만큼 안정된 새로운 정치체를 건국하는 데 성공했다."[36] 특히 '상원'이라는 제도를 도입한 것을 아렌트가 유난스레 찬양하는 것은, 그것이 이제는 불가피하게 된 대중 내지 인민의 정치적 힘과 참여에 대해 '사리분별이 있는' 사람들의 견제를 가능하게 해준다는 이유 때문이다. "여론에 의한 지배, 또는 민주주의에 대해 방어하기 위해 원래 의도한 제도는 상원이었다."[37] 상원이라는

---

35) 같은 책, 180쪽.
36) 같은 책, 318쪽.
37) 같은 책, 353쪽.

명칭이 로마에서 기원했음을 지적하면서, 이처럼 로마적 명칭을 붙인 것은 "상원이라는 용어가 '고대의 사리분별' 정신에 동조했던 사람들의 마음에 얼마나 귀중했는지를 명료하게 보여 준다"고 한다.[38] 여기서 로마의 원로원에 해당되는, '사리분별 있는' 사람들, '권위'를 행사할 수 있는 사람들이란 가난한 인민과 반대로 먹고사는 문제에서 자유로운 자, 즉 부르주아지 내지 상류층을 뜻할 것이다.

따라서 고대적 폴리스에서 추출된 정치의 관념이, 생존의 노예인 인민과 달리 '사리분별 있는' 그들이 국사를 논하는 것임을 알기는 어렵지 않다. 그리고 아렌트가 프랑스 혁명과 미국 혁명을 통해 배운 것은, 근대 이후 인민들이 정치의 영역으로 밀고 들어가는 것을 막을 수 없게 되었다면, 그 안에서라도 다시 인민들의 권력, 민주주의의 힘에 대해 대항하여 방어할 수 있는 제도적 방어선을 구축하는 것이 중요하다는 교훈이었던 것 같다. 결국 아렌트가 보기에 인민에 의해 정치가 오이코스의 문제와 뒤섞인 근대 이후의 정치란, 그 혼합과 대결의 장 안에서 오이코스, 혹은 인민의 권력에 대해, '민주주의'에 대해 사리분별 있는 자들의 정치적 영역을 최대한 확보하는 것이 되는 것 같다. 노예적 인민의 손에서 정치를 구해 내는 것! 그러나 이 경우에도 아렌트는 빈곤문제에서 벗어난 부르주아들이야말로 이익과 이권의 문제를 위해, 오이코스의 문제를 위해 정치의 영역에서 권력을 다투고 있다는 점은 전혀 심각하게 생각하지 않는 것 같다. 그들의 경우 경제적 이권이란 생존의 '필연성'에서 벗어난 것이기에 그런 것일까?

---

38) 아렌트, 『혁명론』, 319쪽.

4) 이데올로기, 테러, 대중운동

아렌트에 따르면, 이데올로기 혹은 이념에 의해 연역적으로 추구되는 정치, 필연성과 이어진 합법칙적 촉매로서 테러의 이용, 그리고 계급체제의 붕괴 결과 산출된 고립되고 원자화된 개인들의 집합체를 구성하는 대중운동, 이들로부터 정치의 전체주의화가 발생한다. 따라서 전체주의의 위협으로부터 정치를 구하기 위해선, 이념에 의한 정치, 필연성으로 귀착되는 테러의 정치, 그리고 빈곤한 대중의 직접적 정치세력화로부터 거리를 두는 것이 중요했을 것이다. 그런데 대중에 대한 개념이 단지 원자화된 개인의 외로움이라는 심리적 차원을 넘어서 노동과 빈곤으로, 필연의 영역으로 이어지게 될 때, 전체주의적 테러에 이어진 필연성의 관념과 동일하게 오이코스의 문제로 환원될 수 있었을 것이다. 따라서 필연성에 연결된 오이코스의 문제를 정치로부터 배제하는 것이 전체주의의 위험에서 정치를 구하는 길이라고 보았던 것일 게다. 이것이 오이코스라는 외부적 요소의 침투와 개입을 최대한 배제하며 폴리스적 영역을 방어하는 정치를 주장하게 했을 것이다.

따라서 폴리스의 정치학에 대한 비판은 그 근저에 있는, 전체주의 분석에 있는 이러한 발상 자체에 대한 검토로 나아가야 한다. 먼저 테러의 개념. 아렌트가 말하는 전체주의의 테러는 사실 이데올로기로 환원될 수 있다. 왜냐하면 자연의 진화법칙이나 역사법칙으로 설명되는 이른바 '필연성'이란 아렌트가 지적하듯이 다윈의 진화론과 소비에트 '역사유물론'에서 제시된 법칙의 개념을 통해서 성립되는 것이기 때문이다. 적용되는 이론적 내용의 타당성은 젖혀 두고, 인종주의적 테러가 '필연성'과 결합되는 것은 '진화'의 개념을 통해서이고, 스탈린주의적 숙청이 '필연성'과 결합되는 것은 '진보'의 개념을 통해서이기 때문이다. 이는 이데올로기 내지 이념을 통한 정치에 대한 비판과 사실은 하나의 동일한 것이다. 이념 내지 이데올로기에 의한 정치는, 이념적 연역을 통해 테러로 이어진다고 보고 있기 때문이다(로베스피에르, 레닌, 스탈린의 이름이 거명된다). 이는 달리 말하면 이데올로기적 정치의 폭력성, 그로 인한 정치의 말살을 비판하는 것이 되는 것 같다. 그리고 그것은 아렌트가 주목하고 있는 나치나 스탈린 시대에 대해 충분히 납득할 수 있는 것이기도 하고, 그런 만큼 매우 통념에 충실한 비판이기도 하다.

그러나 이데올로기 없는 폭력이나 테러는 어떨까? 그것은 정치의 문제가 아니라 군사나 범죄와 관련된 문제에 지나지 않는다고 해야 할까? 그건 아닐 것이다. 무엇보다도 아렌트가 계속 칭송하는 미국, 이른바 '혁명 시기 미국'에서 북미 원주민들, 소위 '인디언'들에게 그들이 가했던 끔찍하고 거대한 폭력을 우리는 잘 알고 있다. 그리고 같은 시기 이래 20세기까지 실질적으로 계속된 노예제도와 흑인들에 대한 거대한 폭력 또한 우리는 잘 알고 있다. 이러한 폭력은 사실 어떠한 이데올로기도 없이 이루어졌다. 어떠한 논리적 이유도, 합리적 추론도, 어떠한 정당화도 없이 그저 폭력으로서 행해졌다. 이데올로기 없이 그저 노골적으로 땅과 재산, 자원을 뺏기 위해 가해진 폭력, 어떤 필연성도 없이 노예로 부려먹기 위해 가해진 폭력, 이는 아렌트에 따르면 이데올로기가 없기에 테러로, 정치적 폭력으로 나타나지 않는다. 그것은 오이코스에 속한 문제였기에 정치가 아니었다고, 미국의 정치, 미국의 혁명, 미국의 정치사에서 다룰 문제가 아니라고 말할 수 있을까?

놀랍게도 아렌트는 그렇게 보고 있는 것 같다. 그래서 미국의 정치에 대해 그렇게 세세히 다루면서도 이에 대해선 한마디도 하지 않는다.

뿐만 아니라 미국 혁명은 프랑스 혁명과 달리 먹고사는 문제로 다투지 않았고 폭력이 없었기에 유일하게 성공적이었다고 말한다.

> 폭력과 권력을 구별하는 법을 알지 못한 채 모든 권력이 인민으로부터 나온다고 확신했던 프랑스 혁명 참가자들은 다수가 가진 이 전前정치적, 자연적 강제력에 정치영역을 개방했다……. 반대로 미국 혁명 참가자들은 권력이 정치 이전에 존재하는 자연적 폭력과 대립한다고 생각했다. 그들이 생각하기에 인민이 약속, 서약, 상호맹세를 통해 함께 모이고 서로 결속할 때, 그곳에만 권력이 존재했다……. 미국이 혁명에 성공할 수 있었던 원동력은 '상호신뢰, 보통사람에 대한 신뢰의 힘'이었다. 게다가 이런 신뢰는 공동 이데올로기에서 발생한 것이 아니라 상호약속에서 발생했……다.[39]

이 미국 혁명의 이면이 소위 '인디언'의 대대적인 학살이었음을, 그가 찬양하는 미국 헌법은 그러한 대대적 학살과 폭력으로 탈취된 대지 위에, 그 끔찍한 '노모스' 위에 성립된 것이었음을 몰랐을 정도로 순진했던 것일까? 그건 아닐 것이다. 그것은 아렌트가 보기엔 정치 바깥의 일이었기 때문이었을 것이다. 이데올로기 없는 폭력, 그것은 정치적 폭력이 아니기에, 그의 시야 바깥에 있는 것일 게다. 노예제도 그렇다. 흑인들은 그저 농장이나 공장에서 일해야 했기에, 즉 노예로서 오이코스에 속했기에, 아렌트가 다루는 미국 정치의 주제가 되지 않는 것은 차라리 당연한 것이 된다. 이데올로기 없이 배제하고, 오이코스라는

---

39) 아렌트, 『혁명론』, 296쪽.

필연성의 영역에서 폭력을 행사했기에, 그 길고 끔찍한 폭력과 테러의 역사가 미국을 보는 정치학자 아렌트의 눈에는 전혀 보이지 않았던 것일 게다. 그러나 그런 식으로 흑인을 정치의 영역에서 배제하여 오이코스의 영역에 가두어 버리는 것이야말로, 흑인들에게 가해진 가장 근본적인 폭력이고 가장 근본적인 '정치적 행위' 아니었을까? 정치의 영역에서 '필연성'의 이름으로 폭력을 행사하는 것과 어떤 이유도 댈 수 없는 폭력을 행사하면서도 그것이 정치의 문제임을 인정하지 않는 것, 어느 것이 더 나쁠까? 전자가 이 정치학자의 눈에 심각한 문제로 보임에 반해 후자는 정치적 문제로 보이지도 않았음을 생각하면, 차라리 후자가 더 나쁘다고 해야 하지 않을까? 그렇다면 그것은 전체주의보다 더 나쁜 정치라고 해야 하지 않을까?

더구나 아렌트 당시는 물론 지금까지 전 세계 사회운동에 대해 미국이 나서서 가했던 거대한 테러 또한, 필연성도 이념도 없는 것이기에 ('반공주의'는 이념이 아니다!) 그의 눈에는 단 한 번도 정치적인 문제로 보인 적이 없었던 게 아닐까? '테러와의 전쟁'이란 이름으로 행해지는 거대한 테러도, 무수히 행해지는 경찰의 폭력도, 어떤 합법칙성을 갖지 못하기에 거꾸로 전체주의나 정치적 테러의 개념에서 제외되고 면제되게 되는 건 아닐까? 그렇다면 아렌트의 정치나 테러의 개념은 이 거대한 정치나 폭력, 테러를 보지 못하게 눈을 가리는 개념이 되고 마는 건 아닐까? 이데올로기적 테러 이상으로 이데올로기 없는 테러에 대해, 테러라고 불리지 않는 테러에 대해 예의주시하지 않는다면, 전체주의로부터도 결코 자유로울 수 없다고 해야 하지 않을까?

다음으로 대중의 개념. 전체주의에서 대중운동의 중요성을 지적한 것은 매우 중요하다. 그러나 아렌트가 정치적 현상으로서의 '대중'

에 대해서 정확하게 이해하고 있었는지는 의문이다. 물론 우리는 대중은 계급이 아니란 것을 잘 알고 있다. 그러나 계급제도, 계급이라는 보호장벽의 해체로 고립되고 원자화된 개인들을 통해 대중을 계급과 구별할 때, 거기서 대중이란 조직화된 집단과 대립되는 '원자화된 개인'이다. 그러나 대중이란 그런 개인들로 구성된 어떤 집단을 뜻한다고 가정한다 해도, 대중이란 그런 개인이 단지 개인임을 넘어서 어떤 집합적인 움직임을 형성할 때 탄생한다. 즉 대중이란 초-개인적이고 초-인격적인 집합체지, 그런 식으로 분할가능한 개인들의 산술적인 합이 아니다. 따라서 대중이란 현상을 정치적으로 다루기 위해 정작 중요한 것은 개인들을 넘어 고립된 사람들을 하나의 집단으로, 하나의 흐름으로 만드는 요인인 것이다. 아렌트가 대중 속의 개인을 특징짓는 요인이라고 들고 있는 고립과 외로움은 개인들의 특징은 될지 모르지만, 대중이 되는 요인은 결코 되지 못한다.

이런 점에서 아렌트의 대중 개념은 '대중 속의 개인' 개념이지 말 그대로 '대중' 개념이 아니며, 대중이 되지 못한 채 고립된 개인의 개념에 지나지 않는다. 이러한 고립된 개인들이 어떻게 '대중'이라고 불리는 하나의 집합체로 결속하는가, 이해관계가 아닌(계급이 아니기에) 무엇이 이들을 하나의 운동체('대중운동')로 결속하게 하는가에 대한 분석은 찾기 어렵다. 다만 대중 속 **개개인의 고립과 외로움**을 들어 전체주의적 극단주의를 설명할 뿐이다. 그러나 그것이 극단주의를 설명한다는 가정을 문제삼지 않는다 해도, 그것이 문자 그대로 '대중'이라는 집단적 행위를 설명해 주지는 못한다. 대중 속의 개인들이 처한 고립적 상황과 그에 따른 심리적 요인으로 대중을 설명하려는 것은, 점에 대한 설명으로 선에 대한 설명을 대신할 수 있으리라고 믿는 것이고, 물 분자에 대한 설명으로 폭포나 와류 같은 유체의 특성에 대한 설명을 대신할 수 있으리라고 믿는 것이다.

대중이 계급과 다른 것은 이처럼 분할된 개인들의 합인가 조직화된 집단인가 하는 점이 아니라, 양자 모두 집단인데 전혀 다른 성질을 갖고 다른 방식으로 움직이는 '집단'이라는 점이다. 계급이 생산관계와 그 안에서의 지위 등에 의해 하나의 이해관계를 갖는 안정적인 집단이라면, 대중은 때로는 이해관계에, 때로는 도덕적 분노에, 때로는 미친 듯한 열정에 전염되면서 집단화되지만, 그러면서도 끊임없이 유동적으로 변하는 불안정한 흐름이라는 점이 결정적인 차이일 것이다. 또하나 아렌트가 놓치고 있는 것은, 그 불안정한 집합적 흐름으로서 대중이 때로는 전체주의적인 방향으로 나아가기도 하지만, 때로는 혁명적인 방향으로, 때로는 보수적인 방향으로, 그리고 때로는 전혀 비정치적인 방향으로 나아가기도 한다는 점이다. 즉 대중이나 대중운동을 전체주의와 동일시하는 것은, 아렌트 말대로 전체주의 개념에 소련을 포함시킨다고 해도, 납득하기 어렵다.

이러한 대중의 개념이 빈곤과 결합되고, 이데올로기적 폭력과 더불어 필연성이란 이름으로 하나로 연결될 때, 그리하여 그것은 그저 필연성의 영역인 오이코스에 가두어 두어야 한다고 생각하게 될 때, 그것으로부터 정치를 자유롭게 해주어야 한다고 말하게 될 때, 아렌트가 싫어하는 '이념적(이데올로기적!) 연역'이 작동하고 있음을 부정할 수 있을까? 그러한 이념적 연역이 그 당시에조차 여전히 존재하던 인종차별이라는 경험적 사실을 보지 못하게 했던 것이고, 그가 경험하지 못했던 고대 그리스의 정치에 대해, 혁명의 역사에 대해 지나칠 정도로 단호하게 평가하게 했던 게 아닐까? 연역적 이데올로기와 '필연성'이라는 이데올로기적 폭력, 그리고 대중운동의 종합이 전체주의라고 한다면, 이데올로기적 연역과 이데올로기 없는 폭력, 그리고 대중이 배제된 정치의 종합은 무엇이라고 해야 할까?

5) 진리와 사유

폴리스의 정치학에서 가장 중요한 것은 '자격'이다. 폴리스에 들어갈 자격이 있는가 없는가? 폴리스의 영역에서 다룰 만한(자격이 있는) 문제인가 아닌가? 따라서 폴리스의 정치학은 '자격의 정치학'이다. 자격 있는 것과 없는 것의 분할, 그것이 이 정치학이 작동하는 가장 중요한 메커니즘이다. "인간은 폴리스적 동물"이라는 아리스토텔레스의 유명한 문장은 폴리스에 들어갈 자격, 혹은 역으로 '인간'이라고 불릴 자격에 대한 것이었다. 즉 노예는 '폴리스적 동물'이 아니라 '말할 줄 아는 도구'에 지나지 않는다. 따라서 아렌트 지적대로, 이 문장을 "인간은 사회적 동물"이라고 번역하는 것은, 명확한 구획을 뜻하는 폴리스란 말을 오이코스와 폴리스의 분할과 구획이 사라진 상태('사회')로 대체하는 것이란 점에서 정반대의 의미를 갖는 것이다.

자격 없는 자와 자격 있는 자를 가르고, 그 양자 간에 넘어설 수 없는 위계와 심연을 설정하려는 태도는 단지 오이코스와 폴리스에 국한되지 않는다. 가령 진리와 정치를 다루는 글에서 아렌트는 진리가 허위와 혼동되는 것보다 진리가 '의견'과 혼동되어 의견 중의 하나로 다루어지는 것이 더 문제라고 말한다. "영원한 이데아의 하늘로의 고독한 여행에서 돌아온 철학자가 자신의 진리를 군중과 소통하려 하지만, 결국 그 진리는 그들에게는 환상에 불과한 견해의 다양성 속으로 자취도 없이 사라지고, 또 불확실한 의견 수준으로 격하되고 만다"는 것이다.[40] '여론'이라는 이름으로 인민들이 '정치'의 영역에 밀고 들어와 정치와 먹고사는 문제를 뒤섞어 버렸던 것처럼. "이것이 사실이라면 사태는 플라톤이 가정했던 것보다 훨씬 더 절망적이다."[41] 여기서 폴리스와 오이코스의 분할이 이번에는 진리와 의견 사이분할이라는 동형적 형태로 반복되고 있음을 아는 것은 쉬운 일이다.

진리와 의견은 어떻게 구별될 수 있을까? 철학자가 단지 직업의 이름이 아니라면, 진리를 본 철학자와 무식한 군중은 어떻게 구별될 수 있을까? 누가 구별해 줄 수 있을까? 철학자 자신이? 동어반복적 순환이나 무한소급을 피하려면, 양자를 확실히 알아볼 수 있는 존재가, 진리를 본 철학자보다 상위의 어떤 존재가 있어야만 한다. 의견과 진리의 차이를 넘어서 있는 초월적 존재가. 내부성의 정치학은 이렇게 초월성의 철학으로 이어진다.

하지만 초월적 지위는 단지 대립을 넘어서 있는 신적인 제3자에게만 주어지는 건 아니다. 진리를 본 철학자와 그저 이런저런 의견을 갖고 있는 우리들은 근본적으로 다른 존재, 다른 자격을 갖는 존재다. 아렌트의 바람대로 철학자는 이미 선험적인 우위를 할당받아야 한다. 그것은 또 하나의 초월적인 지위다. 신이 지배하는 사회에서 성직자들이 신의 초월적 지위를 대신하는 초월적 자리를 할당 받듯이. 그리고 이 구별을 잊지 않도록, 신의 진리를 본 자들과 그렇지 못한 자들을 혼동하지 않도록 하기 위해 여러 가지 장치들이 도입된 바 있다. 의복과 의례, 교단敎壇 같은 건축학적 장치에서부터, 주제넘게 진리를 부인하는

---

40) 아렌트, 「진리와 정치」, 『과거와 미래 사이』, 서유경 옮김, 푸른숲, 2005, 318쪽.
41) 같은 책, 318쪽.

자들을 재판하고 처형하기 위한 장치에 이르기까지. 자격 있는 자와 자격 없는 자를 구별하고 분할하는 기독교적 메커니즘이 그리스적 구별을 대신했던 것이다.

아렌트가 걱정하는 것은 이런 초월적 구획이 아니라, 근대에 이르면 이런 분할의 체제마저 와해되게 되었다는 사실이다. 이제 우리는 진리를 말하는 자를 어떻게 알아보아야 할 것인가? 진리와 의견을 어떻게 구별할 것인가? 그러나 이런 질문은 무의미하거나 부적절한 것이다. 왜냐하면 애초부터 진리를 말하는 자가 철학자가 된 게 아니고 철학자라는 자격이 진리를 말하는 자라는 권위를 부여한 것이기 때문이다. 신의 말씀을 들은 자가 성직자가 되는 게 아니라, 성직자가 된 자가 말하는 게 신의 말씀인 것이다. 진리 이전에 진리를 말할 자격이 선행한다. 자격 있는 자가 말하는 게 곧 진리인 것이다.

아렌트로선 다행이게도, 이는 성직자의 초월성이 사라진 근대에서도 어디서나 쉽게 발견된다. 가령 물리학의 어떤 문제에 대해 내가 특별한 주장을 한다면, 그것은 시답지 않은 의견에 지나지 않을 것이다. 반면 물리학자의 자격을 가진 사람이 말한다면, 빅뱅이론이나 인플레이션 우주론처럼 소설 이상으로 소설 같은 주장도 진지하게 들어야 할 진리——언제나 그렇듯이 겸양의 어조로 '가설'이라고 말하겠지만——가 될 것이다. 신장염에 특효가 있는 어떤 식물을 알고 있어도, 내가 말하는 건 한갓 '민간요법'이나 '미신'에 불과할 것이며, 그것에 대해 원한다 해도 '특허권' 같은 것을 얻기는커녕 신청할 수도 없다. 자격이 없기 때문이다. 반면 님나무의 사례가 잘 보여 주듯이,[42] 인도인

---

42) 매완 호, 『나쁜 과학』, 이혜경 옮김, 당대, 2005, 58쪽.

모두가 알고 있던 치료법(이것만으로는 터무니없는 '민간요법'이나 '미신'으로 취급된다)도, 대학이나 민간의 연구소에 근무하며 현대 화학의 용어로 설명할 수 있으며 임상실험을 할 수 있는, 요컨대 자격이 있는 사람이 말하면 진리가 되고, 특허권도 그에게 귀속된다. 폴리스에 들어가 정치를 논할 자격이 아렌트가 말하는 '정치' 이전에 주어진 것처럼, 진리를 논할 초월적인 자격은 '진리' 이전에 주어지는 것이다.

사유하는 자와 사유하지 않는 자가, 철학자와 대중의 구별과 대응하는 것임을 안다면, 양자를 분할하는 구획은 "악의 평범성"에 대해 쓴 책에서도[43] 유사하게 반복됨을 알 수 있을 것이다. 아이히만을 비롯하여 아우슈비츠의 끔찍한 학살을 자행했던 사람들이 결코 악마의 형상을 한 괴물들이 아니라 사실은 우리가 흔히 보는 평범한 사람들이었다는 것, 그럼에도 불구하고 그들이 저 끔찍한 만행을 저지를 수 있었던 것은 '무사유', 즉 '사유하지 않았다'는 것에 기인한다는 게 그의 유명한 주장이다. 우리 또한 '생각 없이 살면' 자기도 모르는 새 얼마나 끔찍한 일을 저지를 수 있는지를 알려주기에, 인간의 삶에서 '사유'의 중요성을 말하기 위해 자주 인용되는 이 주장은, 한편으론 더없이 고상하고 한편으론 더없이 소박하다. 그것이 고상한 것은, 사유하지 않는 자와 사유하는 자의 구별이 사실은 사유 없이 사는 일반 대중들과, 사유하며 사는 철학자, 즉 진리에 다가가 보거나 적어도 사유는 해본 사람 간의 근본적 격차를, 방금 앞에서 본 것 그대로 반복하고 있기 때문이다. 그의 스승이었던 하이데거로부터 연유하는 이러한 태도가 진리와 대비되는 통념doxa에 대한 경멸만큼이나 사유하지 않는 대중에 대한

---

43) 아렌트, 『예루살렘의 아이히만』, 김선욱 옮김, 한길사, 2006, 349, 391쪽.

경멸을 함축하고 있음을 알기는 어렵지 않다.

다음으로, 이 주장이 소박한 것은, 사람들이 '사유'한다면 전쟁이나 학살 같은 끔찍한 만행을 피할 수 있으며, 제대로 된 정치가 가능할 거라는 믿음을 전제하고 있기 때문이다. 앞서 철학자에 대한 예가 "진리가 너희를 자유케 하리라!"라는 소박한 믿음을 철학적으로 표현하고 있었다면, 이번에는 "사유가 너희를 자유케 하리라!"라는 소박한 믿음을 정치적으로 표현하고 있는 셈이다. 그러나 그들이 그토록 끔찍한 만행을 저질렀던 게 정말 그들이 사유하지 않아서, 생각 없이 살아서일까? 그런 거라면, 대체 무엇이 그들로 하여금 그 끔찍한 만행에 대해서조차 아무 생각 없이 하도록 했던가를 물어야 하지 않을까? 사유하지 않고 산다고 아무 일이나 할 수 있는 건 아니다. 우리는 "사유하지 않는" 대부분의 사람들이, 심지어 전쟁에 나간 병사들조차 남을 죽이는 게 쉽지 않음을 알려주는 많은 증언들을 알고 있다. 쏘지 않으면 죽인다는 지휘관의 위협사격으로 시작된 총질이 익숙해질 쯤이면, 그들의 정신은 '사유하지 않는' 게 아니라 미쳐 버리기 십상임을, 결코 '평범성'에 머물 수 없음을, 가령 베트남 전쟁의 미군병사들이 보여 주지 않는가? 그보다는 오히려 라이히wilhelm Reich처럼 말하는 게 나을 것 같다. 그들은 생각이 없어서 그런 게 아니라, 그러고 싶어서 그랬던 거라고. 그것을 욕망했던 거라고.[44] 따라서 다시 물어야 한다. 왜 그들은 그 끔찍한 만행을 욕망했던 것일까? 무엇이 평범한 그들로 하여금 전혀 평범하지 않은 짓을 하도록, 혹은 욕망하도록 만들었던 것일까?

마찬가지로, 사유하며 살게 되면 그러지 않을 거라는 소박한 믿음

---

44) 라이히, 『파시즘의 대중심리』, 황선길 옮김, 그린비, 2006, 58쪽.

에도 나는 전혀 동의할 수 없다. 가령 평생 '사유'를 입에 달고 살았으며, 실제로 깊은 사유의 힘을 보여 주었던 그의 스승 하이데거는, 깊은 사유를 통해서 나치의 정치나 "조국과 민족을 위해 죽음으로 미리 달려가 보는" 전쟁을 철학적으로 지지하는 것이 가능하다는 것을 아주 잘 보여 주었기 때문이다. 최근 아감벤Giorgio Agamben의 저작과 더불어 되살아난 정치학자 슈미트Carl Schmitt 역시 사유하지 않아서 파시스트 정치학자가 되었다고 할 순 없을 것이다. 사유하지 않아서 그랬으니 사유하면 안 그러리라는 생각에 대해 라이히라면, 자신이 이미 1930년대에 지적했던 것처럼,[45] 대중들이 속아서 나치를 지지했다는, 그러니 진실/진리를 안다면 결코 그러지 않으리라는, 나치 집권 당시 공산당원들의 소박한 생각을 그대로 반복하는 것이라고 비판할 것이다.

요컨대 정치든 진리든, 말할 자격이 있는 자와 그렇지 못한 자를 분할하고, 전자에 특권적인(초월적인) 지위를 부여하는 것, 그것이 아렌트가 말하는 정치학이나 철학의 근본 전제다. 그런 식으로 말할 수 있는 자와 말할 수 없는 자를 분할하고, 양자가 섞이지 않게 구획하는 것, 그것이 '좋은 정치' 혹은 '좋은 삶'의 조건이라는 것이다. 이처럼 정치에서 외부성을 배제하려는 발상은 정치할 자격이 없는 외부자들을 정치의 장에서 근본적으로 배제한다. 푸코 식으로 말하자면, 이러한 정치의 관념은 정치적 침묵 속에 그들을 가두고 '타자화'한다. 그들은 다만 노동의 세계, 오이코스의 영역에서, 자신의 지위에 부합하는 직무를, 노예적 노동을 조용히 수행해야 할 뿐이다. 그리고 정치가들은 그 '천한 생계의 문제'로부터, "민주주의로부터" 정치를 방어하며, 정치적

---

45) 라이히, 『파시즘의 대중심리』, 313쪽.

자유를 위해 목숨을 걸어야 한다. 그러한 '행위'는 '불멸성'으로 귀착될 명예로 보상될 것이다. "불멸적인 행위업적과 사라지지 않을 흔적을 뒤에 남길 수 있는 능력에 의하여 인간은…… 자신의 불멸성을 획득하고 스스로를 '신적' 본성을 가진 존재로 확증한다……. 불멸의 명예를 좋아하는 '가장 뛰어난 자' aristoi만이 참된 인간이다."[46] 이런 점에서 먹고살기 위해 노동하는 자들, 동물과 근본적으로 다르지 않은 자들과, 정치라는 오직 인간만이 할 수 있는 '행위'를 하는 자들 간에는 결코 뒤섞여선 안 될 위계가 있는 것이다. 그리고 정치의 영역에서 그 위계를 지탱해 주는 것은 불멸성과 명예를 통해 행위에 활력을 불어넣는 '초월성', 그런 초월성을 향한 고귀한 욕망일 것이다. 대중은, 노동하는 인민은 결코 꿈꿀 수 없고, 꿈꾸어도 안 되는.

2. 외부성과 초월성

1) '호모 사케르'

이미 지나간 얘기가 된 건지는 모르지만, 관타나모 수용소에 수감된 사람들은 '포로'도 아니고 죄인도 아니다. 테러리스트 혐의로 갇혀 있는 그들은 전쟁 당사자인 군인 신분이 아니기에 포로로서 대우받지 못한다. 그렇다고 그들은 미국법의 적용을 받아 유죄/무죄를 가릴 존재도

---

46) 아렌트, 『인간의 조건』, 69쪽. "마키아벨리가 생각하는 정치적 행위의 기준은 고대와 마찬가지로 명예이다."(같은 책, 131쪽)

아니다. 그들은 미국법의 바깥에 있다. 요컨대 그들은 미국인들의 처분권 아래 있다는 점에서 미국 안에 있지만, 어떤 미국법의 적용도, 혹은 포로 등에 관한 국제법의 적용도 받지 않는다는 점에서 미국 바깥에 있다. 그런데 바로 그렇기에 그들은 포로보다도 가혹하고 죄인보다 끔찍한 상태에 처해 있다. 죄인이 아니기에 형기가 없고, 형기가 없기에 언제까지 있어야 할지 아무도 모른다(언제까지고 잡아둘 수 있다). 포로가 아니기에 수사하고 고문하고 이미 신문에서 본 것처럼 처참하게 모욕을 해도 문제가 되지 않는다. 그것을 규제할 법이 없기에. 아마 죽여도 문제가 되지 않을 것이다. 또한 그렇기에 그들은 그렇게 고생하다 죽는다고 해도 전쟁영웅으로, 자신들을 위한 죽음이었다고 기리어 줄 국가나 인민도 갖고 있지 못하다.[47]

이처럼 죽여도 죄가 되지 않는 존재, 죽여도 희생양이 될 수 없는 존재를 아감벤은 로마시대의 규정을 끌어와 '호모 사케르'homo sacer라고 부른다. 그는 죽여도 살인으로 처벌되지 않기에 인간의 법을 벗어나 있지만, 죽여도 속죄양이 되지 않기에 종교적 영역에서도 배제된 존재다. 즉 이중으로 배제된 자다. 역으로 말하면 희생의 범주에서 배제되는 방식으로 신에 속하고, 면죄되는 살해의 형태로 인간의 영역에 속하는 자다. "호모 사케르는 희생불가능한 형태로 신에게 바쳐지며 공동체에서 살해당하는 형태로 공동체에 포함된다. 희생당할 수 없으면서도 살해당할 수 있는 생명이 바로 성스러운 생명이다."[48]

---

47) 이전에는 심지어 '테러리스트'도 이렇지 않았다. 가령 안중근이나 이봉창은 일본의 입장에선 '테러리스트'지만 한국에서는 '열사'로서, 민족의 독립을 위해 자기를 희생한 존재로 기리어진다.

48) 아감벤, 『호모 사케르』, 김상운 옮김, 다중네트워크, 2006, 100쪽.

아감벤은 이러한 '희생자 아닌 희생자들', 사회 내부에서 추방당한 자들을 통해 그 사회에서 작동하는 주권이 역으로 드러난다고 본다. 사회의 내부와 외부를 가르는 경계는 추방이라는 형식을 통해 그어질 것이기 때문이다. 이런 점에서 추방은, 추방된 자는 주권적인 정치가 작용하는 기원적인 지점을 보여 준다고 믿는다. 그래서 그는 이런 가정을 제출한다. "호모 사케르가 처벌적 법과 희생제의, 양자를 넘어선 적절한 장소로 되돌려진다면 그것은 주권적 금지(추방)의 대상이 되는 삶/생명의 기원적 형상을 보여 주며, 또 정치적 차원을 처음으로 구성한 어떤 기원적 예외(배제)의 기억을 간직하고 있으리라는 가정."[49] 이런 점에서 호모 사케르는 내부로부터 추방된 자이지만, 그렇기에 그들은 정확히 주권의 영역 안에 있는 셈이다. "주권의 영역은 살인을 하지 않고도 또 희생 제의를 치르지 않고도 죽일 수 있도록 허락된 영역이며, 성스러운 생명, 곧 죽임을 당하되 희생되지 않는 생명이란 바로 이러한 영역 속에 포섭된 생명이다."[50] 여기서 내부와 외부를 구별하는 것은 불가능해진다. 내부와 외부가 구별불가능한 지대, 그것이 호모 사케르가 존재하는 위상학적 자리다.

호모 사케르는 이처럼 사회 내부로부터 추방된 자, 그러나 그러면서 여전히 그 내부에 있는 자들이다. 물론 아감벤도, 그를 원용하는 사람들도 호모 사케르라는 개념을 사용하면서 이런 로마시대의 규정을 엄격히 적용해야 한다고는 믿지 않을 것이다. 그래서 이국땅을 헤매는 탈북자들, 혹은 도시에서 일하지만 거주권이 없기에 절반도 안 되는 임

---

49) 같은 책, 101쪽.
50) 같은 책, 101쪽.

금으로 일해야 하는 중국의 '농공들', 인간으로서의 대접을 받지 못하고 동물처럼 '사냥' 되고 감금되는 이주노동자들, 자본에 고용되어 있으면서도 고용되어 있지 않은 것으로 다루어지는 파견노동자나 비정규직 노동자들처럼 내부에 있는 건지 외부에 있는 건지가 구별불가능한 자들, 내부에 있지만 사실상 난민이나 다름없는 자들('내부난민들'), 그래서 핍박 받고 고통 받는 모든 신성하지 않은 '희생자'들을 이런 이름으로 파악하기도 한다. 전지구화와 더불어 이런 사람들이 늘어나고 문제가 되는 상황이 필경 아감벤의 이론에 많은 사람들이 주목하는 이유일 것이다.

이러한 이중의 배제 속에서 그들은 '날 것의 삶' Bare Life 속에 던져진다. 그들에게 삶이란 정치·사회적 특정성 없이, 특정한 삶의 방식에서, 정치적 장인 '폴리스'에서 추방되고 배제된다. 그런 자들에게 남는 것은 동물적인 생명을 유지하는 것, 자신의 생존을 유지하고 재생산하는 것이다. 이처럼 폴리스적인 삶, 정치적이고 사회적인 특정성이 유지되고 존중되는 삶인 비오스bios와 대비하여 이 '날 것의 삶', 생존을 유지하는 삶을 아감벤은 조에zoe라고 명명한다.[51] 이는 아렌트가 말하는 '폴리스' polis와 '오이코스' oîcos에 대응되는 개념이다. 가정을 뜻하는 오이코스가 단순한 생존zoe의 영역이라면, 정치의 장인 폴리스는 이런 생존의 문제, 가정을 영위하는 문제, 이해관계의 문제를 떠나서 말 그대로 정치에 대해서, 사회적인 삶bios에 대해서 다루는 영역이다.

아렌트가 근대 정치의 근본적인 문제를 경제적 이해관계의 문제가 정치적 장과 뒤섞이고 그것을 지배하게 되었다는 점에서 찾는다

---

51) 아감벤, 『호모 사케르』, 1~2쪽.

면,[52] 아감벤은 근대 정치의 문제를 "폴리스의 영역으로 조에가 들어간 것"이라고 본다는 점에서[53] 동형적인 입장을 갖고 있다. 비오스의 영역이어야 마땅한 정치의 장이 조에를 대상으로 하게 되었다는 것. 물론 완전히 동일한 것은 아니다. 아렌트가 오이코스에 속하는 자들을 폴리스의 영역에서 배제하는 것을 당연하게 여기고 있다면, 아감벤은 그런 자들이 배제되어 동물적인 생존으로 몰락해 버린 사태를 비판하고 있다는 점에서 양자는 상반된 입장을 갖고 있는 것으로 보인다. 그런데 동물적 생존이 폴리스의 대상이 된 것이 문제라면, 아감벤이 바라는 출구는 어디일까? 그 동물적 생존의 문제를 정치에서 분리하여 다시 오이코스로 되돌려 보내는 것? 그 경우 폴리스는 '좋은 삶' bios을 정치의 대상으로 삼을 수 있게 될 것이다. 그러나 그것은 생존의 문제를 정치에서 배제하는 것을 뜻하는 게 아닐까? 생존이 문제가 되는 사람들, 동물적 생존조차 보장되지 않는 사람들을 정치에서 분리한다면, 그 '생존'의 문제는 어떻게 다루어져야 할까? 생존의 조건을, 즉 부와 생존수단을 장악하고 있는 사람들의 개별적인 배려에 기대야 할까? 물론 아감벤이 이런 걸 바랄 거라고는 생각하지 않는다. 그러나 아감벤이 폴리스와 오이코스, 비오스와 조에의 구별을 그대로 따르면서 양자의 뒤섞임을 비판하는 문제설정에서 다른 출구를 상상하기는 어려워 보인다. 이런 점에서 아렌트의 입장과 대칭적인 동형성을 갖고 있다고 해야 할 것 같다.

날 것의 삶이 정치의 대상이 되었다는 것이 근대 정치 전체의 문제

---

52) 아렌트, 『인간의 조건』, 이진우 외 옮김, 한길사, 1996, 80~81쪽.
53) 아감벤, 『호모 사케르』, 5쪽.

라는 아감벤의 주장을 그대로 받아들이긴 쉽지 않지만, 20세기 역사에서 이처럼 날 것의 삶이 확연하게 문제가 된 사실이 있었음은 분명하다. 아우슈비츠라는 이름으로 상징되는 수용소가 그것이다. 법적인 위반 없이 체포되어 수용되고, 살인이란 죄목 없이 죽음이 행해지던 곳, 나아가 생체실험처럼 말 그대로 날 것의 삶/생명이 적나라하게 다루어지던 곳. 거기에 수용된 사람들에게 주어지는 삶이란 먹고 생존을 유지하는 것뿐이다. 어떠한 정치적 존중도, 사회·문화적 배려도, 혹은 어떠한 법적 보호도 없는 모욕적인 삶, 그저 죽이지 않는 걸 다행으로 알고, 죽지 않기 위해 어떤 모욕도 감수해야 하는 삶이 거기 있다. 이런 점에서 아감벤은 강제수용소야말로 근대적인 생명정치의 근본적인 패러다임을 형성한다고 본다.[54] 그는 이를 슈미트의 개념을 빌려 근대 정치의 '노모스'라고 부른다. 노모스nomos란 법이라는 말의 어원이 된 그리스어인데, 이런저런 법을 지칭하는 게 아니라 그런 법들의 근원이자 근거가 되는 어떤 사태를 뜻한다. 기원적인 출발점, 그것이 노모스다.

　　나아가 아감벤은 1789년 프랑스 혁명의 인권선언은 인권의 원천을 날 것의 자연적 삶(즉 태어났다는 순수한 사실 자체)을 바탕으로 한다는 점에서, 날 것의 삶이 근대 국민국가의 기초가 되었음을 보여 준다고 간주한다.[55] 이로써 근대 정치의 핵심이, 근대적 주권의 요체가 날 것의 삶을 대상으로 하는 권력이라는 명제는 좀더 일반성을 갖고 확대된다. 이럼으로써 호모 사케르는 고대 로마의 특정한 사람들이 아니라, 근대 국가 전체의 모든 사람들로 확대된다. "만약 근대 국가의 기

---

54) 아감벤, 『호모 사케르』, 193쪽.
55) 같은 책, 149쪽.

초에 놓여 있는 것이 자유롭고 의식 있는 정치적 주체로서의 인간이 아니라 신민으로부터 시민으로의 이행 속에서 주권의 원리가 부여되었던 단순한 출생, 즉 인간의 헐벗은 삶이라고 하는 것을 잊어버린다면, 19세기와 20세기의 근대 국가의 '국민적'이고 생명–정치적인 발전과 사명을 이해할 수 없게 된다."[56] 난민이나 이주노동자만이 아니라 정규직의 내국인 노동자도, 국민이란 '신분증'을 갖고 있는 모두가 호모 사케르인 것이다!

죽여도 죄가 안 되는 존재로서 호모 사케르란 개념을, 비록 고대적인 기원을 갖는다고는 해도, 수용소에 갇힌 사람들에 적용하는 것은 충분한 이유를 갖는 것 같다. 그러나 그 고유한 지대를 넘어서 이주노동자, 장애인, 비정규직 노동자, 혹은 중국의 '농공' 등에게, 나아가 근대적 국민 전체로까지 확대하여 적용하게 되면, 법 안에서 법의 보호를 못 받는 사람이나 법 밖에 있기에 법의 보호를 못 받는 사람, 나아가 핍박 받거나 법의 보호에서 벗어난 모든 사람이 호모 사케르임을 뜻하게 될 것이다. 신체 그 자체가 정치의 대상이 된 근대인 전체가 호모 사케르라는 아감벤의 주장은 이를 직접적으로 보여 준다. 신분증이 있는, 다시 말해 법의 보호를 받고 생존을 국가가 관리하는 정상적 '국민'과 그것이 없거나 문제가 되어 법의 바깥에서 핍박 받으며 생존이 정치에서 배제된 (불법화된) 이주노동자나 농공을 구별마저 넘어 일반화해 버릴 경우, 호모 사케르라는 개념은 그것의 가장 중요한 내용을 상실하게 되는 건 아닐까?

그런데 이런 식의 '일반성'을 젖혀 두고, 사회 내부에 존재하는 외

---

56) 같은 책, 150쪽.

부자들, 이주노동자나 농공 같은 '내부 난민'들로 국한하여 사용한다고 해도 또 다른 문제가 남는다. 이처럼 특정한 종류의 사람들로 한정할 경우에도 "죽여도 죄가 되지 않는 존재"라는, 호모 사케르의 핵심을 이루는 규정이 과연 유효할까 의문이기 때문이다. 아무리 법-외적 존재라고 해도 가령 (불법) 이주노동자를 죽여도 살인죄가 안 된다는 말은 은유 이상의 의미로는 받아들이기 어렵다. 장애인도, 심지어 '난민'도 그렇다. 그런데 '죽여도 살인죄가 되지 않는'이란 규정을 직접적으로 적용할 수 없다면, 이 개념은 여전히 유효하다 말할 수 있을까? 그건 이 개념을 부각시켜 주었던 가장 핵심적인 요소를 빼고 그 개념을 적용하는 것을 뜻하는 게 아닐까? 혹 '죽여도 죄가 되지 않는'이란 규정을 추방이나 억압, 수탈 같은 '나쁜 상황'을 지칭하는 은유로 사용할 수 있지 않느냐고 반문할지도 모른다. 그러나 그 경우 호모 사케르란 그저 '불쌍한 사람들'을 지칭하는 멋스런 용어에 지나지 않을 것이다. 최대한 개념적 의미를 인정한다고 해도, '소수자'나 '피억압자', '타자' 등의 말과 구별되는 지점이 없을 것이다. 이 경우 호모 사케르는 이론적 개념이 아니라 단지 '수사적인' 용어라고 해야 한다. 왜냐하면 '죽여도 죄가 되지 않는'이 '호모 사케르'라는 말을 다른 개념과 구별해 주는 핵심인데(이걸 위해 로마까지 거슬러 올라갔는데!), 그 규정을 적용하지 않고 사용한다면, '불쌍한 사람들'의 어려운 상황을 '죽음'이라는 말로 과장하는 수사적 차이 말고는 따로 남는 게 없기 때문이다.

그렇지만 호모 사케르라는 개념이 '외부'라는 우리의 주제와 밀접한 관계를 갖고 있음은 분명하지 않은가? 정치에서 외부성의 문제를 사유하게 해주는 개념이라고 할 수 있지 않은가? 내부에 존재하는 외부, 혹은 외부로서 존재하며 주권의 영역을 규정하게 해주는 내부, 그리하여 내부와 외부가 구별불가능한 지대. 이 외부는 외부라는 말을 사용한 어떤 경우보다 끔찍하고 처참한 외부다. 죽어도 말 못하는 존재, 죽어도 희생으로도 안 쳐주는 존재. 부정적 외부, 하루 빨리 사라져야 할 비참한 외부다. 이에 비하면, 레비나스의 '고통 받는 타인'은, 과부, 고아, 빈민은 정말 아무것도 아니다!

외부 개념은 이처럼 부정성의 형태로 출현하는 경우가 많았다. 그러나 블랑쇼의 외부는 순수 부정성이지만, 그것은 기존의 관념이나 관계를 지우며 새로운 관계를 기입하게 해주는 부정성이었고, 존재자에 새로운 규정을 불어넣어 주는 부정성이었다는 점에서 사실은 긍정적인 것이었다. 레비나스의 외부나 타인 개념은 고통이라는 부정성으로 표상된다는 점에서는 비슷하지만, 그것은 대면하는 주체로 하여금 자기를 넘어서게 하는 타자였다. 거기서 그는 윤리학의 가능성을 찾아낼 수 있었다. 푸코의 역사적 타자 개념은 동일자에 의해 부정적 형상을 뒤집어썼지만('타자화'), 그것은 사실 동일자에 없는 어떤 능동적 힘의 유폐로 인한 것이었기에,[57] 동일자와 대결하고 동일자의 지반을 근본에서 흔들어 놓을 수 있는 것이었다. 호모 사케르는 어떨까? 극단적 부정성의 형상 밑에는 어떤 능동적 힘도 감추어져 있지 않다. 있는 그대로 벌거벗은, 날 것의 생명만이 있을 뿐이다. 가령 이러한 '외부'가 어떤 저항의 지점이 될 수 있을까? 혹은 어떤 긍정적 창조의 지대가 될 수 있을까? 비참한 형상을 통해 주권에 대해 비판하는 동정과 분노의 정치학? 그런 게 정치학이 될 수 있는지 나는 아직 잘 모르겠다. 니체

---

57) 가령 광인은 이성에 의해 유폐되기 이전인 르네상스 기에는 "세상의 비밀을 엿본 자"로 간주되었고, 그래서 에라스무스의 『우신예찬』(우신은 광기를 뜻하는 Narrheit의 번역이다)이 잘 보여 주듯이 일종의 경외의 대상이었다.

나 스피노자라면, 그에 대해 '좋음/나쁨'의 개념을 통해 작동하는 '윤리학'ethic이란 말조차 사용하지 않을 것이다. 그것은 불쌍한 사람들, 가난한 사람들을 핍박하는 정치적 '악'에 대한 분노와 가책을 야기하는 '도덕'moral에 지나지 않는다고 말할 것이 분명하다.

그러나 호모 사케르라는 개념이 나름의 강한 호소력을 갖고 있음은 부정할 수 없을 것 같다. 그것은 어디서 나오는 것일까? 그것은 아마도 이주노동자나 난민처럼 기본적인 생존조차 법이나 사회적 제도의 보호를 받지 못하는 비참한 상황에 대한 사람들의 공감에서 나오는 것 같다. 인간이라면 누구나 갖고 있게 마련인 양식/상식에서, 그 비참한 상황을 '죽여도 죄가 되지 않는 존재'라는 극한적 형상으로 강화하는 데서 나오는 것일 게다. 이런 점에서 이 날 것의 삶에 대한 비판은 맑스의 소외론과 매우 닮아 있는 것 같다. 맑스의 소외론이, 단순화해서 말하자면, "인간을 기계처럼 다루다니, 나쁜 넘덜!"이란 '인간적인' 통념을 이론적으로 표현한다면, 아감벤의 호모 사케르는 "인간을 짐승처럼 다루다니, 나쁜 넘덜!"이란 '인간적' 통념을 이론적으로 표현한다는 점에서 둘 사이에는 어떤 유사성이 있는 것 같다.

날 것의 삶, 오직 생존이라는 최소치로 밀려 내려간 삶, 혹은 그 생존마저도 보장되지 않은 삶, 그것은 바로 인간이 짐승을 부리는 방식이고, 짐승을 대하는 방식이다. 그러나 부리는 대상이 짐승인 한에선 전혀 문제라고 느끼지 못하지만, 그게 인간으로 바뀌는 순간 솟아오르는 분노, 그것은 정확히 인간중심주의적 분노다. 소외론이 인간의 사물화(기계화)에 대한 분노의 표현이라면, 호모 사케르는 인간의 동물화에 대한 인간중심주의적 분노의 표현이다. 소외론이 합목적적 존재로서의, 혹은 수단 아닌 목적으로서의 인간의 특권적 지위에 대한 인간중심주의적 통념에 기초하고 있는 것처럼, 호모 사케르의 이론은 동물적 생존(조에)이 아니라 인간적인 좋은 삶(비오스)을 누려야 할 존재("인간은 폴리스적 동물이다")로서의 인간의 특권적 지위에 대한 인간중심주의적 통념에 기초하고 있다. 따라서 통념에 기초한 호소력이 떠받쳐 주기에, 소외론만큼 이 이론의 생명도 길 것이 틀림없다.

맑스의 소외론이 '외화'라는 내부화하는 활동의 실패를, 그것의 한계를 지적하는 방식으로 정신의 외부가 존재함을 함축하고 있었다면, 아감벤의 이론은 주권이라는 내부적 작용이 가능하려면 그런 '외부'가 존재함을 함축하고 있었다. 양자 모두 내부의 한계지점, 혹은 내부와 외부의 경계지점에 주목하고 있는 셈이다. 그러나 소외론이 소외 자체가 자본주의와 사적 소유라는 역사적 조건에 기대고 있음을 명확히 하고 있었다면, 호모 사케르는 고대 로마에서 수용소, 근대 국민 전체로까지 하나의 개념으로 묶어 일반화함으로써 역사적 조건을 지우는 대가를 치러야 했다. 그래서 소외론이 소외의 극복이란 전망을 역사적 조건의 변혁을 통해 그려볼 수 있었다면, 호모 사케르의 이론은 주권의 존재 자체를 부정할 수 없는 한 호모 사케르의 존재 자체 또한 부정할 수 없는 어두운 일반성에 머물러 있는 것 같다.[58] 소외론이 '소외 극복'을 지향하는 어떤 정치적 실천의 이론을 가능하게 하는 것과 달

---

58) 가령 푸코는 "살게 두고, 죽게 만들 수 있는"(laisser vivre, faire mourir) 17~18세기의 생명-권력과 "살게 만들고, 죽게 내버려 두는"(faire vivre, laisser mourir) 19세기 이후의 생명-권력의 차이 내지 비대칭성을 강조하지만(푸코, 『사회를 보호해야 한다』, 박정자 옮김, 동문선, 278쪽), 아감벤에겐 그런 차이가 전혀 관심거리가 아니다. 로마시대의 '호모 사케르'를 모델로 하는 생명권력의 이론에 그런 차이는 차라리 피하고 싶은 곤란이었을지도 모르겠다. 이에 대해서는 이진경, 「근대적 생명정치의 계보학적 계기들」, 『시대와 철학』, 2007년 겨울호 참조.

리, 이 이론은 '메시아적 구원'이라는 신학적 희망 말고는 어떤 정치적 실천의 이론도 함축하고 있지 않은 것 같다. 이는 이 이론의 생명이 소외론만큼 길지는 못하리라는 것을 시사하는 것 같다.

2) 예외상태와 주권

아감벤의 이론에서 또 하나 중요한 축을 이루는 것은 예외상태와 주권의 개념이다. 그는 "주권자는 예외상태를 결정하는 자이다"라는 슈미트의 테제를 끌어와 주권을 정의한다. "주권자는 사실, 법질서에 의해 예외상태를 선포할 수 있는 권력을, 질서의 효력 자체를 중지시킬 수 있는 권력을 부여받은 자이다."[59] 이러한 정의는 명백한 역설을 포함한다. 정상상태의 본질이 예외상태라는 것, 그리고 예외상태를 선포할 주권자의 권력은 정상상태에 의해 보장되지만 그것은 정상상태 전체를 중지시킬 수 있는 권력이란 점에서 정상상태의 바깥에 있다는 것이다. "법의 효력을 중지시킬 수 있는 합법적 권력을 가진 주권자는, 자신을 합법적으로 법 외부에 위치시킨다." 요컨대 "주권의 역설은 주권자가 법질서 외부에 있는 동시에 내부에 있다는 사실로 이루어진다."[60]

　『호모 사케르』의 제1장 첫 문장부터 아감벤은 내부와 외부의 위상학적 교착상태를 문제화하려 하고 있음이 분명하다. 내부와 외부가 구별불가능하게 뒤섞인 이러한 교착에서 본질적인 지위를 점하는 것은 '외부'다. 왜냐하면 예외상태의 선포는 정상상태, 정상적 질서를 규정하는 실질적인 본질인 반면, 그러한 예외상태의 선포는 굳이 법이 보장

---

59) 아감벤, 『호모 사케르』, 16쪽.
60) 같은 책, 16쪽.

하는 절차나 형식을 따르지 않으면서 실행될 수 있기 때문이다. "예외는 규칙적인 사례〔통상적인 사례〕보다 훨씬 더 흥미롭다. 규칙적인 사례는 아무것도 입증하지 못하는 반면, 예외는 모든 것을 입증한다……. 규칙 자체는 오직 예외에 기생한다."[61] 이는 불법적인 폭력이나 권력을 행사하여 권력을 장악하고 정상상태를 새로이 정립하는 수많은 쿠데타들, 혹은 희소하지만 '혁명'의 사례를 상기해 보는 것으로 충분하다.

독재권력을 행사하는 대부분의 정부들이 그런 방식으로 성립되었음을 우리는 잘 알고 있다. 나아가 이렇게 성립된 정권은 위기적 상태에 처하게 되면 다시 예외상태를 선포하고(계엄령은 가장 흔한 형태일 것이다) 정상상태를 재정의할 수 있는 외부의 존재를 드러낸다. 쉽게 떠오르는 것은 1980년 5월 17일 쿠데타로 권력을 장악하고 계엄령을 선포한 뒤 헌법을 고쳐서 '제5공화국'을 만들고는 대통령에 취임한 전두환 정권의 경우일 것이다. 그러나 이미 대통령의 자리에 있으면서 전국에 비상계엄령을 선포하고 헌법을 정지시키고 국회를 해산한 다음 장기집권을 위해서 이른바 '유신헌법'을 만들고 제4공화국을 선포했던 박정희의 경우처럼 '합법적인' 경우 역시 마찬가지였다. 이처럼 '비상사태'를 선포할 권리는 합법적이며, 이른바 '후진국'의 독재국가에만 국한되지 않는다. 예를 들면 9·11 이후 '테러와의 전쟁'을 선포하여 새로운 '정상상태'를 만들겠다고 선언했던 미국의 경우도 이와 다르지 않다.

그러나 주권권력은 이처럼 정상상태를 정지시키는 특정한 경우로

---

61) 슈미트, 『정치신학』 : 아감벤, 『호모 사케르』, 17쪽에서 재인용.

제한되지 않는다. 정치적 질서가 정상상태에 있는 경우에도 그 정상상태의 본질은 예외상태를 선포할 권리라는 것이 슈미트-아감벤의 주권 개념이다. 아감벤은 이를 '잠재성'의 개념을 통해 설명한다. 아리스토텔레스를 따라 아감벤은 "현행성actuality으로 이행하지 않을 수 있는 것"으로서 잠재성을 정의한다. 무슨 말인가? 아리스토텔레스는 잠재성을 두 가지로 구분한다. 하나는 볍씨를 심으면 벼가 된다는 점에서 볍씨는 벼가 될 잠재성을 갖고 있다. 이는 조건만 갖춰지면 자연적으로 현행화되는 것이란 점에서 '자연적 잠재성'이라고 할 수 있다. 반면에 건축가는 집을 지을 수 있지만, 마음 먹기에 따라선 안 지을 수도 있다는 점에서 본능적으로 지을 수밖에 없는 벌과 다르다. 아리스토텔레스는 이를 '자연적 잠재성'과 구별하여 '로고스적 잠재성'이라고 한다. 할 수 있지만 마음 먹기에 따라 안할 수도 있는 능력이 로고스적 잠재성인데, 이는 통상적인 자연과 다른 인간적 특성을 보여 주는 것이라고 하겠다.

그런 의미에서 아감벤은 "현행성으로 이행하지 않을 수 있는 능력"인 이러한 잠재성을 '비-잠재성'이라고 정의한다.[62] 그리고 이러한 개념을 빌려 주권의 이중성을 설명한다. 주권이란 예외상태를 선포할 수 있는 권력을 갖지만, 정상상태에서 그것은 예외상태를 선포하지 않고 작동한다. 예외상태를 선포할 수 있지만 그것을 하지 않고 있는 상태, 그러나 언제든 선포할 수 있는 권력을 갖고 있기에 누구든 권력에 따르지 않을 수 없는 상태, 그것이 바로 정상상태다. 이는 현행성(예외상태 선포)으로 이행하지 않은 상태, 그러나 맘 먹으면 얼마든지 이행

---

62) 아감벤, 『호모 사케르』, 53쪽.

할 수 있는 능력으로서의 잠재성 개념을 통해 주권의 정상적 상태를 정의하고 있는 것이다.

> 주권은 항상 이중적이다. 왜냐하면 잠재성으로서의 존재Being는 자기
> 자신을 절대적 현행성으로 실현하기 위해…… 스스로를 유예하기 때
> 문이다. 극한에 이르면, 순수한 잠재성과 순수한 현행성은 구별불가능
> 하며, 주권이란 정확히 말해 바로 이런 구별불가능성의 지대이다.[63]

따라서 주권은 예외상태를 선포하는 경우뿐만 아니라 그렇지 않은 경우에도 실질적인 권력으로 존재한다. 심판을 두려워하는 자에게 신은 심판의 순간 이전에도 항상 존재하는 것처럼, 주권권력 역시 항상 존재하는 것이다. 예외의 우선성을 명시하는 이러한 입론에서 '외부의 일차성'을 확인하는 것은 아주 쉬운 일이다. 정상상태, 정상적 형태의 질서, 내부적인 안정성은 예외상태라는 외부에 의해 가능하게 되는 것이고 유지되는 것이다. 그 '외부'는 직접적으로 가동하지 않을 때에도 항상-이미 가동중인 것이다. 잠재성, 예외상태와 연결된 이러한 주권 개념에서 우리는 외부성의 사유를 보아야 할까?

결론부터 말하면, 그건 아닌 것 같다. 먼저, 현행화될 수 있는 본질을 이미 내부적으로 포함하고 있음을 뜻하는 아리스토텔레스의 '자연적 잠재성' 개념이 내부성의 사유에 충실하다는 것을 안다면(현행적인 것이란 잠재된 내적 본질의 전개와 실현을 뜻한다), 그러한 **내적 본질의 전개를 유예하는 것**으로서의 '로고스적 잠재성'이 유예된 내부성의 관

---

63) 같은 책, 55쪽.

념에 머물러 있음을 이해하기란 그리 어렵지 않을 것이다. 그러나 외부성이란 유예된 내부성 같은 것이 결코 아니다. 위협적인 상태, 공포를 주는 예외상태로서의 주권의 개념이 "까놓고 박살나고 싶지 않다면 얌전히 하라는 대로 해"라는 것을 뜻하는 것인 한, 유예된 예외상태란 사실은 주어진 '질서' 안에 있는 것이고, 거기서 이탈하려는 것을 내부에 잡아 가두는 것이다. 따라서 정상상태란 유예되고 연기되는 예외상태에 지나지 않는다는 주권의 개념은 역으로 예외상태마저 사실은 정상상태의 일부로 내부화하고 있는 것이라고 해야 하지 않을까? 나아가 예외상태가 주권의 본질에 속한다는 것은, 현행적으로 작동하는 경우에도 그 예외상태조차 주권의 내부에 있음을 뜻한다는 것은 분명하다.

정상상태의 외부로서 예외의 일차성은 분명 외부성의 사유와 유사한 양상을 취한다. 그러나 예외상태를 선포할 수 있는 권리 내지 권력이 주권자에게 귀속될 때, 그것은 주권자의 자의성마저 용인하는 절대적 권력에, 그러한 권력의 초월성에 귀속되어 버린다. 즉 예외상태의 일차성, 혹은 예외상태의 절대성이란 주권자의 초월성을 뜻하는 것이 되어 버린다. 여기서 주권자를 누구로 상정하든 별다른 차이가 없다. 슈미트처럼 '총통'이라는 주권자를 염두에 두고 있건, 아니면 앞서의 예에서처럼 자의적 권력을 행사하는 독재자를 염두에 두고 있든, 혹은 루소나 좌파 이론에서처럼 인민을 염두에 두고 있든, 주권이 초월적 지위를 차지하고 있다는 점에서는 다르지 않기 때문이다.[64]

사실 법적인 질서, 혹은 정치적 질서는 그 안에 무수한 외부들을

---

64) 실제로 슈미트는 이러한 주권 개념이 '독재' 개념을 함축한다고 하면서, 루소나 프롤레타리아 독재 개념을 연결하고 있다.(슈미트, 『독재론』, 김효전 옮김, 법원사, 1996)

포함한다. 즉 기존의 질서, '정상상태'와 충돌하거나 거기서 벗어나는 무수한 사건들, 무수한 충돌의 지대를 항상-이미 포함하고 있다. 그렇기에 법조차 법에 명시된 그대로 적용되는 게 아니라, 어떤 것이 '정의'인가를 다투는 사법적 과정을 항상-이미 전제하고 있다. '정상상태'란 그것의 외부와 충돌하며 진행되는 내재적 과정의 한 상태, 한 단면에 지나지 않는다. 무수히 많은 정상상태들이 있는 것이고, 그 이상으로 많은 외부적 충돌의 지점들이 있는 것이다. 주권의 '잠재적' 현존에도 불구하고, 그 권력에서 이탈하는 더욱 많은 잠재성(!)들이 있는 것이다. 정상상태를 정지시키는 '예외'란 이 내재적 과정을 중지시켜 '주권자'의 의사에 따라 정상상태를 재정의하는 초월적 개입이다. '예외'는 정상상태의 외부라기보다는 정상과 '비정상', 정상과 그 외부들 사이에서 진행되는 **내재적 과정의 외부**다. 내재적 과정의 예외, 내재적 과정에서 벗어나 내재적 과정을 마음대로 중단시킬 수 있는 존재, 혹은 모든 내재적 과정이 귀속되는 예외적 존재, 그것은 정확하게 초월자를 뜻한다. 그것은 내재적 과정 속에 있는 어떤 하나가 스스로를 내재성의 예외로 간주하여 초월자로 정립하는 방식으로 만들어진 것이다.

주권자, 그것은 정치학에서 초월자의 다른 이름이다. 사실 "예외상태를 선포할 권력"이란 주권권력의 초월성을, 주권자의 초월성을 직접적으로 표현하는 것 아닌가! 따라서 그것은 뜻하지 않은 어떤 외부성에 의해 초월적인 것처럼 보이던 지위마저 흔들리고 변화하고 뒤집히는 그런 내재성의 사유(이거야말로 혁명의 사유 아닐까?)가 아니라, 예외상태라는 극적인 형식으로 모든 내재적 과정을 주권자라는 하나의 특권적 존재에 복속시키는 초월성의 사유로 귀착된다. 초월성의 사유가 외부성의 사유와 전혀 다른 계통에 속한다는 것은 다시 길게 말하지 않아도 좋을 것이다. 이러한 주권의 사유를 '정치신학'이란 이름으로 명명했던 것을 보면,[65] 다시 말해 이러한 주권 개념이 신학적 사유에 속한다는 것을 명시했던 것을 보면, 적어도 슈미트 자신은 자기가 말하는 게 무엇을 뜻하는지 잘 알고 있었던 것 같다.

정치신학에서, 이러한 초월적 주권의 이론에서 주권권력 자체를 부정할 길이 있을까? 당연한 것이겠지만, 어떠한 주권이론가도 주권권력의 존재를 의문시하고 그것을 부정하려 한 적은 없었던 것 같다. 이는 인간을 동물처럼 다루는 근대적 주권, 근대의 노모스로서 수용소를 지적하며 '비판적' 태도를 취하는 아감벤의 경우도 다르지 않은 것 같다. '주권자', 신을 부정하는 신학이 불가능한 것처럼, 주권이나 주권자를 부정하는 정치신학은 있을 수 없는 것이다. 그렇다면 주권권력에 대한 비판이란 대체 어떻게 가능한 것일까? 주권권력에 대한 '비판'은 대체 어떤 다른 삶, 다른 세계를 사유할 수 있을까? 랑시에르 말대로 "배제상태의 일반화를 고발하고, 재앙의 밑바탕으로부터 오는 구원의 메시아적 기대에 호소"하는 것? 혹은 "정치적 이견에는 어떤 자리도 주지 않고 단지 가능성 없는 존재론적 혁명에서 구원을 기다리는 것"?[66]

물론 아감벤은 "메시아의 도래가 법의 완성과 완결을 나타낸다고 하는 점……〔그러나〕일신교에서 메시아주의는…… 종교적 경험 일반의 한계 개념을 구성하며, 메시아주의가 법인 한에 있어서는 종교적 경험이 자기 자신을 넘어서서 자기 자신을 의문시하는 지점"이라고 말할 것이다. 그래서 "법의 잠재성을 현행성으로 이행하도록 강제하는" 것

---

65) 슈미트, 『정치신학』, 김효전 옮김, 법문사, 1988.
66) 랑시에르, 『미학 안의 불편함』, 주형일 옮김, 인간사랑, 2008, 186쪽.

으로서 '도발' provocation의 전략을 제시하려는 것인지도 모른다.[67] 나아가 "법적·정치적 관점에서 메시아주의는 예외상태의 이론이다.……메시아에게는 그 권력을 전복할 힘이 있다는 점에서 다르다"고 말할지도 모른다.[68] 그러나 메시아주의가 예외상태의 이론인 한, 메시아의 도래조차 새로운 주권자, 아니 진정한 주권자로서 메시아의 존재를 확인하는, 결국은 '진정한 예외상태', '진정한 주권자'를 확인하는 것으로 귀착되고 마는 게 아닐까?[69] 그것이 '종교적 경험의 한계를 구성한다'는 말은 정확히 이런 의미가 아닐까? 좀더 세속적인 형태인 '도발'의 전략 또한, 그것이 예외상태를 선포하는 주권자의 초월적 개입을 야기하는 것인 한, 그것은 주권의 부정이 아니라 주권의 현존을 확인하는 것으로 귀착되고 마는 게 아닐까?

결국 우리는 주권의 손 안에서 맴돌고 있는 손오공이 되고 만다. 주권의 초월성을 넘어서기 위해선 주권을 초월자로 만드는 사고방식 자체를 넘어야 하는 게 아닐까? 주권 없이 권력이나 정치를 사유하는 것, 혹은 주권조차 주권의 외부에서 사유하는 것. 그것은 정치에서 신학적 사유를 벗어날 것을, 정치를 내재성의 장 안에서 사유할 것을 요구하고 있는 게 아닐까?

---

67) 아감벤, 『호모 사케르』, 66~67쪽.
68) 같은 책, 68쪽.
69) 주권적인 사유, 주권적인 권력 개념을 동일하게 가정하고 있다는 점에서 인민주권의 이론 역시 국가적 주권의 이론과 다르지 않다. 차이는 그 주권을 누가 소유하는가에 대한 생각뿐이다. 그러나 슈미트는 루소의 인민주권이론을 통해 자신의 '독재론'을, 파시즘적 독재의 이론을 구성한다. 나아가 맑스주의의 프롤레타리아독재 이론마저 자신의 독재이론과 하나의 연속성을 갖는 것으로 이해한다(슈미트, 『독재론』). 동일한 주권적 권력의 개념, 사실은 신학적 기원을 갖는 주권의 개념을 가정하는 한, 주권의 소유자를 바꿔치우는 것은 아주 쉬운 일일 것이다.

3. 불화, 혹은 자격 없는 자들의 정치학

1) 비-인간, 비-국민, 비-시민의 정치

몇 년 전 황당한 법적 소송이 있었음을 알고 있다. '도롱뇽의 친구들'을 자처하는 사람들이 천성산에 사는 도롱뇽들의 이름으로 천성산을 관통하는 고속철도 터널공사계획의 중단을 요구하는 소송. 물론 이는 단지 소송에 그치는 것만은 아니었다. 소송에 관한 소식이 보도되었을 때, 대개는 도롱뇽의 이름으로 소송을 한다는 발상에 대해 한편으로는 놀라면서도 다른 한편으로는, 천성산 보호를 위한 투쟁을 지지하던 사람들조차, 사실 속으로 슬며시 웃었을 것이다. 도롱뇽이 자신의 서식처를 지키기 위해 소송을 걸다니! 정말 뜻밖의 사건이었지만, 반은 농담처럼 간주되었던 사건이었다. 물론 소송이 기각되었을 때, 공사 재개의 중단을 요구하며 100일이 넘는, 정말 목숨을 건다는 말이 은유가 아니었던 지율스님의 단식투쟁으로 인해 웃을 수 없는 진지함을 받아들이게 되었다고 해도, 많은 사람들이 아직도 그 소송은 불가능한 소송으로 생각하고 있을 것이다. 1심이나 최종심이나 재판부의 기각판결 역시 가장 먼저 도롱뇽을 사건의 당사자로서 인정할 수 없다는 것을 이유로 하고 있다. 그것은 이 사건에서 그들이, 판결하는 사람의 눈에 당사자로 보이지 않는다는 말일 것이다.

사건의 당사자란 자신의 어떤 권리를 주장할 수 있는 주체, 즉 통상적 용어로 권리의 주체임을 뜻한다. 소송이라는, 법적 권리를 전제로 법적 판단을 하는 절차에 판단을 맡겼다는 점에서 사실 처음부터 이길 수 없는 싸움이었는지도 모른다. 그럼에도 불구하고 이 소송은 적어도 일부의 사람들에게는 도롱뇽 같은 인간 아닌 생명체 또한 어떤 사건의 당사자, 어떤 사태의 대해 자신의 권리를 갖는 주체일 수 있음을 가시화하는 데 결정적인 역할을 했다고 나는 믿는다. 랑시에르에 따르면 이것이야말로 '정치'라는 이름에 정확하게 값하는 것이다. 즉 이처럼 보이지 않던 것을 보이게 만들고, 나누어 가질 몫이 없었던 자가 그 몫을 다투게 되는 것이 바로 '정치'라는 것이다.

이는 단지 인간 아닌 존재의 경우에만 해당되는 것은 아니다. 가령 이주노동자들, 특히 체류기간이 지나거나 직장을 여러 번 옮겨 합법적인 자격을 잃은 이주노동자들은 어떤 법적인 권리도 갖지 못하며, 그 결과 임금을 떼인 경우에조차 임금을 달라고 요구할 권리를 갖지 못한다. 예전에 한 이주노동자는 자전거를 훔쳐 가던 사람을 붙잡아 파출소로 끌고 갔지만, 경찰들은 그가 이른바 '불법취업자'임을 확인하고는 그를 체포했고, 도둑질을 한 한국인은 풀어주었다. 여기서도 '불법취업자'는 도둑질을 당했어도 자신의 권리를 주장할 권리를 갖지 못한다. 즉 그는 사건의 '당사자'가 아니다. 합법적인 이주노동자의 경우도 그렇다. '산업연수생' 제도나 '고용허가제'에 그대로 따르기 힘든 조항이 너무 많지만, 이주노동자는 한국의 '국민' 내지 '시민'이 아니기 때문에 그에 대해 고치라고 말할 권리를 갖지 못한다. 자기가 일하는 조건이지만, 그에 대해 말할 권리를 갖지 못하는 것이다. 그들은 그런 제도와 관련해 몫을 갖지 못한 자인 것이다. 그러나 그러한 그들이 자신의 권리에 대해, 권리를 가질 권리에 대해, 주어지지 않았던 자신의 몫에 대해 요구하는 것, 바로 그것이 '정치'인 것이다. 그들에게 정해진 법에 따를 것을 요구하는 것은, 다시 말해 권리를 가질 권리로부터 배제된 자리에 충실할 것을 요구하는 것은, 랑시에르에 따르면, 정치가 아니라 '치안' police이다. 실제로 그들을 단속하고 '관리' 하는 것은 경찰, 혹은 법무경찰들의 일이며, 그들은 재판도 받지 못한 채 갇히거나 추방당한다. 그들은 도롱뇽과 마찬가지로 소송의 주체가, 저들 어법으로 말하면 '당사자' 가 아닌 것이다. 비-국민, 그들은 있어도 보이지 않는 존재, 있어도 고려되지 않는 존재인 것이다.

이런 의미에서 정치는 단지 도롱뇽이나 '불법' 이주노동자 같은 특별한 경우에만 국한된 게 아니다. 그것은 '인간' 이나 '인권' 이라는 일반적 문제와 관련된 것이기도 하다. 프랑스 혁명에서 '인간 및 시민의 권리선언' 이 있었지만, 그 이후에도 여성과 아이들, 외국인들은 '인간의 권리' 를 갖는 존재로서 인정받지 못했다. 잘 알다시피 여성들이 선거권을 갖게 된 것은 20세기 들어와서였다. 그 유명한 인권선언에도 불구하고 여성이나 아이들, 외국인은 그런 권리를 갖는 존재로 보이지 않았고, 그런 점에서 '인간' 으로 셈해지지 않았던 것이다. 인간의 초험적인 인식능력, 인간의 보편적인 권리에 대해 철학적 논변을 펼쳤던 칸트조차 여성과 아이들은 권리를 가져야 할 인간으로 간주하지 않았음 또한 잘 알려진 사실이다. 여성들이 그런 권리를 갖게 된 것은, 정치적 발언권을 갖지 못한 그들이 그런 권리를 갖겠다고, 정치에서 배제된 그들이 정치에 참여하겠다고 지속적으로 투쟁한 결과다. 그것이 '정치' 라는 이름에 값한다는 것은 사실 프랑스 혁명에 비추어 보아도 이론의 여지가 없다. 프랑스 혁명은 인간으로서의 권리를 인정받지 못했던 하층민들이, 그리하여 정치의 장에서 배제되어 있던 '상퀼로트' 들이 자신이 갖지 못했던 권리를 갖기 위해 봉기한 사건이었고, 그 결과가 인간이라면 누구나 동등한 권리가 있다는 법으로, 선언으로 귀착되었기 때문이다.

이런 점에서 정치란 권리를 갖지 못한 자의 권리를 다투는 것이고, '인간'으로, 혹은 '주체' 내지 '당사자'로 간주되지 않는 자들, 한마디로 '자격 없는 자들'이 자격을 다투는 것이다. 이것이 랑시에르가 말하는 정치의 개념이다.[70] '몫 없는 자들의 몫'을 다투고, '자격 없는 자들의 자격'을 다투는 이러한 정치의 개념이 자격 없는 자들을 배제하는 정치의 관념과 대극에 서 있다는 것은 분명하다. 이와 반대로 '자격 있는 자들만의 정치'를 정치의 순수한 형태로, 정치의 이상적 모델로 간주했던 대표적인 사람은 앞서 본 것처럼 아렌트였다. 랑시에르의 정치이론이 직접적으로는 플라톤과 아리스토텔레스를 언급하며 진행되지만, 사실 그것은 아렌트에 대한 비판에서 비롯된 것임이 분명하다.

2) 치안(police)과 정치

랑시에르Jacques Rancière에 따르면 정치를 오직 폴리스의 영역으로 한정하고, 정치 이외의 것은 오이코스로 분리시키려는 아렌트 식의 정치 관념은 '공동체'[71] 안에 자리와 위계를 분배하고, 그에 따라 자격과 권리를 할당하여 주어진 권리를 행사하게 하는 것이고, '정치'라는 이름으

---

70) J. Rancière, "Who is the Subject of the Rights of Man?", in South Atlantic Quarterly 103, 2/3 (2004), pp. 303~304.
71) 랑시에르는 '공동체'라는 말을 '하나로 통합된 집단'이란 넓은 의미에서 사용한다. 즉 여기서 '공동체'란 개인적인 것이나 자본주의적인 것과 대비되는 의미에서의 '공동체' 가 아니라, 하나로 통합된 집단이나 질서를 지칭한다. 이는 통상적인 의미에서의 '사회' 라는 말로 바꿔 쓸 수 있지만, 이 경우 폴리스와 오이코스가 혼합된 상태를 뜻하는 아렌트적 의미의 '사회'와는 다른 의미임을 명시해 두어야 한다. 우리의 경우에는 공동체라는 말이 자본주의와 대비되는 어떤 특정한 관계(이를 랑시에르는 '평등한 자들의 공동체' 라고 특정화하여 명명한다)를 뜻하는 방식으로 사용되는 경우가 많기에, 문맥에 따라 따옴표를 붙여 랑시에르의 어법대로 '공동체'라고 쓰기도 하겠지만, 그럴 만한 특별한 이유가 없다면 통상적 의미에서의 '사회'라는 말로 바꿔 쓰기도 할 것이다.

로 사회를 분할하는 구분선을 유지하는 것이다. 그것은 주어진 사회의 고유성을 유지하기 위한 '통치' 활동일 뿐이며,[72] 그것을 위해 이미 특정한 양상으로 분배된 권력을 행사하는 것에 지나지 않는다. 그래서 랑시에르는 아렌트가 말하는 '폴리스'polis의 정치학이란 정치를 폴리스police, 치안로 대체하는 것에 지나지 않는다고 본다. 즉 그것은 치안이지 정치가 아니라는 것이다.

아렌트처럼 정치를 별도의 영역으로 분리하고 자격 있는 자들만으로 참여를 제한하며(자격 없는 자들의 배제!), 분리되어 분배된 자리에 위계적으로 배열된 자격을 부여한다면, 그것은 정치에 대한 사유를, 아니 정치를 없애 버리게 된다. 그것은 '자유'를 말하지만 사실은 자유에서 배제된 자들을 억압하는 것이고, '필연'이란 이름의 봉사를 강제하는 것이다. 그것은 '평등'을 말하는 경우에도 사실은 자격 없는 자들의 불평등을 강제하는 것이며, 그러한 배제와 억압, 불평등으로부터 자신을 해방하려는 모든 종류의 정치를 정치의 영역에서 제거하는 것이다. 그 경우 정치 영역에는 권력을 소유하기 위한 투쟁, 혹은 권력을 행사하는 통치만이, 혹은 그런 권력행사의 정당성에 대한 추구/연구만이 남게 된다.[73] 요컨대 자유란 자격 있는 자들끼리 권력을 소유하기 위한 활동의 자유일 뿐이고, 평등이란 그런 활동을 위한 조건의 평등일 뿐이다. 제도권 정치에서 이른바 '야당'이 통치기구의 일부라는 것이야 말할 것도 없지만, 이른바 '비정부기구'마저 거버넌스governance라는 확대된 통치의 일부분이 되고 있다는 사실은 이를 잘 보여 준다. 해방의

---

72) 랑시에르, 『정치적인 것의 가장자리에서』, 양창렬 옮김, 길, 2008, 133~138쪽.
73) 같은 책, 233쪽.

정치가 종종 국가권력을 장악하는 문제로 환원되어, 이전의 '부당한' 통치에 대비되는 '정당한' 통치, 정당한 권력의 행사로 귀착되는 것, 그리하여 결국은 권력행사 방식의 정당성 문제로 귀착되고 마는 것 역시 이런 종류의 '치안'의 관념으로 정치를 대체하는 것이라고 말해야 하지 않을까?

랑시에르가 말하는 정치란 반대로 자격 없는 자로서 배제된 자들이 그 구획선을 깨고 들어가 자신들의 자격을, 권리를 요구하는 것이고, 자신들에게 분배된 복종의 '필연'을 깨는 것이고, 그런 식으로 설정된 사회적 위계를 뒤흔드는 것이다. 그것은 치안을 통해 유지되는 사회('공동체')의 통일성을 깨며, '공동체'(사회) 안에 존재하는 '불일치'를 드러내는 것이고, 상이한 세계가 '하나의 세계' 안에 공존하고 있음을 드러내는 것이다.[74] "내가 불일치라고 부르는 것은 바로 이런 것이다. 두 가지 세계를 동일한 하나의 세계 속에 놓기. 내가 이해하기로 정치적 주체는 그러한 불일치의 장면들을 상영할 수 있는 능력이다."[75]

홉스 이래의 사회이론이 대개 가정하는 '합의' 내지 '동의'의 관념은, 그렇게 분배된 자리에서 이탈하려는 자, 그렇게 주어진 위계에 저항하려는 자, 그리하여 주어지지 않은 몫을 요구하고 주어지지 않은 권리를 획득하려는 자를 보이지 않게 만드는 배제의 방법에 지나지 않는다. 정치란 사회 전체를 하나로 통합하는 '합의'와 반대로 '불화'가

---

74) 같은 책, 249쪽.
75) J. Rancière, "Who is the Subject of the Rights of Man?", in South Atlantic Quarterly 103, 2/3 (2004), p.304. "정치의 본질은 불일치다. 불일치는 이해나 의견들의 대결이 아니다……. 정치적 불일치의 고유함이란 대화 상대자들이 미리 구성되어 있지 않으면, 토론의 대상이나 무대/장면 역시 마찬가지로 미리 구성되어 있지 않다는 것이다."(랑시에르, 『정치적인 것의 가장자리에서』, 253쪽)

존재함을 드러내는 것이고, 동의 없이 가정된 '동의'를 깨는 것이다. 그런 합의나 동의가 처음부터 없었음을 드러내는 것이다.[76] 그럼으로써 합의야말로 배제의 형식임을 드러내는 것이고, 동시에 그 합의와 동의에 의해 배제되었던 것들, 거기에 가려 보이지 않던 것을 드러내는 것이다.

이러한 치안과 정치의 개념을 나는 이렇게 바꿔 쓸 수 있다고 생각한다 : 치안이 내부자들에 의한, 내부자들을 위한, 내부자들의 권력의 작동이라면, 정치란 외부자들에 의한, 외부자들을 위한, 외부자들의 저항의 작동이다. 이런 의미에서 외부성은 랑시에르의 정치학을 특징짓는 핵심이고 요체라고 할 수 있다.

이러한 정치학은, 대개 윤리학적 개념으로 사용되는 '타자'의 개념과 쉽게 이어진다. 물론 랑시에르는 정치학을 윤리학(도덕)으로 대체하려는 시도에 대해 매우 비판적이지만[77] 그럼에도 불구하고 '타자의 입장에 대해 말한다는 것'은 이해관계에 따른 정치와 그것을 넘어선 도덕이란 대립을 반박하는 중요한 의미가 있다고 본다.[78] 치안이 합의의 이름으로 이질적인 자들을 배제하면서 사회를 하나의 동질성으로 통합한다면, 정치는 이질적인 것이 그 동질성의 공간에 침범하는 것이고 그 안에서 자신의 존재를 드러내는 것이다. 그것은 당사자 아닌 자들을 배제하는 게 아니라 당사자 아닌 자들을 당사자로 만드는 것이다. 가령 알제리 인민의 해방전쟁을 "그들의 것"이라고 돌려보내는 게

---

76) J. Rancière, Disagreement : politics and philosophy, tr. by Julie Rose, University of Minnesota Press, 1999.
77) 랑시에르, 『미학 안의 불편함』, 주형일 옮김, 인간사랑, 2008, 171~172쪽.
78) 랑시에르, 『정치적인 것의 가장자리에서』, 215쪽.

아니라, 그것을 우리 자신의 것으로 끌어들이는 것이고, 그것을 통해 '프랑스인'이라는 정체성을 거부하고 뒤흔드는 것이며, 주어진 '자기'와 단절하여 자신이 결코 동일시할 수 없는 어떤 타자에 대해 동일시하는 것이며, 그러한 탈정체화(탈동일시)를 통해 정치적 주체성을 수립하는 것이다.

정치적 주체화는 언제나 세 가지 의미에서 '타자의 담론'을 함축한다. 첫째, 정치적 주체화는 타자가 고정해 놓은 정체성을 거부하는 것이고, 이 정체성을 변조하고, 자기와 단절하는 것이다. 둘째, 그것은 타자에게 [자신을] 전달하는 증명이자, [단일성에 대한] 어떤 방해로 정의되는 공동체를 구성하는 증명이다. 셋째, 그것은 언제나 불가능한 동일시, 즉 우리가 동시에 동일시할 수 없는 어떤 타자—'대지의 저주받은 자들' 혹은 그 외—와의 동일시다.[79]

이런 점에서 해방의 정치로서 정치는 자신의 고유성을 주장하고 유지하는 게 아니라 역으로 고유함의 부재를 유일한 고유성으로 갖는다. 그렇기에 그것은 이질적인 것에, 타자에 열려 있는 타자론이다. "해방의 정치는 고유하지 않은 고유성의 정치다. 해방의 논리는 타자론hétérologie이다."[80]

랑시에르는 이러한 정치의 개념을 민주주의와 직접 연결한다. 그에 따르면 민주주의란 자유주의자들이 주장하듯이 선거권과 대의제로

---

79) 같은 책, 223~224쪽.
80) 같은 책, 138쪽. hétéro는 '이질적인'을 뜻하는 말인데, hétérologie의 적당한 번역어를 찾기 힘들어 국역본의 번역에 따랐다.

귀착되는 제도가 아니며, 맑스주의자들이 흔히 말하듯이 계급적 지배의 한 형태, 계급적 독재의 한 형식도 아니다. 그것은 또한 어떤 보편적 원리아르케, arche를 갖지 않는다. 아르케란 사람이나 사물들에 적절한 자리를 배분하는 원리고, 그 배분된 자리들을 위계화하는 원리며, 그 자리에 합당한 몫을 배분하는 원리다. 무정부적인 것처럼 보이는 자본주의적 생산이나 시장조차 흔히 '가치법칙'이라고 불리는 원리에 의해 지배된다. 가치법칙이란 자본주의적 시장에서 사물들의 생산과 분배, 그리고 존속할 '자격'의 유무를 할당하고 분배하는 원리다. 랑시에르에 따르면 민주주의는 그런 원리를 갖지 않는다는 점에서 안-아르케적an-arche, 무정부적이다. "그것은 엄밀히 말해 아나키적이다. 민주주의라는 단어 자체가 지칭하는 바가 그것이다."[81]

데모크라시democracy, 그것은 데모스demos가 지배하는 체제, 데모스의 권력을 뜻한다. 데모스란 인민, 즉 "나이, 출생, 부, 덕, 지식 같은 통치할 자격"을 갖지 못한 자들을 지칭하는 말이었다. 그 말을 사용했던, 데모스의 적대자들에 따르면 데모스의 권력이란 비웃음을 살 만한 용어였다. 왜냐하면 데모스의 권력이란 "통치할 어떤 자격도 갖지 않는다는 사실 말고는 어떤 공통된 특정성을 갖지 않는 자들이 지배하는 체제"를 뜻하기 때문이다.[82] 통치할 자격 없는 자들의 통치, 그것은 말도 안 되는 자가당착 아닌가!

그러나 랑시에르는 그것이야말로 어떤 자격의 분배와도, 이런저

---

81) 랑시에르, 『정치적인 것의 가장자리에서』, 136쪽.
82) 같은 책, 241쪽. "데모스는 공동체의 이름이기 이전에 공동체의 한 부분, 즉 빈민들의 이름이다. 그렇지만 정확히 말해서 '빈민들'은 경제적으로 낙후된 주민의 일부를 가리키지 않는다. 그것은 단순히 중요하지 않은 자들, 아르케의 힘을 행사할 자격이 없는 자들, 셈해질 자격이 없는 자들을 가리킨다."(같은 책, 241쪽)

런 자격을 분배하는 아르케와도 단절된 체제를 뜻하는 민주주의의 본질에 부합한다고 본다. "민주주의는 자격의 부재가 아르케를 행사할 자격을 부여하는 특정한 상황이다. 민주주의는 시작 없는 시작이며, 지배하지 않는(지배할 자격이 없는) 자들의 지배다."[83] 데모스란 할당된 몫이 없는데 몫을 주장하는 자, 말하지 않아야 하는데 말하는 자고, 민주주의란 그런 자들이 지배하는 체제인 것이다. 따라서 랑시에르에게 민주주의는 정치와 동일한 의미를 갖는다.[84]

다른 한편 "민주주의는 하나의 정체政體가 아니라 정체들의 잡화점이다. 즉 그것은 모든 정체들을 포함하고 각자는 거기에서 자기 마음에 드는 정체를 볼 수 있다." 그것은 "다양하게 적응하는 체제"다.[85] 이런 의미에서 민주주의는 데모스가 지배하는 체제뿐만 아니라, 모든 종류의 체제를 포괄하는, 혹은 모든 체제에 적응가능한 체제다. 무슨 말일까? 첫째번 정의로부터 추론해 보자면, 어느 정치체제의 사회든 몫을 갖지 못한 자, 셈해지지 않는 자, 말할 자격을 갖지 못한 자들은 존재한다. 그리고 데모스가 존재하는 어디에서나 주어지지 않은 몫을 요구하는 데모스의 저항과 투쟁은 존재할 것이다. 자본주의 사회는 물론 고대 그리스 같은 노예제 사회든, 아니면 영주들이 농민들을 착취하는 봉건 사회든 이는 마찬가지일 것이다. 그렇다면 그 모든 사회에 데모스의 힘, 데모스의 권력, 데모스의 정치가 존재한다고 해야 한다. 다시 말해 **그 모든 종류의 체제에 민주주의는 존재한다**고 해야 한다는 것이다. 이런 점에서 민주주의는 모든 체제에 적용할 수 있는 체제, 아니 모든 체제

---

83) 같은 책, 240쪽.
84) 같은 책, 136쪽.
85) 같은 책, 105쪽.

에 항상-이미 내재되어 있는 체제라고 할 수 있을 것이다. 역으로 민주주의는 하나의 특정한 정치체제가 아니라, 모든 정체들을 포괄하는 '일반화된' 체제다. '정체들의 잡화점'이란 말은 이런 의미일 것이다. 이런 의미에서 민주주의는 모든 정체들의 '외부'라고 할 수 있을 것이다. 모든 정체들을 포괄하며, 모든 정체들에 내재하는 체제라는 의미에서 모든 정체들의 '내재하는 외부'라고. 따라서 민주주의는 어떤 체제에서도 해방의 정치가 추구해야 할 절대적 방향이라고 해야 할 것이다.

3) '감각적인 것'의 정치학

랑시에르는 몫이 있는 자와 없는 자를 분할하고, 말할 수 있는 자와 없는 자를, 셈해지는 자와 셈해지지 않는 자, 권리가 있는 자와 없는 자를 가르는 분할선을 통해 정치를, 또한 치안을 정의한다. 이러한 정치의 개념은 정치의 영역을 넘어서 확장된다. 다른 영역을 정치의 장으로 변환시키는 개념적 고리를 담고 있는 것이다. 그것은 말할 수 있는 것과 없는 것, 볼 수 있는 것과 볼 수 없는 것의 분할이 단지 사람들을 분할하는 것을 뜻하는 것만은 아니기 때문이다. 그것은 무엇보다 보고 듣고 말하는 우리의 감각과 결부되어 있는 개념이기 때문이다. 정치란 이런 점에서 볼 수 없던 것을 보이게 하고, 말할 수 없던 것을 말할 수 있게, 들리지 않던 것을 들리게 만드는 것이다. 볼 수 없던 것을 볼 수 있도록 우리의 감각을 변환시키는 것이다.

말할 수 없다는 것은 무엇보다 먼저, 예전에 푸코가 『광기의 역사』에서 썼던 것처럼, 입이 있어도 말할 수 없는 것, 아니 말해도 들리지 않는 것이다. 정신병리학의 담론 안에서, 혹은 정신병원이라는 기계적 배치 안에서, 나는 대학에서 박사학위를 받았지만, 광인이나 광기에 대해 말할 자격을 갖지 못한다. 즉 말할 수 있는 자리에 있지 못하다. 환자라면 더 그럴 것이다. 「터미네이터 2」에서 사라 코너는 머지않아 닥쳐올 핵전쟁에 대해, 그리고 기계와 인간의 전쟁에 대해, 그리고 자신에게 다가올 터미네이터에 대해 경고하지만, 그 얘기는 아무리 크게 말해도 들리지 않는다. 그것은 피해망상과 과대망상에 사로잡힌 정신병자의 헛소리에 지나지 않는다. 이런 의미에서 푸코는 주체는 희소하다고 말한다. 아무나 말할 수 있는 주체가 될 수 없다는 의미에서, 그런 주체의 자리에 설 수 있는 자는 매우 적다는 의미에서.

그러나 그것만은 아니다. 말할 수 있는 자와 말할 수 없는 자를 나누는 분할과 상관적으로 어떤 것을 말할 수 있게 하거나 말할 수 없게 하는 분할 또한 있다. 권리가 있는 자와 없는 자만 있는 게 아니라, 요구할 수 있는 것과 없는 것이 있다. 법률가들의 세계에서는 물론 가령 사회학 같은 학문 안에서 '사회'라는 개념 안에 인간뿐만 아니라 소나 도롱뇽이 인간과 관계를 맺는 존재라는 점에서 동등한 '성원'으로 포함되어야 한다고 주장하려면, 또라이 취급 당할 각오를 해야 한다. 아니, 그런 각오를 하고 말해 봐야, 그런 얘기는 들리지 않는다. 공상적인 헛소리일 뿐이다. 그것은 말할 수 없는 것이다. 자본주의에서 노동하지 않는 자에게 돈을 주어야 한다는 것은, 말할 권리 이전에, 말할 수 없는 것이다.

습지의 도롱뇽이나 갯벌의 조개가 생명체임을 잘 안다고 해도, 법정에서 그들의 생존권, 혹은 생명권은 말해 봐야 들리지 않는 것이다. 말할 권리를 갖지 못한 자들은 세어지지 않는다. 정치인들이 사람 숫자를 셀 때, 도롱뇽이나 이주노동자는, 심지어 어린아이들도 셈해지지 않는다. 그들은 존재하지만 세어지지 않는다. 그들은 보이지 않는 것이다. 사람만이 보이지 않는 건 아니다. 자본주의적 원리가 지배하는 세계 안에서는 나무를 벤 이후의 사태가 보이지 않고 급속히 올라가는 기온이 느껴지지 않으며 매년 달라져 가는 기후가 보이지 않는다. 실험실에서 어떤 결과를 만들어 내야 하는 과학자의 눈에는 동물들의 애처로운 눈이 보이지 않고 그들의 고통스런 비명소리가 들리지 않는다.

말할 수 있는 자와 없는 자, 권리를 갖는 자와 갖지 못한 자의 분할선만 존재하는 것이 아니라, 말할 수 있는 것과 없는 것, 보이는 것과 보이지 않는 것, 느낄 수 있는 것과 느낄 수 없는 것, 셈해지는 것과 셈해지지 않는 것의 분할선 또한 존재한다. 그것은 존재하는 것과 존재하지 않는 것의 구별과 전혀 일치하지 않는다. 있어도 보이지 않고, 있어도 셈해지지 않는 것이다. 이처럼 정치가 정의되는 지점은 감지할 수 있는 것과 감지할 수 없는 것이 분할되는 지점이기도 하다. 즉 감각할 수 있는 것과 감각할 수 없는 것을 가르는 분할, 그것이 바로 치안이 유지하려는 분할이며, 그것이 바로 정치가 가로지르고 와해시키려 하는 분할이다. 즉 정치란 보이지 않는 것을 보이게 만들고, 들리지 않는 것을 들리게 만드는 것이고, 셈해지지 않는 것을 셈해지게 하는 것이다. 요컨대 감각할 수 없는 것을 감각할 수 있게 만드는 것이 정치다. "정치란 보이지 않던 것을 보이게 만드는 것, 그저 소음으로만 들릴 뿐이었던 것을 말로서 듣게 만드는 것, 특수한 쾌락이나 고통의 표현으로 나타날 뿐이었던 것을 공통의 선악에 대한 감각으로 나타나게 만드는 데 있었다."[86]

이런 의미에서 랑시에르는 감각할 수 있는 것과 감각할 수 없는 것

---

86) 랑시에르, 『정치적인 것의 가장자리에서』, 253쪽.

을 나누는 체제를 '감각적인 것의 분할'이라고 명명한다.[87] 몫들과 자리의 분배는 그와 결부된 공간과 시간, 활동형태의 특정한 분할에 의해 이루어진다. 고대 그리스에서 남성과 여성, 자유인과 노예들을 가르는 분할이 폴리스와 오이코스라는 공간적 분할에 의해 이루어지듯이, 자본주의에서 임금의 분배가 시계적인 시간 형식에 따라, 그리고 노동시간과 비노동시간의 시간적 분할에 의해 이루어지듯이. 노래방에서 노래하는 것이 소비행위로 보이고 무대에서 노래하는 것이 돈을 번다는 점에서 생산행위로 보이는 것은, 일하지 않는 사람이 돈을 받지 못하는 건 당연하다고 생각하는 것은, 이러한 분할선이 우리 자신의 감각, 우리 자신의 행동에 새겨져 있음을 뜻한다. 이런 의미에서 "정치란 우리가 보는 것과 우리가 그것에 대해 말할 수 있는 것에 관한 것이고, 보는 능력과 말할 수 있는 능력에 관한 것, 〔그리고 그런 능력의 전제로서〕 공간들의 속성과 시간의 가능성에 관한 것이다."[88]

요컨대 정치란 없는 몫의 요구일 뿐 아니라, 이처럼 감각적인 것의 분할선을 넘어서 보이지 않던 것을 보이게 하는 것이다. 역으로 보이지 않던 것을 보이게 하는 것은 모두 정치라고 정의할 수 있다. 가령 도롱뇽의 이름으로 소송을 제기한 것은, 승패를 떠나 그 자체만으로, 권리를 다투는 장에서 보이지 않던 그들을 보이게 만들었다는 점에서 '정치'의 정의에 정확하게 부합한다. 한국통신 계약직 노동자의 투쟁, KTX 승무원들의 투쟁, 이랜드 비정규직 노동자의 투쟁 등은 노동자라는 관념에 가려서 보이지 않았던 비정규직 노동자의 존재를 보이게 만

---

87) 랑시에르, 『감성의 분할』, 오윤성 옮김, 도서출판 b, 2008, 13쪽.
88) 같은 책, 14~15쪽.

들었다는 점에서, 그 자체만으로 '정치'에 정확하게 부합한다.[89]

그런데 이러한 정치의 정의는 정치의 개념을 훨씬 더 멀리 밀고 간다. 가령 반 고흐가 색채들의 흐름으로 이전에 보이지 않던 무언가를 보이게 했을 때, 혹은 카프카가 어이없어 보이는 소설로 사람들이 감지하지 못하고 있던 것을 가시화했을 때, 바레즈E. Varèse가 사이렌 소리, 슬랩스틱 소리 등의 소리를 악기들의 소리에 섞음으로써 음악적 소리와 소음, 악기와 비악기의 분할을 와해시켜 버렸을 때,[90] 그들이 한 것은 정확하게 랑시에르가 말하는 정치의 정의에 부합한다.

이런 점에서 정치는 또한 우리의 감각적 능력을 규정하는 분할에 관한 것이기도 하다. '미학'이 아니라 '감성론' aesthetics에 랑시에르가 주목하는 것은, 감성 자체의 정치를 사유하고자 하는 것은, 그것을 통해 정치를 미와 예술의 영역으로까지 확장하고자 하는 것은, 이런 이유에서다.[91] 정치란 우리의 익숙한 감성을, 그런 감성의 체계를 바꾸는 것이라고 말하는 것이다.

이러한 감성의 체계, 개별적인 감각에 앞서 감각가능한 것과 불가능한 것을 나누고 감각의 방식을 규정하는 체계를 칸트는 '선험적 감성형식'이라고 말한 바 있다. 그리고 푸코는 그러한 감성형식은 물론 인식형식 자체가 사회·역사적으로 가변적임을 강조하여 '역사적 선험

---

89) 물론 치안의 입장에 선 자들에겐 여전히 보이지 않는다. 거기에는 정치가 부재하는 것이다. 그들이 보이지 않던 것을 보게 될 때, 정치는 치안의 지대를 동요시키고 있다고 말할 수 있을 것이다.

90) 랑시에르, 『미학 안의 불편함』, 30쪽.

91) 좀더 정확하게 말하자면, 역으로 이러한 정치 개념은 예술에서, '미학/감성론'에서 연원한 것이라고 해야 한다. 가령 클레는 예술이란 "보이지 않는 것을 보이게 하는 것"이라고 정의한 바 있다. 이러한 정의가 삶의 문제와 연결될 때, 이는 매우 근본적인 지점에서 삶을, 삶의 감각을 바꾸는 정치의 정의로 변환된다.

성'이라고 명명한 바 있다.[92] 들뢰즈는 『지식의 고고학』으로 집약된 푸코의 고고학적 작업이 '가시적인 것과 비가시적인 것', '말할 수 있는 것과 말할 수 없는 것'을 분할하는 체제에 대한 연구였다고 요약하며, 그것을 자신의 개념을 사용해 '지층화된 것'이라고 명명한 바 있다.[93] 랑시에르 역시 감각적인 것의 분할이란 "푸코에 의해 재검토된 칸트적 의미로, 자신이 감지하는 것을 결정하는 선험적 형식들의 체계로 이해할 수 있다"고 말한다.[94]

따라서 랑시에르가 말하는 정치란 말할 수 있는 것과 없는 것, 볼수 있는 것과 없는 것의 선험적 체계를 유지하는 권력과의 대결이라고 말할 수도 있을 것이다. 푸코가 그러한 분할의 체계를 연구함으로써 권력에 대한 저항의 지점을 찾고자 했음을 안다면, 정치적 사유의 방향이나 그것을 규정하는 구체적인 관심의 차이에도 불구하고 정치의 개념을 정의하는 방식에서 랑시에르와 푸코 사이에는 매우 강한 인접성이 있다고 해야 할 것이다. 들뢰즈와 가타리가 클레를 인용하며 비가시적인 힘을 가시화하는 것의 중요성에 대해 강조할 때, 그리하여 예술에서 정치에 대해, 예술에 결여된 '민중'——도래할 민중——에 대해 말하고자 했음을 안다면,[95] 이러한 정치의 개념이 들뢰즈와 가타리의 그것과 아주 근접한 것임을 이해하는 것도 어려운 일이 아닐 것이다.

이들을 하나로 묶어 주는 끈이 '외부'라는 개념이었다고, 외부성을 통해서 정치를 사유하려는 것이었다고 나는 믿는다. 때로 그것은

---

92) 푸코, 『지식의 고고학』, 184쪽 이하.
93) 들뢰즈, 『푸코』, 허경 옮김, 동문선, 2003, 81~82쪽.
94) 랑시에르, 『감성의 분할』, 14쪽.
95) 들뢰즈·가타리, 『천의 고원』 II권, 122쪽: 이진경, 『노마디즘』 2권, 284쪽.

'타자'라는 이름으로, 때로 그것은 '몫 없는 자', '셈해지지 않는 것'이라고, 때로 그것은 '사건' 혹은 '탈지층화'라는 이름으로 다르게 명명되었다고 해도. 따라서 역으로 외부성의 개념을 통해 정치를 사유하는 방식으로, 이 세 사상가의 정치적 사유를 재영유할 수 있을 것이라고 나는 믿는다. 이는 외부성의 정치학에 대해서 다시 사유할 기회를 제공할 것이다.

4) 외부성의 정치학

이러한 연결이 단지 우리가 선호하는 사람들을 하나로 묶어 주는 이론적 분류에 그치는 것은 아니다. 이를 통해 랑시에르의 정치 개념에 함축된 외부성을, 외부성의 정치학을 좀더 멀리 밀고 나갈 고리를 찾을 수 있을 것이다. 들뢰즈 식 어법으로 번역하면, 랑시에르가 말하는 치안이란 어떤 몫이나 개별적인 자리들의 분배를 결정하는 권력의 장으로서 재정의될 수 있다. 그것은 특정한 특이점들의 분포를 통해 개별적인 몫이나 자리, 혹은 사건들이 반복되게 만드는 하나의 '구조화된' 장이다. 치안이란 몫이나 자리 등의 이 구조화된 분배를 유지하고 재생산하는 메커니즘이다. 그것은 뜻하지 않게 발생한 사건조차 그러한 구조화된 장 안에 위치짓는 조절 메커니즘을 뜻한다.

그러나 특이점들의 분배에 의해 정의된 이러한 권력의 장은, 이전에 없던 특이점들의 추가를, 혹은 이탈을 배제할 수 없다. 장의 내부에 없던 새로운 특이점의 추가나 이탈은 그 장 안에서의 자리나 몫의 분배가 아니라 그러한 분배를 규정하는 특이성 자체를, 특이점들의 분포를 변환시킨다.[96] 다시 말해 그 장의 '구조' 자체를 변환시킨다. 이러한 변환은 이전의 특이점들조차 이전과 다른 의미를 갖는 것으로 바꾸는 것을 뜻한다. 특이점의 분포는 이처럼 그에 외부적인 요소, 외부로부터 끼어드는 특이점에 의해 근본적인 변화를 겪게 된다. 보이지 않는 것이 보이게 되고, 몫이 없던 것들이 자신의 몫을 주장하는 것, 자격 없는 것들이 자격으로 인정될 수 없는 것을 자격으로 인정할 것을 요구할 때, 그리하여 그것이 내부에 침입하여 이전에 없던 새로운 자리를 확보하게 될 때, 특이점의 분포는 근본적인 변환을 겪게 된다. 이는 주어진 장, 주어진 분배 안에서의 몫의 할당이나 국소적 변화인 '치안'과 근본적으로 다르다는 점에서, 랑시에르가 말하는 '정치'를 뜻한다고 해도 좋을 것이다. 이는 주어진 권력 장의 내부에서 발생하는 사건과, 그것의 외부에서 발생하는 사건의 근본적 차이, 주어진 특이점의 분포 안에서 진행되는 운동과 그것의 외부에서 진행되는 운동의 근본적 차이를 보여 준다.

이는 역으로 외부성의 정치가 유효하게 가동하기 위한 또 하나의 조건을 좀더 명확하게 사고하게 해준다. 즉 외부성의 정치란 외부자들이 내부로 밀고 들어가고, 몫이 없는 자의 몫을 주장하는 것만으론 충분하지 않다. 그러한 '주장'이나 '침입'이 단지 주어진 장 안에서 어떤 자리를 얻는 것이 아니라 그 장 자체를 바꾸는 것이 되려면, 그것 자체가 기존의 특이점의 분포를 변화시킬 수 있는 또 하나의 특이점이 되어야 한다는 것이다. 특이점이 되지 못한다면, 주어진 특이성의 분포를 바꿀 수 없으면, 기존의 장 안에 배열된 통상적인 점으로 흡수되고 말 것이고, 어떤 정해진 자리를 할당받는 것에 머물고 만다. 몫이 없는 자

---

96) 이러한 특이성의 개념에 대해서는 이진경, 「코뮨주의와 특이성」, 『코뮨주의 선언』, 교양인, 2007 참조.

들, 가령 실업자나 노숙자의 빈곤을 가시화하여 주어진 장 안에서 자신의 몫을 주장하는 것, 그리하여 새로이 적당한 몫을 분배받고 '먹고 살수 있게' 하는 것으로는 기존의 권력의 장을 변환시키는 특이점을 형성했다고 할 수 없을 것이다. 그것이 실업자나 노숙자에 대한 태도에 근본적 변화를 야기하고, 사회 안에서 빈곤에 대처하는 방식에 근본적 변화를 야기할 때, 그것은 하나의 특이점이 되었다고, 사회의 구조화된 장을 변화시켰다고 말할 수 있을 것이다.

특이점이 된다는 것은 운동이나 사건이 특이성을 가져야 한다는 것, 그리고 그것이 다른 통상적인 점들을 끌어당길 수 있는 힘을 가져야 한다는 것('어트랙터' attractor가 될 수 있어야 한다는 것)을 뜻한다. 특이성을 갖지 못한 운동이나 사건은, 그것이 이전에 보이지 않던 것이고 자격 없는 것이었다고 해도, 새로운 자격을 갖고 눈에 보이는 것으로 가시화될 수 없다. 특이성이 없다면, 어떤 비가시적인 것을 문제로서 드러낸다고 해도, 기존의 배치 안에서, 기존의 가시적인 것 안에 포섭되어 해석되는 것에 그치게 된다. 반면 특이성을 갖는다는 것은 스스로 형성한 새로운 특이점을 향해 움직이는 어떤 흐름을 만들어 냄으로써 기존의 장 안에 있는 통상적인 점들을 새로운 배치 속으로 끌어들인다. 외부적인 특이점의 추가가 주어진 내부적 분배 자체 또한 변화시키는 것이다. 이런 의미에서 치안과 정치를 근본적으로 구별하게 해주는 것은 외부성이라고 해도 좋을 것이다.

그러나 피하기 힘든 의문이 있는 것 같다. 몫 없는 자의 몫을 요구하는 정치가 '승리'하거나 '성공'했을 때, 그리하여 자격 없는 자들에게 어떤 자격이, 어떤 발언권이 주어질 때, 이들은 새로이 몫을 분배받을 수 있고 말할 자격과 권리가 있는 치안의 내부로 들어가게 된다. 외부는 내부화되고, 배제된 자들은 포섭당한다. 그들의 정치는 거기서 끝나는 것일까? 그들 아닌 새로운 외부자가, 그들이 포섭된 뒤에도 여전히 자격 없는 자로 배제된 자들이 새로이 정치를 시작해야 하는 것일까?

이는 단지 논리적인 난점이 아니라 매우 빈번히 부딪치게 되는 현실적인 사태다. 단적인 것은 노동운동의 경우일 것이다. 19세기에 노동자들은 말 그대로 몫 없는 자였고, 자격 없는 자였으며, 차티스트 운동이나 '공상적인' 코뮨적 시도들을 통해서 비로소 가시화되기 시작한 보이지 않는 존재였다. 그들은 오래전부터 있었던 빈민common people!의 일부였을 뿐이다. 맑스와 엥겔스는 빈민들 속에 묻혀 보이지 않던 노동자에 '프롤레타리아트'라는 이름을 부여함으로써 하나의 계급으로 분리하여 명확하게 가시적인 존재로 만들었다. 노동자계급이 19세기의 가장 혁명적이고 정치적인 계급이 되었던 것은 이를 통해서였다. 물론 이는 노동조합이나 정당 형태의 조직화를 통해서 진행된 것이었다. 이후 노동조합이나 노동자 정당, 혹은 인터내셔널이 정치의 새로운 중심이 되어 간 과정을 우리는 잘 알고 있다.

그러나 엥겔스는 영국의 노동자계급의 삶을 가시화했던『영국 노동자계급의 상태』에 붙인 독일어 2판 서문에서[97] 이러한 노동자계급의 운동이 자본주의의 내부에 안정적인 자리를 확보하면서 '내부화'되어 가고 있음을 지적한 바 있다. 마찬가지로 레닌은『무엇을 할 것인가?』에서 노동운동이 자신의 이익을 다투는 경제투쟁에서 '벗어나지' 못한다면, 노동자계급 자신의 외부로부터 자신에 대해 사유하지 못한다면,

---

97) 엥겔스, 「잉글랜드 노동자계급의 처지」,『칼 맑스·프리드리히 엥겔스 저작선집』6권, 박종철출판사, 1997.

자본주의 안에 포섭된 '내부자'가 될 것임을 지적한 바 있다. '외부로부터의 도입'이라는 레닌의 악명 높은 명제는 사실 이런 관점에서 이해되어야 한다.[98] 이는 노동자계급은 자본주의의 외부를 지향하는 '정치투쟁'을 통해서만 비로소 혁명적 계급이, 말 그대로 '프롤레타리아트'가 될 수 있음을 뜻하는 것이다. 반대로 레닌은 "경제투쟁에서 연속적으로 이어지는 자연발생적 정치투쟁"이 사실은 프롤레타리아트의 정치와 무관하며, 역으로 자본주의적인 '정치'(랑시에르라면 '치안'이라고 했을 것이다)에 안주하는 것이라고 비판한 바 있다.

이러한 예언적 지적처럼 영국뿐만 아니라 서구의 대부분의 조직화된 노동운동이 이후 자본주의 안에서 확보한 몫의 분배를 다투는 내부자가 되어 갔음은 잘 알려져 있다. 이는 외부자, 배제된 자, 몫 없는 자였던 노동자계급이 조직화를 통해 확보한 힘으로 자본주의 안에서 어떤 몫과 발언권을 행사하는 안정적인 자리를 얻게 되면서 자본주의의 내부자로서 포섭되어 간 과정이었다고 할 것이다. 노동운동의 성공은 노동자계급을 더 이상 외부자가 아닌 존재로 만들었던 것이고, 따라서 이후 주어진 몫의 새로운 분할을 다투는 노동운동은 랑시에르의 관점에서 보자면 정치 아닌 치안의 영역으로 들어가게 된 것이라고 해야 한다. 정치투쟁의 성공이 정치의 소멸로 귀착되는 아포리아를 보여 주는 것이라고 해야 하지 않을까?

이러한 아포리아는 노동운동만이 아니라 외부에 있기에 보이지 않던 것을 가시화하려는 운동, 몫이 없던 것에 몫을 줄 것을 요구하는

---

98) 이에 대해서는 이진경, 「레닌의 정치학에서 외부성의 문제」, 박노자 외, 『레닌과 미래의 혁명』, 그린비, 2008 참조.

운동이라면 많은 경우 피하기 힘든 아포리아인 것 같다. 가령 발언권을 갖지 못했던 환경운동가들이 발언권을 얻게 되고 이른바 대표적인 NGO가 되어 거버넌스에 참여하게 되었을 때, 적어도 그 지점에서 정치는 치안으로 대체되는 게 아닐까? 감각적인 것의 분할에 대해서도 마찬가지다. 이전에 보이지 않던 것을 보이게 한 새로운 시도들은, 그 자체로 또 하나의 지배적인 양식이 되고, 다른 것을 보이지 않게 하는 또 다른 지층이 된다. 이는 실제로 예술사에서 반복되어 왔던 것이기도 하다. 재영토화가 탈영토화에 이어지는 것이다.

랑시에르의 정치 개념이 갖는 이러한 아포리아는, 단지 그의 이론적 아포리아라기보다는 실제로 그런 운동 자체가 피할 수 없는 아포리아라고 해야 할지도 모른다. 그렇다면 랑시에르의 정치 개념은 투쟁하는 존재 스스로 염두에 두어야 할 미래의 궁지를 사유할 것을 요구하는 것인지도 모른다. 비록 명시적으로 지적된 것은 아니었다고 해도. 그렇다면 몫 없는 자, 자격 없는 자들의 투쟁을 일회적인 것이 아니라 지속적인 정치로 밀고 갈 순 없는 것일까? 이는 외부자가 없는 것을 요구하며 내부로 밀고 들어가는 한 피할 수 없는 것 같다. 그러면 외부자가 외부에 남으면서 가동시킬 수 있는 정치는 있을 수 없을까? 더 외부로 나아가는 외부자의 정치는? 이것은 랑시에르의 정치 개념을 통해 우리가 새로이 사유하기 시작해야 할 문제일 것이다.

비슷해 보일 수도 있는 질문이 랑시에르의 민주주의 개념에 던져져야 한다. 데모스, 자격 없는 자들의 지배가 민주주의라면, 민주주의는 정의상 지배적인 체제, 사회 전체를 규정하는 체제가 될 수 없지 않은가? 사회 전체를 지배하는 체제가 되는 순간, 그것은 자격 있는 자가 치안을 행하는 체제가 될 것이기 때문이다. 그렇다면 민주주의는 어떠한 현행성도 가질 수 없는, 단지 잠재성에 머물러 있을 수밖에 없는 체제, 부재하는 체제가 된다. 그것은 도래할 체제로서 추구되지만, 결코 도래하지 않을 '미래'의 체제다. 이를 어떤 민주주의의 승리에도, 어떤 혁명의 승리에도 멈추지 말고 다시 시작할 것을 요구하는 것으로 이해할 수 있을 것이다. 랑시에르는 '민주주의'의 이름으로 영구혁명을 요구하고 있는 것이다! 따라서 민주주의는 데모스가 존재하는 한 언제 어디서나 있었던 것이지만, 현행적인 체제로서는 단 한 번도 존재한 적이 없으며, 또한 존재할 수 없을 것이라고 말해야 할 것이다. 어디에나 있지만 어디에도 없는 체제.

아마도 들뢰즈·가타리라면 이러한 민주주의 개념은 모든 체제로부터 탈영토화하는 체제, 모든 체제의 외부를 뜻한다고 말할지도 모른다. 모든 체제의 현실적 일부, 일차적인 일부로서 존재하지만, 모든 현행적인 체제의 전복으로서만 존재하는 체제를 뜻하는 이런 민주주의의 개념에 대해 '순수잠재성'이란 개념적 지위를 부여할지도 모른다. 이는 앞서 지적한 정치의 아포리아와 달리 피할 수 없는 내부화의 딜레마가 아니라 모든 내부화로부터 벗어나는, 내부화할 수 없는 일종의 절대적 외부를 뜻한다는 점에서 역으로 앞서의 아포리아로부터 벗어나는 출구를, 그것이 있는 방향을 표시하는 것이라고 할 수도 있을 것이다. 내부화의 아포리아에도 불구하고 몫을 주장하는 몫 없는 자들의 투쟁이 내부화의 아포리아에 멈추지 않도록 하는 절대적 외부성의 벡터를, 그리하여 치안의 장으로 내부화되는 것으로부터 다시 외부성을 가동시키며 대결하는 무한한 내재성의 장을 형성하는 정치의 개념으로 나아가게 해준다고 할 수 있을 것이다.

4. 결론에 대신하여 : 내재성과 외부

1

우리는 아렌트의 정치철학에 대해 검토하면서 그것이 내부와 외부를 분리하고, 정치를 폴리스라고 명명된 정치 영역 내부적인 것으로 제한하고자 했으며, 이는 오이코스의 문제, 오이코스에 속한 사람들을 정치로부터 배제함을 뜻한다는 것을 보았다. 동시에 철학자와 범인凡人, 사유하는 자와 사유하지 않는 대중을 대비하는 관념 속에서 철학자나 사유하는 자에게 특권적인 지위를 부여하는 것과 동형적인 입장을 통해, 이러한 '내부성의 사유'는 초월성의 철학, 초월성의 사유로 이어진다는 것을 보여 주고자 했다. 그리고 이러한 입장이 파시즘의 경험 속에서 생겨난 대중에 대한 공포, 인민에 대한 두려움과 무관하지 않다고 주장했다.

아감벤은 이렇게 오이코스와 폴리스의 구분에서 시작하는 아렌트의 입론을 조에와 비오스라는 대립적인 두 가지 생(생명)의 개념을 통해서 변형된 형태로 밀고 나간다. 그러나 그것은 동일하다기보다는 '날 것의 생명'으로서 동물처럼 다루어지는 호모 사케르에 준거하려 한다는 점에서 대칭적인 입장에 선 것이었다고 해야 할 것이다. 그것은 어쩌면 반대의 입장에 선 것처럼 보이지만, 날 것의 생명을 정치의 영역에서 다루는 것을 문제삼는 한, 그것을 비-정치화해야 함을 함축한다는 점에서 아렌트의 입장과 어느새 다시 포개진다.

그렇지만 아감벤이 제시하는 '호모 사케르'라는 개념은 내부에 존재하는 외부를, 따라서 내부와 외부의 구별이 결정불가능해지는 혼합의 지대를 주목하게 한다.[99] 또한 예외상태를 통해 정상상태를 정의하는 슈미트의 입론을 빌려 다시 외부와 내부의 구별이 뒤섞이고 결정불가능해지는 지대를 드러내고자 한다. 내부와 외부에 대한 입론에서 전자와 후자가 동형적이라고 하기는 어렵다. 전자의 경우에 호모 사케르로 명명되는 내부의 외부는 배제된 자로서의 부정성을 '날 것의 죽음'이라는 극단으로 급히 몰고 가는 데 반해, 후자의 경우에는 정상적 내부의 본질이 외부에 있음을 보여 주지만 그 외부란 주권(자)의 유예된 초월성으로 귀착되기 때문이다. 따라서 전자에서 문제는 외부성을 부정하는 게 아니라 그것이 극단적 부정성의 형상을 취한다는 점이라면, 후자에서 문제는 외부성이 신학적 초월성으로 귀착됨으로써 사실은 외부성이기를 그친다는 점이다. 다른 한편 전자의 경우 '날 것의 생명/죽음'에 대한 강조는 호모 사케르의 공간인 수용소에 근대의 기원적 노모스의 자리를 할당하지만, 동시에 근대 정치 전체가 '날 것의 생명' 전체를 권력의 대상으로 한다는 점에서 국민이라는 내부자 전체를 '날 것의 생명'이란 개념에 포갬으로써 국민 전체가 호모 사케르와 겹쳐지는 이중노출 사진이 만들어진다. 이로써 '내부와 외부의 구별불가능성'은 국민 전체로 확대되며 완성되지만, 그 결과 호모 사케르라는 외부자에 주어진 개념적 특정성은 소멸되고 마는 대가를 치러야 했다.

랑시에르는 정치를 오이코스에서 분리하여 폴리스polis의 자격 있는 자들의 행위로 제한하려 했던 아렌트에 반대하여, 그런 것은 정치가 아니라 치안폴리스, police에 지나지 않는다고 비판한다. 오이코스와 폴리

---

99) 이는 오이코스와 폴리스가 혼합된 근대의 '사회' 개념에 대한 아렌트의 개념과 동형적이다.

스의 구획이 뚜렷했던 고대 그리스의 정치 개념과 반대로 정치란 그런 구획을 교란하고 뒤흔드는 것이라고 보는 것이다. 이처럼 랑시에르는 폴리스에서 배제된 자들, 자격 있는 자들의 '정치'(치안!)에서 배제된 외부자들을 통해 정치를 사유하고자 했고, '지배할 자격 없는 자들의 지배'로서 민주주의라는 모순적인 개념을 통해 모든 체제의 통치 내지 치안조차 사실은 항상-이미 그런 외부성으로부터 자유롭지 못함을 보여 주었다. 나아가 말할 수 없는 것을 말하고, 보이지 않는 것을 보이게 하려는 이러한 정치의 개념을 통해, 정치의 영역은 예술이나 사유로 확장된다.

이러한 확장 역시 일종의 '일반화'라고 하겠지만, 이것은 내부와 외부를 아우르는 일반적 개념을 끌어들이는 것이 아니라, 외부와 내부의 경계에서 작동하는 정치 개념을 견지하면서 그 개념적 내용을 변환시키는 것이라는 점에서, 외부성의 상실을 대가로 지불하는 그런 일반화는 결코 아니었다. 오히려 그것은 모든 영역에서 외부성의 사유를 가동시킬 것을, 그런 방식으로 모든 영역이 정치의 장이 될 수 있음을 보여 주는 일반화라고 해야 할 것이다. 나는 이런 정치의 개념이 푸코 및 들뢰즈와 가타리의 상과 매우 근접해 있음을, 그러면서도 그들이 말하는 '미시정치학'과는 다른 개념적 유효성을 가지고 있음을 보여 주고자 하였다. 이들을 하나로 이어 주는 것은 '외부'라는 개념인데, 이를 통해 역으로 랑시에르의 정치 개념을 좀더 멀리 밀고 나갈 수 있다고 주장했다.

이러한 논의를 통해서 정치철학에서도, 혹은 정치의 사유에서도 '외부성의 사유'가 결정적인 중요성을 가지고 있음을 보여 주었다고 나는 믿는다. 역으로 외부성의 개념을 통해서 정치를 다시 사유하는 것이 중요한 문제임을 보여 줄 수 있었다고 믿는다. 이는 기성의 이론을 분류하고 평하는 것, 혹은 선별하여 사용하는 것과 다른 차원에서, 정치란 무엇인가를 다시 사유하는 중요한 출발점이 되어 줄 것이라고 믿는다.

마지막으로 '외부'와 내재성의 관계에 대해서, 그리고 내재성이란 외부에 의한 사유라는 명제의 중요성을 환기시켜 주는 예를 간단히 언급하면서 결론에 대신하고자 한다. 이는 외부성, 혹은 내재성을 사유하고자 하는 시도들이 빈번히 실패하는 지점을 드러내 줄 것이라고 생각한다.

2

앞서 1부에서 우리는 "실체에는 외부가 없다"는 스피노자적 명제와 "이성에는 외부가 없다"는 헤겔의 명제 사이에 근본적인 차이가 있음을 대략 언급한 바 있다. "실체에는 외부가 없다"는 스피노자의 명제는 "실체는 모든 것의 내재적 원인이지 초월적 원인이 아니다"라는 명제를 통해 양태들의 내재성의 장 전체를 뜻하는 것이 된다. 즉 이 명제는 "내재성에는 외부가 없다"는 명제로 바꿔 쓸 수 있다. 내재성에 외부가 없다는 말은 모든 것은 내재적 과정 안에 있다는 것, 내재적 과정에서 면제된 것, 내재적 과정 속에서 변하지 않는 것은 없다는 말이다. 이는 어떤 것도 그것이 만나는 외부에 의해 그 본질이 변한다는 것을 뜻한다. 내재성이란 어떤 것이 다른 외부와 만나 변화되어 가는 과정 그 자체에 다름 아니다. 스피노자에게서 양태란 다른 양태와의 관계 속에서 그 본질이 달라지는 것이고, 신 내지 실체란 그런 변화를 산출하는 과정 전체를 뜻하는 것이란 점에서 내재성의 다른 이름에 지나지 않는다.

신이나 실체가 '능산적 자연'이란 말로 정확히 동일한 외연을 갖는 것은 이런 이유 때문이다. 소산적 자연인 양태들을 만들어 내는(능산) 자연, 그것은 양태들 간의 다양한 만남을 뜻하는 내재적 과정 그 자체인 것이다.

반면 이성에는 외부가 없다는 말은 모든 것은 이성 안에 있다는 것이다. 이성에서 벗어난 것처럼 보이는 것조차 다 이성 안에 있다는 것이다. 이성의 교활한 지혜는 아무리 멀리 벗어난 듯이 보이는 것도 이성 안에 다 담게 해준다. 이성 자체도 변화한다. 왜냐하면 그 안에 담기는 것들이 달라지는 한 이성 역시 변함없이 그대로 있을 순 없기 때문이다. 이런 변화의 과정은 따라서 이성의 발전, 정신의 발전과정이기도 하다. 이성은 이런 과정으로서만 존재한다. 이런 점에서 이 명제는 스피노자의 명제와 매우 비슷해 보인다. 그것은 어쩌면 당연한 것인데, 헤겔이 스피노자의 명제를 변형시킨 것이기 때문이다. 그렇다면 다른 것은 내재성에 붙인 '신'이란 이름과 '이성'이란 이름의 차이뿐일까? 그럴 수도 있을 것이다. 내재성에 붙인 이름의 차이가 본성을 달리하게 할 리는 없기 때문이다. 그러나 그 경우 그 이름에는 내용이나 방향, 가치나 위계 같은 것을 포함하는 어떤 내용도 없어야 한다. 즉 이름이 무엇이든, 그것이 어떤 특정한 규정성이나 결정성을 갖고 있다면, 그것은 내재적 과정 전체를 그 규정이나 결정, 방향이나 가치로 포섭하는 초월자가 되고 만다.

스피노자에게서 '신'이란 "스스로 존재하는 것"이라는(이는 창초주를 상기하게 하는 어떤 최초의 원인을 뜻하는 게 아니다) 규정만을 갖는다. 그것은 내재적 과정이 어떤 초월적 기원이나 원인 없이, 내재적 과정 그 자체만으로 존재한다는 뜻이다. 이를 '자연'이라고 명명할 때에도,[100] 흔히 '자연'과 대비되는 '인공물'이나 '기계', '문화', '인간' 등과 대립되는 개념이 아니라 그 모두를 포괄하는 개념이다. 이런 점에서 신이라 하든 자연이라 하든, 거기에는 어떤 대립개념도 없다. 스피노자의 신은 피조물(양태)과 대립하지 않는다. 개개의 양태 전부가 신인 것이다. 따라서 내재적 과정으로서 이 신이나 자연에는 '발전'이나 '퇴보' 같은 것은 없다. 이런저런 상이한 상태들은 있을 수 있지만, 실체의 관점에서 그런 상태들에 대해 좋고 나쁨, 진보와 퇴보 같은 것은 없다. 좋고 나쁨, 진보와 퇴보가 문제가 되는 것은 언제나 특정 양태의 관점에서만 가능할 뿐이다. 신의 관점, 내재성의 관점에서는 어떤 좋고 나쁨도 없고, 진보도 퇴보도, 가치의 방향이나 위계도 없다. 이는 신이라는 개념이 좋고 나쁨이나 앞서거나 뒤처진 것을 판단할 어떤 척도도 갖고 있지 않기 때문이다.

헤겔에게 이성 역시 비이성적인 것을 포함한다는 점에서 비이성과 대립개념은 아니다. 이성이란 그것을 넘어서 있는, 오류를 통해 발전하는 정신적 과정 그 자체를 뜻한다. 그러나 헤겔의 이성이나 정신의 개념에서 '발전'이나 '진보'라는 관념을 제거할 수 있을까? 그것은 어떻게 해도 불가능해 보인다. 오류와 진리라는 개념 없는 이성이란 생각할 수 없기 때문이다. 이성이 비이성적인 것을 포함하지만, 그것은 이성에, 참된 인식에 도달하기 위해 넘어서야 할 것임은 분명하다. 그것은 참된 인식, 진리에 도달하는 과정에서 불가피하게 거쳐야 할 우회로지만, 좀더 진전된 인식에 의해 넘어서거나 포섭되어야 할 어떤 것이

---

100) 알다시피 한자문화권에서 자연(自然)은 글자 그대로 "스스로 그렇게 존재하는 것"을 뜻한다. 이는 스피노자의 실체의 정의와 정확하게 동일하다.

다. 이성의 교활한 지혜는 비이성적인 것을 통하여/이용하여 이성에 도달한다는 '도달'의 도식, 도달해야 할 목적 없이는 말할 수 없는 것이다.

따라서 헤겔이 말하는 이성의 발전과정은 말 그대로 발전과정이고 상승되는 과정이다. 헤겔의 변증법에서 '지양'이란 개념에 제거·보존과 더불어 고양이란 의미가 함축되어 있음을 강조하는 것은 이런 이유에서다. 헤겔 스스로『정신현상학』을 파우스트의 편력과정과 비교되는 정신의 발전과정으로서, 다시 말해 인식의 한계를 넘어서, 오류를 넘어서 정신이 발전해 가는 과정으로 다루고 있음은 잘 알려진 사실이다.『논리학』역시 범주들의 발전과정으로서 서술되어 있다. 그래서 가령 기계론보다는 화학론이, 화학론보다는 목적론이 더 발전된 인식의 방법임은 분명하다. 물론 이러한 발전은 하나의 원환을 그리면서 시원으로 되돌아가기에 직선적인 위계를 설정할 수는 없다. 그렇지만 그렇게 원환을 그려 시원으로 돌아갔을 때, 그것은 최초의 시원과는 다른 수준을 갖는다(우리는 나선형의 발전과정 도식을 얼마나 자주 보았던가!). 단순한 감성적 확신이 정신의 편력을 통해 얻은 감성적 인식과 동일할 수는 없는 것이다. 그것이 동일하다면 인식을 위한 노력, 이성의 편력 전체는 아무 의미가 없는 것이 된다.

따라서 인식의 수준에는 높은 것과 낮은 것, 진보의 방향과 퇴보의 방향이 있다. 이는 비이성적인 것, 오류를 무릅쓰며 나아가는 인식의 과정이, 다시 말해 이성의 진전과정이 진리라는 목적을 향하고 있기 때문이다. 이러한 방향 없이, 그리고 거기에 도달한 정도를 비교할 척도 없이, 그 척도에 따른 정도의 위계 없이, 그리고 그런 인식의 방향에 대해 부여하는 진보/퇴보의 가치평가 없이, 이성의 과정이란 무의미한 것이 되고 만다. 따라서 헤겔의 이성이 '내재적 과정'과 아무리 닮아 있다고 해도, 그것은 방향을 가지고 진리 내지 목적을 향해 '고양'되어 가는 '발전과정'이라는 것은 부정할 수 없다. 그렇기에 이성이 외화되기 이전의 '자연'에 비해 이성의 합목적성을 통과한 '역사'가 높은 단계에 있는 것이고, 그 역사 안에서도 자연성에 근접한 고대적 사유나 '미개한 사유'보다는 거기서 멀어진 근대의 문명화된 사유가 더 발전된 것이다.

따라서 이성에 외부가 없다고 할 때, 이성은 어떤 규정도 없고 어떤 방향도, 어떤 가치평가도 없는 내재적 과정 그 자체가 될 수 없다. 그것은 하나의 방향을 갖고 오류나 이질적인 것을 포섭하면서 하나의 발전과정 안에 담아 가는 과정이고, 결국은 다른 것과 구별하여 '절대이성'이라고 불리는 상태로 귀착되는 과정이다. 그 '내재적 과정'을 미리 방향짓고 미리 규정하는 척도, 그것 없는 이성이란 생각할 수 없다. 이 점에서 이는 스피노자가 말하는, 좋고 나쁨도, 진보나 퇴보도 없는 내재적 과정과는 전혀 다른 과정이다. 결국 이성은 자신과 다른 모든 것을 포함하는 '내재적 과정'을 야기하지만, 그 과정 전체를 추동하고 방향짓는 어떤 초월적인 것으로서 존재한다. 이성 바깥에 아무것도 없다는 말은, 그 모든 것이 이성 안에, 척도와 방향, 진보와 퇴보 등을 규정하는 이성 안에 있다는 말이다.

따라서 이성이란 그 모든 것을 자기 안에 포괄하고 포섭하는 초월자다. 그것은 자기와 다른 것과 만나고 부딪치며 스스로 갱신해 가는 아주 부지런한(!) 초월자다. 그렇기에 자기와 다른 모든 것을 자기 안에 넣어서 자기의 일부로 만드는 매우 유능한(!) 초월자다. 이성의 발전과정이, 이질적인 것을 포함하고 포괄하는 과정이 자기와 다른 모든 것을 자신에게 포섭하고 포획하는 과정인 것이다. 이성이 자신의 타자들을 동일화한다는 말은 바로 이런 포섭과 포획을 통해 자신의 척도에 따른 특정한 자리를 할당하는 것이다. 진화론에서 진화의 과정 안에서 생물의 역사를 파악한다는 것이, 인간을 도달해야 할 종점(목적지!)의 자리에 놓고, 그 유사한 정도에 따라 역사 속의 자리를 할당하여 진화의 정도를 비교하고 위계화하는 것과 마찬가지로.

3

이런 이유에서 "내재성에 외부는 없다"와 "이성에 외부는 없다"는 전혀 다른 의미를 갖는다. 전자와 달리 후자는 내재성마저 이성이란 초월자 안에 포섭하고 포획한다. 그런데 이런 차이는 쉽게 간과되거나 잊혀져서 후자를 전자로 혼동하는 경우들이 자주 발생한다.

헤겔주의자를 자처하는 지젝은, 헤겔의 절대이성을 진리를 향한 추동 그 자체로 재정의함으로써 목적론적 방향 없는 내재적 과정으로 만들고자 하는 것 같다. 그러나 이런 관점을 철저하게 밀고 나가려고 하는 한, 진리/오류라는, 라캉처럼 그 역시 여전히 중요하게 여기는 개념 전체를 포기해야 하지 않을까? 왜냐하면 가령 오류나 실수를 통해 진리에 도달하게 되는 '무의식의 교활한 지혜'란,[101] 아무리 짧은 과정 안에서라도, 진리/오류를 선규정하는 어떤 척도나 '목적' 없이는 말할 수 없는 것이 되어 버리기 때문이다. 가령 예언을 피하려는 시도를 통해 예언이 실현되는 오이디푸스 이야기는, 실현될 예언이라는 '귀착점'(목적) 없이는 그렇게 말할 수 없는 것이다. 목적을 다르게 설정할

---

101) 지젝, 『이데올로기라는 숭고한 대상』, 109쪽.

경우, '오류'와 실현되는 '진리'(목적)라는 판단이 전혀 달라질 수 있기 때문이다.

「터미네이터 4」는 이를 잘 보여 주는 사례를 제공한다. 그 영화에서 기계들의 '지휘자' 스카이넷은 자신이 터미네이터인 줄도 모르는, 기계와 인간의 복합체인 마커스의 '배신'을 통해 코너를 끌어들여 사로잡는 데 성공하지만(배신을 통한 목적의 실현. 반면 인간은 그의 선한 의도에 따라 포로가 된다), 마커스는 그런 자신을 다시 벗어나 카일 리스와 코너를 탈출하게 한다. 물론 스카이넷은 폭탄으로 파괴된다. 스카이넷의 입장에서 보자면, 배신을 통해 목적을 달성했지만, 그것이 다시 더욱 큰 배신(실패)으로 귀착된 것이다. 이 경우 목적의 실현(진리)은 실패로 가는 우회로에 불과한 게 된다. '무의식의 교활한 지혜'는 이 경우 '교활한 실패'로 귀착되고 만다. 반면 인간의 관점에 서면, 마커스의 협조로 코너는 포로가 되었지만(성공을 통한 실패!), 그에 의해 다시 구출되고 스카이넷도 폭파함으로써 그 실패는 '목적'의 실현에 봉사한 것이 된다.

그러나 영화가 끝나도 전쟁은 끝나지 않았고, 스카이넷은 파괴되었지만 그것은 거대한 네트워크의 일부에 지나지 않기에 이후 어떻게 될지 모르는 상태다. 따라서 다음에 어떤 일이 추가되는가에 따라 이 성공이 다시 더 큰 실패의 계기가 될 가능성을 배제할 수 없다. 이처럼 뒤에 하나가 더 추가되는 것만으로도 어떤 사건이나 결과가 성공인지 실패인지, 진리인지 오류인지가 전혀 달라진다. 이런 추가가 계속 된다면, 성공과 실패, 오류와 진리를 말하는 것은, 더구나 거기에 어떤 평가를 붙이는 것은 불가능하게 된다. 특정 양태의 관점에서 본다고 해도, 좋은 것이 나쁜 것이 되고, 나쁜 것이 좋은 것이 되는 내재적 과정만이 존재하는 것이다. 오류를 통해 진리에 도달한다는 명제는 '새옹지마'와 같은 이 끝없는 반전의 과정을 '주어진 상태 → 오류(실패) → 진리(성공)'라는 3개의 항으로 분절하여 포착하는 방법이다.[102] 즉자-대자-즉자대자. 이는 언제나 진리로, 목적의 실현으로 귀착되는 결론을 얻어내는 분절의 방식이다. 이는 내재적 과정을 국지적인 목적론적 과정으로 분절하는 방식이다. 내재적 과정의 귀착을 오류와 진리, 실패와 성공의 두 가지로 채색하며, 다양한 발산의 가능성을 제거하는 분절의 방식. 물론 이렇게 한다고 해도 어떤 것이 목적에 도달한 것인지 아닌지는 설정하는 목적에 따라, 그 목적을 설정하는 입장에 따라 전혀 다른 것이 된다. 즉 목적을 설정하는 자는 이 과정에 대해 초월자의 지위를 갖는다. 헤겔의 총체적 초월성은 여기서는 국지적 초월성으로 대체된다. '죽음본능' 같은 걸로 초월자를 없애도, 초월적 사고는, 그런 사고의 도식은 그대로 남아 있는 것이다.

목적을 설정하는 초월자를 가정하는 이러한 오류/진리라는 개념은 이처럼 이성의 전개과정 속에서도 끊임없이 목적론을 국지적인 규모에서 가동시킨다. '교활한 지혜'는 이성의 그것이든 무의식의 그것이든, 목적 개념에 귀속되는지 여부에 의해 사후적으로 해석되는 것이

---

102) 첫째 항의 숨겨진 부정의 계기를 찾아내 한번 더 셈으로써 변증법의 유명한 3항성을 4항성으로 늘린다고 해서(지젝, 『그들은 자신이 하는 일을 알지 못하나이다』, 388~389쪽) 사태가 달라지는 것은 아니다. 어떤 식으로든 부정, 부정의 부정이라는, 부정의 횟수를 늘려가는 것에 불과하기 때문이다. 지극히 다양한 항들을 '오류'와 '진리', 실패와 성공, 수단과 목적이라는 2가지 범주로 포착하고, 그것이 부정되고 또 부정되는 것으로 보는 한 사태는 달라지지 않기 때문이다. 문제는 몇 번의 부정을 통해서든 '자기-내-복귀'하며 애초의 즉자적인 것을 즉자-대자적인 것으로 고양시키는 변증법의 구조 자체인 것이고, 따라서 숨은 항들의 수를 늘려도 본질적으로 3항성을 벗어날 수 있을지 의문이다.

며, 따라서 목적 없는 내재적 과정을 끊임없이 목적 개념에 따라 진리/오류로 분절하며 주어진 목적성에, 국지적 초월성에 귀속시킨다. 이것이 뜻하는 것은, 과정 전체의 최종성을 포기한다고 해도 오류/진리의 개념에서 자유롭지 못한 한, 이성의 '내재적 과정'은 작은 규모에서 분절되는 목적론적 초월성으로 귀착된다는 것이다.

4

좀더 큰, 사실 적잖이 당혹스럽기도 하고 실망스럽기도 한 뜻밖의 혼동은 네그리와 하트의 『제국』에 나오는 유명한 명제에서 발견된다. "제국은 외부를 갖지 않는다"는 명제가 그것이다.[103] 알다시피 네그리와 하트는 제국주의imperialism 국가들 간의 경쟁과 전쟁을 수반하는 제국주의의 시대는 끝나고, 전지구적 차원에서 하나의 단일한 제국Empire이 수립된 새로운 시대를 선언한다. 미국이라는 군사적·정치적인 '군주정'을 중심으로 하며, G8, 다보스 포럼, 런던 클럽 등 화폐의 '귀족정'들이 둘러싸고, NGO나 운동단체 등 전지구적 '다중'이 '민주정'의 층위를 형성하며, 전지구적 차원에서 하나로 통합된 단일한 주권권력이 탄생했다는 것이다. 이 단일한 전지구적 주권권력이 '제국'이다. 이 "주권권력은 더 이상 자신의 '타자'〔다른 주권〕와 대결하지 않을 것이고 **더 이상 자신의 외부와 대면하지 않을 것**이며, 오히려 전지구를 자신의 고유한 영역으로 만들기 위해 자신의 경계를 점차 팽창시킬 것"이다.[104] 이것이 "제국에는 외부가 없다"고 주장하는 이유다. 이제 제국주

---

103) 네그리·하트, 『제국』, 윤수종 옮김, 이학사, 2001, 12쪽.
104) 같은 책, 255쪽.

의 간의 전쟁은 '정당한 전쟁'으로 대체되었고, 제국 내부의 '내전'으로, 그리하여 '치안활동'이 되었다. 제국주의 전쟁의 역사, 반제국주의 전쟁의 역사는 종말을 선언하고, 평화의 지배를 가져왔다.[105] 제국의 권력은 이제 특정한 국지적 장소를 갖지 않는다. 그것은 도처에 존재하기 때문이다. "제국의 이런 매끄러운 공간 속에서 권력의 장소는 없다──권력의 장소는 도처에 있지만 또한 어디에도 없다."[106] 제국은 외부를 갖지 않기에, 제국에 저항하는 외부를 만들려는 투쟁은 무의미하거나 불가능하게 된다. 국지적인 혁명, 국민국가를 장악하는 혁명은 제국 내부에서의 부분적인 변화를 야기할지는 모르지만, 제국 전체를 뒤집을 수는 없다. "제한된 국지적 자율성을 겨냥하는 기획으로는 제국에 저항할 수 없다."[107]

여기서 "제국은 외부를 갖지 않는다"는 명제는 아마도 "실체에는 외부가 없다"는 스피노자의 내재성의 개념을 염두에 두고 있는 것일 게다. 이는 네그리가 스피노자주의자를 자처함을[108] 안다면 쉽게 짐작할 수 있는 것이다. 그러나 불행히도 이 명제는 스피노자가 아니라 앞서 그와 대비했던 헤겔의 명제와, 아니 스피노자가 비틀기 이전의 신학적 명제와 정확하게 포개진다. "신에는 외부가 없다." 왜냐하면 '제국'이란 '자연'이나 '신'처럼 그 자체로는 특정한 규정성 없이 내재적 과정 전체에 붙여진 이름이 아니라, 하나의 중심을 갖고 그 안에 특정한

---

105) 같은 책, 255쪽.
106) 같은 책, 257쪽.
107) 같은 책, 276쪽.
108) 네그리, 『스피노자, 야만적 별종』, 윤수종 옮김, 푸른숲, 1997 ; 네그리, 『전복적 스피노자』, 이기웅 옮김, 그린비, 2005.

권력구조를 갖는 '주권적 통일체'이기 때문이다. 모든 '내재적 과정'을 자신의 권력 아래, 도처에 존재하는 권력 아래 복속시키는 중심, 그리하여 '정의의 전쟁'으로 평화의 지배를 가져오는 중심, 그것이 제국의 주권이다. 여기서 제국의 주권이 초월적 지위를 차지한다는 것은 길게 설명할 필요가 없을 것이다.

제국에 외부가 없다는 말은 이 주권적 권력에 외부가 없다는 말이다. 기독교적 사유에서 신에게는 외부가 없었던 것처럼, 헤겔에게 이성에는 외부가 없었던 것처럼. 이는 물론 주권 간의 대립과 전쟁이 이제는 단일한 주권 안에서의 내전으로, 치안으로 바뀌었음을 지적하려는 것임을 잘 안다. 그렇다고 해도 이는, 그것의 현실적 타당성을 따지는 것은 다른 문제니 접어둔다고 해도(이 또한 쉽게 납득하기 어려운 문제다), 예전에 주권이 그 외부, 타자(다른 주권)와 대결하던 것을 제국적 주권 안으로 '내부화'했음을 뜻할 뿐이다. 네그리와 하트는 '내재성' 개념을 가동시키고 싶었겠지만, 그들이 실제로 말하고 있는 것은 모든 것이 제국의 내부에 포함되었음을 뜻하는 것이란 의미에서 '내부성' 개념을 가동시키고 있는 것이다.

이러한 내부화를 진행시키는 중심이 '주권'이라는 것은 매우 시사적이다. 앞서 아감벤에 대해 검토하면서 보았던 것처럼, 주권은 슈미트가 이미 말했듯이 정확히 '(정치)신학적' 개념이고, 신학적 초월성을 표시하는 개념이다. 모든 것을 자신의 내부에 포함하면서, 스스로는 그 내부 전체를 통합하는 초월적 중심이 되는 것, 그게 제국적 주권이다. 따라서 이 제국적 주권은 대결할 외부를 갖지 않으며, 외부와의 대결이나 만남 속에서 진행되는 내재적 과정에서 벗어나 있다. 이처럼 외부를 갖지 않는 제국적 주권은 지구 전체를 하나로 통합하는 초월적 중심이고, 전지구적 과정의 내재성에서 벗어난 초월적 개념인 것이다. 이전에 헤겔이 시간의 축을 따라 했던 것을 네그리와 하트는 공간의 평면 위에서 하고 있는 셈이다. 그러나 제국에서의 그것에 비하면 내재성에 '이성'이라는 이름을 붙이는 헤겔의 입장이 훨씬 더 미묘하고 구별하기 어렵다.

내재성을 통해 제국을 사고하고자 했다면, 섣불리 제국은 외부를 갖지 않는다고 선언할 게 아니라, 거꾸로 하나로 통합하는 것처럼 보이는 제국의 권력조차 항상 외부와의 대결 속에서, 외부적인 사건으로 인해 끊임없이 동요하고 있으며 분극화되는 경향을 피할 수 없음을 사유했어야 한다. 모든 것을 포괄하는 전지구적 통합체를 만들고자 하지만, 제국적 권력과 도처에서 대결하고 대립하는 수많은 투쟁들, '귀족정' 안에서 끊임없이 발생하는 경제적 충돌이나 통화적monetary 대립, 혹은 미국 내부에서조차 발견되는 대립과 갈등, 나아가 '정의의 전쟁'의 형태를 취하려 하는 군사적인 통합을 저해하는 국가 간의 갈등이나 상충을 통해서 제국의 권력을 사유했어야 한다. 전지구적 통합의 경향조차 그 안에서의 뜻하지 않은(외부적!) 사건들, 국가나 집단 간의 대립들을 통해, 그 분할과 대립의 경향을 통해 이해했어야 한다. 그리고 이것이 실제 우리가 당면하고 있는 현실과도 부합한다고 보인다. 그리하여 제국이란 그런 수많은 외부적 대립과 대결, 충돌과 갈등, 뜻하지 않은 사건들의 내재적 과정 속에 있다고, 국민국가를 초과하는 지역적, 혹은 전지구적 통합체들의 형성이란 그 과정에서 특정한 조건에 의해 만들어진, 필경 잠정적일 수밖에 없는 균형에 불과하다고 말했어야 한다. 물론 제국적 단일주권, 제국적 단일중심이라는 명제를, '제국'이라는 개념을 유지할 수 없었겠지만 말이다.

5

스피노자는 신학적 개념들과 초월적 사유를 슬며시 전복하여 내재성의 사유로 전환시켰다. 모든 것은 신이 창조하고 관장한다는 생각에서 기원하는 "신에게 외부는 없다"라는 신학적 명제는, 신을 내재적 과정 자체로 바꾸어 버림으로써 내재적 과정에 외부는 없다는 정반대되는 명제로 변환된다. 헤겔은 이를 "이성에 외부는 없다"고 바꾸어 씀으로써, 신학과도 스피노자와도 다른 의미를 부여했지만, 이성이란 개념에서 그가 부여한 내용을 제거할 수 없는 한, 내재적 과정을 초월자로 귀속시키게 된다는 것은 분명하다. 이런 이유에서 내재적 과정을 신이나 실체라는 이름으로 부르는 것은, 세심한 주의를 기울이지 않는 한, 초월적 사유와 혼동하지 않기는 어려운 일이다. 들뢰즈가 말년에 "실체와 양태들이 내재성 속에 있다"고[109] 함으로써 실체 내지 신마저 내재성 안에 넣어 버린 것은 이러한 난점을 넘어서기 위한 것이었다고 해야 할 것이다. 내재성을 내부성과 혼동하는 것 역시 이 이상으로 빈번하게 발생하는 일이다. "내재성이란 외부에 의한 사유"임을 명확하게 하는 것은 내재성과 내부성을 구별하기 위해 매우 유용한 명제일 거라고 믿는다.

우리는 앞서 반복하여 유물론이란 외부에 의한 사유임을 강조한 바 있다. 따라서 정치를 사유하는 것에서 유물론자가 된다는 것은 외부에 의해 정치를 사유하는 것이라고 할 수 있을 것이다. 그리고 그것은 또한 정치적 과정을 하나의 내재성의 장 속에서, 외부와의 만남이나 대결 속에서 끊임없이 변화하고 반전되거나 발산하는 내재성의 과정 속

---

109) 들뢰즈, 「내재성, 생명…」, 박정태 편역, 『들뢰즈가 만든 철학사』, 이학사, 2007, 511쪽.

에서 사유하는 것을 뜻한다. 외부성의 사유, 외부성의 정치학, 그것은 우리의 결론이라기보다는 낡은 의미의 정치가 와해되고 불가능하게 된 상황에서 유물론적 사유, 정치적 사유를 시작하기 위한 출발점이라고 해야 할 것이다.

찾아보기